大有文库

新社会学大纲

李达 著

中央党校出版集团 大有书局

图书在版编目（CIP）数据

新社会学大纲 / 李达著 . -- 北京：大有书局，2022.6

（大有文库）

ISBN 978-7-80772-068-3

Ⅰ . ①新…　Ⅱ . ①李…　Ⅲ . ①社会学　Ⅳ . ① C91

中国版本图书馆 CIP 数据核字（2022）第 062480 号

书　　名　新社会学大纲
　　　　　　XIN SHEHUIXUE DAGANG
作　　者　李达　著

责任编辑　张媛媛
责任校对　李盛博
责任印制　袁浩宇
出版发行　大有书局
　　　　　　（北京市海淀区长春桥路 6 号　100089）
综 合 办（010）68929273
发 行 部（010）68922366
经　　销　新华书店
印　　刷　北京中科印刷有限公司
版　　次　2022 年 6 月北京第 1 版
印　　次　2022 年 6 月北京第 1 次印刷
开　　本　145 毫米 ×210 毫米　1/32
印　　张　15
字　　数　265 千字
定　　价　45.00 元

“大有文库”出版说明

习近平同志指出，那些在历史长河中经久不衰的经典，都体现了文学家、艺术家襟怀和学识的贯通、道德和才情的交融、人品和艺品的统一。

大有书局是由中共中央党校（国家行政学院）主管主办的一家中央级出版社，以传播马克思主义，特别是宣传出版习近平新时代中国特色社会主义思想为主旨；以出版高品质、高品位图书和文化产品为引领。成立伊始，我们深感自身的使命与担当，立志于记录老一辈革命家和学贯中西的名家大师的思考与探索、理想与追求以及对中华民族文化传承与创新所作的努力和贡献。谨以我们赤诚景仰之心，追步先贤，以“传播新知，开启民智”为原则，现向广大读者奉上“大有文库”系列图书。

“大有文库”所选图书多为20世纪以来中国思想家、

史学家、哲学家、社会学家的经典作品，皆是在当时历史背景下产生过巨大影响，在当下仍具思想性、原创性、学术性以及珍贵史料价值且富有持久生命力的优秀作品。书中字里行间蕴含着博大情怀和深刻思考，展现了老一辈革命家和名家大师深厚扎实的理论功底、直面社会现实的智慧和勇气、纵论古今的宽广视野和饱含深情的个人情怀。希望广大读者特别是党政领导干部通过阅读经典感受中国传统文化的深厚底蕴，了解中国社会的发展变迁与国人的文化自觉，提升思想境界与自我修养。

为满足广大读者的阅读需求，在保证质量的前提下，我们尽量尊重作品原貌，充分展现作品的原汁原味。同时，我们以初版或经著译编者审定、修订、增订过的版本为首选，希望通过我们的努力，呈现给读者一套具有阅读品质与视觉品位的作品。

大有书局

2022 年 3 月

沈　序

李达先生的这部著作，原名为“社会学大纲”，初版的问世，还在抗战前夜。在同类书中，这是体系比较最完整，体裁比较最适于做大学课本的一部。正因为这样，所以不到二年便出了四版之多，而且博得了一般学术界对它的重视。这部书原来分为五大篇，除现有的四篇外，还有“唯物辩证法”一篇（原书列为第一篇），包括四章；因其所探讨的完全是哲学的方法论，且其篇幅占着原书三分之一以上（计占三百八十六页），再加其中某些部分在今天看来或者不免稍微旧了一点，所以书店方面考虑的结果，决计暂时抽去这一篇，待李先生修订过后，再来单独出版。

一望而知的，这部社会学的内容完全是历史唯物论的社会理论，也可以说是辩证唯物论的历史学说，所以在书名上加了一个“新”字。在国内的同类著作物中，这部书确实可以算得体系既完整，叙述又周密的一部优良的教科书。

虽然如此，由于这本书是在十余年前写成的，而这十余年正是全世界历史发生大转变的年份；全世界人民的反法西斯战争及这一战争的胜利结束所开辟的人类历史的新时代，大大地丰富了世界历史发展的具体内容，而这本书对于这些新的具体历史内容没有给予理论的探讨，在今天看来不能不说是一种缺憾。在这些新的具体历史内容中，最重要的一个事实必须给予理论的研讨的，就是关于民主主义的发展问题；简单明白地讲，是关于新民主主义的问题。从社会学的见地来看，新民主主义的问题是研究现阶段历史发展法则的一个极顶重要的问题，尤其对于我们中国人。

第二次世界大战的胜利结束，使人类历史大大地转了一个方向：从极少数财阀、大地主、独占巨头、帝国主义者之流所支配的世纪，转向于为极大多数劳苦人群所决定的人民世纪了。这一次世界大战基本上是民主反法西斯的战争，但由于参加战争的民主方面的基本力量是社会主义的苏维埃人民，资本主义诸国的工农和殖民地半殖民地的被压迫大众，这一战争的胜利，必然不仅是击败法西斯的胜利，而且也是以社会主义苏联为主导的全世界人民大众扬弃旧民主开创新民主的胜利。这种新民主是迄今被剥削被压迫的大多数人民的民主，因而必然成为少数剥削者压迫者所操纵的那种旧民主的否定。同时，它又必然是走向彻底民主（意味着阶级剥削的根本消灭）的社会主义制度的一个过渡。

新民主主义的问题我以为可从三方面来加以研讨，那就是作为革命运动看的新民主主义，作为经济体制看的新民主主义，和作为政治制度看的新民主主义。这三方面的情形，恰好都是社会学所应研讨的富有高度实践性的问题。

作为一个革命运动看，新民主主义的革命，使一些资本主义发展较次的国家的社会革命找到了新的形式；同时又使全世界殖民地半殖民地半封建国家的资产阶级性民主革命找到了更具体更明确的规定。就历史时代论，旧民主主义是资本主义健壮时代的存在，新民主主义却是资本主义总危机时代的产物。也可以说，前者是资产阶级支配一切的上升时代的存在，后者却是资产阶级失去历史支配地位而急遽下沉时代的产物，亦即无产阶级开始掌握历史决定权的时代的产物。就革命的动力与领导论，旧民主革命的基本动力农民工人和小资产大众是被资产阶级所领导，而其中的主力军农民则成为资产阶级的“后备军”。在新民主革命中，成为基本动力的农民却被无产阶级所领导，而且变成无产阶级的战斗同盟军了。就革命目的论，旧民主革命的目的是建立资产阶级专政的国家制度，而新民主革命的目的则在建立无产阶级领导下的工农小资产者各革命阶级联合专政的民主共和国。总之，新民主革命是否定资产阶级民主的资产阶级性民主革命，是由无产阶级领导的资产阶级性民主革命。

作为一种经济体制看，新民主主义乃以实现大银行大工业大商业以及运输交通矿山等事业之国有及土地农有（即耕者有其田）两大政策为其特征，但同时容许、甚至鼓励资本主义性的中小私人企业的发展。新民主主义的经济体制是多样性（包括多种成分）的经济体制，其中包括社会主义性的纯国有企业，国家资本主义性的国营企业或官商合办企业，资本主义性的私人企业，以农民、手工业者为主体的小商品生产，非资本主义性的合作经济，遥远的边疆地区甚至还有自然或半自然经济。这几种经济成分的对比关系，是随各个国家的具体历史条件和时间的演进而不同的。然而有一个特点是共同的而且是最主要的，那就是社会主义性的国有企业在作用上必须成为主导的成分，尽管在某一发展阶段上它所占的数量比重不会是最大的。从发展的观点来看，这几种经济成分间的对比关系将不断地向着有利于社会主义性的国有经济的方向而发展。随着国家工业化建设的全面推进和国有经济成分在比重上逐渐占到压倒的优势，再加上合作事业的蓬勃发展，新民主主义就将逐渐过渡到社会主义。因此，假如要把新民主主义的经济性质给它一个简单扼要的规定，那就该这样说：新民主主义是以国有企业为主导，容许私人资本主义在一定阶段上和一定程度内的发展，并通过各种经济成分间比重之有利于国有经济之方向发展而逐渐过渡到社会主义去的过渡型经济。更简单地说，新民主主义经济是转型为社会主义的过渡性经济。它是非资本主义的，但同时又是资本主义的（因为在一定阶段上，商品资本主义的法则在一定的限度内还起着相当大的作用；资本主义成分还有一个时期的发展，尤其是在中国）；是非社会主义的，但同时又是走向社会主义的。新民主主义就是新民主主义。

至于成为新民主主义经济之重要构成部分的农村经济的情况及其发展前途，那么可以确定说，它也是朝着同一方向迈进的。土地改革以后，在“耕者有其田”的制度下，农村经济的生产力将较封建半封建土地制度下的情况要发展得多多。这里可能有一个或长或短的时期会从农民的小商品经济中发展出资本主义来的。然而随着国家工业化建设的发达和国有经济比重的扩大，小商品经济的农民生产，将通过合作的方式而被逐渐改造成为社会主义性的集体化大农场生产，这是无可置疑的。

从经济本身的现象上看，新民主主义的经济（特别是像东欧的新民主国家如捷克、匈牙利、波兰等国，它们原先都是资本主义发展较次的国家）颇似苏联新经济政策时期的经济，所不同者只是后者是无产阶级专政之下为着恢复被六年内外战争所摧毁的生产力而被迫采取的“退让”政策，而前者则是落后国家的各民主革命阶级联合专政之下为彻底完成民主革命，建设独立民主幸福之国家，及创造过渡到社会主义的物质前提所必然经过的道路。在苏联是先有了社会主义的十月革命，然后退后一步从事新经济政策的复兴建设；这样的“退”，在本质上当然含有“进”的积极意义的。在今天的新民主国家则是经过人民大众的彻底民主革命而实行新民主主义的经济建设，然后逐步逐步地向着社会主义的方向推进，而无需乎再来一次十月式的社会革命。

最后，讲到新民主主义的政治制度，我以为是非常简单而明白的。那就是前面已经提到过的工农小资产者各革命阶级联合专政的民主共和国，即为新民主主义的国家体制；而各被压迫阶级，各人民团体，各民主党派，各少数民族等等成分所构成的民主联合政府，乃是新民主主义的政权形式；而民主集中制则是这一政权的体制（“政体”）。

新民主主义的共和国既非资产阶级专政或资产阶级与地主联合专政的旧民主共和国，亦非无产阶级专政的社会主义共和国，而是殖民地半殖民地及其他资本主义落后国家的过渡国家形式。

关于新民主主义的上述三方面（实在还应加上新民主主义的文化这一方面）的问题，似乎有逐一予以研究说明及分别补入各篇各章中去的必要。

其次，在第二篇第二章第二节中，似乎还应当加一分节，来研讨关于资本主义总危机的问题。这一总危机开始于第一次世界大战后，在它的基础上又爆发了第二次世界大战；可是在这次大战结束后的今天，这一资本主义世界体制的总危机是更加大大地严重化了。这不仅因为德日意这三个国家的资本主义受了不同程度的创伤，也不仅因为英、法、比、荷这些旧殖民帝国的资本主义因战争而大大地削弱与没落，而且还因为社会主义国家苏联的版图、国力和国际影响的空前扩大或加强，东南欧许多资本主义低度发达国家的新民主主义的胜利进军与日益强大，资本主义各国（在目前尤其是法意二国）革命劳工运动的空前高涨，以及中国、印度、越南、印尼、朝鲜等各重要殖民地半殖民地国家反帝反封建的新民主革命的空前强大与普遍，业已直接威胁到了帝国主义的统治。所有这一切，都是促成战后世界资本主义总危机益加深刻与扩大的重要因素，而是“新社会学”里所不可不讨论到的问题。

又次，同篇“社会主义的经济体系”一节中，缺少了战后复兴五年计划和由社会主义过渡到共产主义的建设过程的理论分析。同时，关于社会主义经济中的生产力和生产关系的相互关系问题，早在七年前苏联学术界已经有了新的规定的这个问题，似乎在这本书里也有加以补充说明的必要。

又次，关于国家死灭的问题，斯达林①在一九三九年提出了一个新解释，这个新解释发展了马、恩的国家理论，但本书第三篇第二章第四节中没有来得及把它采用进去。

最后，我觉得本书关于社会变革的理论，似有另辟一篇给予详细阐明的必要。

以上这些补充，李先生因为暂时分身不开，不能来作，要我写这篇序文，向读者说明一下。此外，书中苏联一词，有些地方写成苏俄，也是应当改过来的。

沈志远

一九四七年除夕前三天于香港

---

① 斯达林，今译斯大林。——编者注

目　录

第二篇 社会的经济构造

第三篇　社会的政治建筑

第一篇 | 当作科学看的历史唯物论

第一章　历史唯物论序说

第一节　历史唯物论的对象

一、辩证唯物论与历史唯物论的关系

（一）辩证唯物论与历史唯物论的关系

本书所标题的新社会学，与现今所流行的布尔乔亚社会学不同。新社会学的内容是历史唯物论。但在研究历史唯物论的各种基本问题以前，我们先要解明下面三个问题。即：一是辩证唯物论与历史唯物论的关系的问题；二是历史唯物论的对象的问题；三是关于形而上学及观念论的社会学说或历史理论的批判的问题。本节先说明辩证唯物论与历史唯物论的关系的问题。

根据哲学的研究，我们已经知道，辩证唯物论是世界

观与方法的统一、理论与实践的统一。这个哲学的对象，是自然、社会及人类思维的一般发展法则；而在唯物论的认识论上，思维的一般发展法则是自然与社会的一般发展法则之反映，两者在其内容上是一致的。所以在认识论或论理学上研究的思维的一般发展法则，是自然诸科学与社会诸科学的成果之普遍化的概括。因而辩证唯物论，是“从人类的历史的发展之考察抽象出来的最一般的诸结论之概括”，是人类一切知识的历史之总计、总和与结论。

当作世界观看的唯物辩证法，当作自然科学与社会科学的成果之普遍化的概括看的唯物辩证法，其中包含着两个部分，两个领域，即唯物论的自然观（=自然辩证法）与唯物论的历史观（=历史辩证法）。唯物论的自然观，以自然现象的发展法则为对象，因而它是自然诸科学的成果的概括；唯物论的历史观，以社会现象的发展法则为对象，因而它是社会诸科学的成果的概括。在这种意义上，唯物论的自然观与唯物论的历史观，是唯物辩证法与自然诸科学及社会诸科学之间的媒介的环。所以唯物辩证法之与唯物论的自然观及唯物论的社会观，具有密切的不可分离的关联。德波林说：“如没有唯物论的自然观及唯物论的社会观，就没有辩证法；如没有辩证法就没有近代的科学的唯物论。”这句话是很正确的（这句话与他的哲学的偏向无关)。所以，历史唯物论，与自然辩证法，同是唯物辩证法之必然的构成部分。

当作认识方法看的唯物辩证法，其一般的法则、原理和范畴，都是从一切个别科学抽象出来的东西，都具有极普遍的性质，所以它不但适合于任何特殊现象的领域，并且适合于一切现象的领域。唯物辩证法在自然领域中具体的适用起来，就成为自然辩证法；在历史领域中具体的适用起来，就成为历史唯物论。所以唯物辩证法，是一切科学的方法论，一切科学只有依据唯物辩证法，才能正确地把握客观的真理。

基于上述的见解，辩证唯物论与历史唯物论之间，具有极密切的关联。历史唯物论，如没有辩证唯物论，它本身就不能成立；辩证唯物论，如没有历史唯物论，也不能成为统一的世界观。

所谓辩证唯物论与历史唯物论的关联，这句话的本来的意义，就是彻底地把辩证唯物论应用并扩张于历史的领域。只有彻底地把辩证唯物论扩张于人类社会或历史的领域，才能使辩证唯物论更趋于深化和发展；人们才能在世界变动的过程中去认识世界，改造世界。

“历史唯物论，是科学的思想之最大的收获。”它给予进步的阶级以正确的历史观 = 社会观，以理论斗争的武器，使他们能够积极地担负起改造社会的使命。

（二）关于分离辩证唯物论与历史唯物论的见解之批判

历史唯物论之积极的意义，“只有阐明在辩证唯物论与历史唯物论之间的内的不可分的联系与统一”，才能得到正确的理解。从前，一切形而上学的唯物论者（连费尔巴哈包括在内），根本上不知道唯物辩证法与历史唯物论，也不知道两者之间的关联和统一；他们的唯物论，只是自然科学的唯物论，不知道把唯物论扩张到历史的领域，反而在历史领域中变成观念论的俘虏。

恩格斯说：“费尔巴哈说，单纯的自然科学的唯物论，‘确是人类知识建筑的基础，不是建筑物的本身’，这句话完全是正确的。因为我们不单是生活于自然之中，并且生活于人类社会之中，后者也具有不亚于前者的自己特有的发展史和科学。所以，最重要的事情，是要使社会科学，即所谓历史哲学的科学总体，与唯物论的基础相调和，并在这个基础上重新建筑。但这件事情，不能期望于费尔巴哈，因为他在这方面尽管具有基础，却依然被束缚在传统的观念论的圈子里。这种事实，他自己也承认，他说：‘退后说，我与唯物论者一致，但向前说，却不与他一致。’”

这段说明，是指出费尔巴哈的唯物论的缺陷，及其在历史领域中的观念论的性质，同时主张把唯物论彻底的扩张于历史领域的重要性。所以，辩证唯物论创始者们当时最大的注意，是向着历史的唯物论，在他们的著作中，“极力主张比辩证法的唯物论更为辩证法的唯物论，比历史的唯物论更为历史的唯物论”（列宁）。

历史唯物论，是进步的阶级的实践的理论斗争的武器，同时又是布尔乔亚的最大的敌人，所以布尔乔亚不能不集中注意去攻击历史唯物论。他们或者在认识论的领域中，赤裸裸地站在观念论的立场，从根本上去否认辩证唯物论，因而否认历史唯物论；或者用观念论的哲学去修正历史唯物论，把它改造为历史观念论。这种修正主义的策略，在战斗的唯物论者看来，比较从根本上否认历史唯物论的倾向更为险恶，而必须与它做无假借的斗争。例如修正主义柏伦斯泰因一派，否认辩证唯物论的意义，而用新康德主义来修正历史唯物论。他极力主张历史过程中的精神的契机的意义，否定了历史唯物论所主张的“历史的发展之物质的规定性”；用逐渐的和平的进化的理论，代替历史的飞跃的辩证法。

又如，波格达诺夫，自称是历史唯物论的信徒，却用马哈主义代替辩证唯物论，因而毁坏历史唯物论。玛克时亚德拉，也自称是历史唯物论的信徒，却用新康德主义代替辩证唯物论，因而修正历史唯物论。

还有，被称为“现代社会法西斯的罗马法皇”的考茨基，也努力表示着拥护哲学的唯物论与历史唯物论，承认“历史唯物论是适用于历史领域的唯物论”。可是他把哲学的唯物论当作认识的方法，因而“从哲学的世界观切离历史认识的方法”，而到达于“唯物史观与唯物论哲学无关”的结论。这种结论，引导他站立在分离世界观与方法、分离理论与实践的机会主义的立场。

现代机械唯物论者们，也不能理解辩证唯物论与历史唯物论的统一。他们主张用自然科学代替辩证唯物论的哲学，并用自然科学的法则和范畴，来解释历史，造出了社会的自然生长性的历史理论。

上述观念论者与机械唯物论者对于历史唯物论的曲解修正，是拥护历史唯物论的人们的攻击的目标。

（三）社会的存在与社会的意识之关系

历史唯物论，是把辩证唯物论适用于社会的认识的理论，这在上文已经说明了。辩证唯物论怎样的适用于社会的认识呢？关于这一层，列宁这样说明着：“唯物论一般，承认离人类的意识，感觉，经验及其他而独立的客观的实在的存在（物质）。历史唯物论，承认离人类之社会的意识而独立的社会的存在。意识无论在那一方面，只是存在的反映，至多也只是存在之近似的忠实的（适应的、观念上正确的）反映。”他又说：“唯物论总是由存在说明意识的东西；如果不是相反，那么，在人类的社会生活的应用上，唯物论要求由社会的存在说明社会的意识。”列宁这几句话，是简单的解释“社会的存在规定社会意识”这个论纲的。这个论纲，是历史唯物论的根本论纲，历史唯物论的全部内容，都是这个根本论纲的说明。

所谓社会的存在，是人类社会的现实的生活过程，是人与人在生活资料的生产过程中发生的相互关系。简单点说，社会的存在，即是社会经济的构造。所谓社会的意识，是一定的社会、阶级或职业等集团所具有的、非组织的、或稍稍组织化了的感情、情绪、思想或学说。简单点说，社会意识，即是在意识中被反映了的社会的存在。

所谓社会的存在规定社会的意识，就是说：我们人类生活在社会之中，第一件重要的事情，是取得物质的生活资料来维持自身的存在。所以人们在从事政治生活及其他各种精神生活之前，必要先满足衣食住等项的需要。这类生活资料的生产，以及一个时代的经济发展的阶段，就形成了社会的基础。其他国家机关，法律见解，艺术及宗教表象等，都是在这个基础之上发展起来的上层建筑。这些上层建筑物，都是要受那个基础所规定，所说明。

二、社会的基础

（一）生产力

说明了历史唯物论的论纲以后，更进而规定历史唯物论的对象。但在规定历史唯物论的对象以前，我们不能不把社会构成的原理作为一个极简括的说明。

人是社会的动物。人的生活，是社会的生活。所以人是生活于社会之中的，一瞬间也不能离开社会而孤立。人类自有生以来，就结成社会而生活着。

人类社会为要继续维持其存在，第一件重要的根本的事情，就是要经常不辍地取得物质的生活资料。为要取得生活资料，就必须从事于劳动。人类当从事劳动时，首先要有劳动的工具即劳动的手段，才能使用其劳动力。有了劳动手段之后，还必须有加工的对象即劳动对象，才能造出生产物，供作消费之用。所以劳动力、劳动手段和劳动对象，是劳动过程中的三个要素：三者之中，如果缺少了一个，人类的劳动便不可能。但这三种要素，不能分散地各自孤立地存在着。它们必须互相结合起来，即是说，劳动力必须和劳动手段及劳动对象结合起来，而一同运动的时候，人类才能开始生产。这三者互相结合而参加生产过程时发挥出来的制造物资的能力，就是生产力。

这里所说的生产，是社会的人类的生产，是社会上被规定了的人类的生产。所以生产力只有在特定的社会形态中，只有在特定的社会关系的框子中，才能存在。因而所谓生产力，只是由特定社会关系给以形式的生产力，即是在特定发展阶段上的社会的生产力。

（二）生产关系

人们当生产之时，不但劳动力要和劳动手段、劳动对象结合起来，同时人与人也必须结合起来。人们“只有共同劳动，并互相交换其活动，才能生产”。所以人们“为要生产，就必须结成一定的关系，只有在这种社会关系之内，他们才能作用于自然，才能生产”。这种社会关系，即是人与人在生产过程中发生的相互关系，称为生产关系。

生产关系，是被给予着的东西，在社会中生活着的人们，无论自己愿意与否，都必然要加入这种生产关系。

生产关系是与特定发展阶段上的社会的生产力相适应的。因为生产关系与生产力，是不可分离地结合着，生产力是生产关系的内容，生产关系是生产力发展的形式。在生产关系与生产力之对立的统一过程中，生产关系常对生产力斗争，而生产力对于生产关系占据优位。

生产力是不断地向前发展的，适应于生产力的特定发展阶段，就成立特定发展阶段的生产关系的体系。

（三）生产方法与生产关系

所以当我们说起生产力之时，是意指着特定发展阶段上的社会的生产力，而不是生产力一般；同样，我们说起生产关系之时，是意指着特定发展阶段上的社会的生产关系，而不是生产关系一般。

人类社会的发展，经历了许多发展的阶段，各个阶段上各有其特殊的生产关系的体系。各个阶段上的生产关系体系，是由各个阶段上的特殊的生产方法所规定的。所谓生产方法，即是劳动力与生产手段（即劳动手段与劳动对象）结合的方法。

说到生产方法，不能不提起财产关系。在社会发展的最初阶段上，生产手段是属于社会公有的。因而生产手段与劳动力结合的方法即生产方法，是平等的生产方法。由这种生产方法所决定的生产关系，也是平等的生产关系。但是到了生产手段被特殊的社会集团所独占以后，生产手段与劳动力结合的方法，就成为敌对的生产方法。由敌对的生产方法所决定的生产关系，就成为敌对的生产关系，如古代的、封建的、现代的生产关系即是。所以敌对的生产关系，又是社会集团互相对立的生产关系。

（四）社会的经济构造

生产关系，是生产力的发展和作用的形式，是社会生产过程的形式。生产过程之中，包摄着四种过程：第一是生产过程，即是劳动组织和分业或共同劳动的过程；第二是生产手段、劳动力及生产物的分配过程；第三是生产手段、劳动力及生产物的交换过程；第四是生产手段、劳动力及生产物的消费过程。这四种过程之中只有第一种过程即生产过程是占据支配地位的，所以我们把四种过程的统一，称为生产过程。换句话说，生产过程，是包摄了分配过程、交换过程和消费过程的东西。

因此，生产关系又分为下述四大类：第一是人与人在生产过程中结成的相互关系；第二是在分配过程中结成的相互关系；第三是在交换过程中结成的相互关系；第四是在消费过程中结成的相互关系。这些生产关系，都是与特定发展阶段上的生产力相适应的。这些生产关系的总体，形成了社会的经济构造。这种经济构造，就是社会的基础。

三、社会的上层建筑

（一）政治的法律的上层建筑

人类当生产他们的生活资料时，必须在一定的方法之下，共同劳动。因为共同劳动，就不能不维持共同劳动时的一定的规律秩序，并且不能不有维持这些规律秩序的指导者。可是在平等的生产方法支配着的社会的经济构造中，譬如在原始社会的经济构造中，生产手段是归社会所共有，人与人在生产过程中的关系都是平等的。所以这个时代的社会的经济构造及其规律秩序，完全依靠传统习惯去维持，并受种族中的年长而有经验的人所指导，没有用特别权力去实行压迫或强制的必要。因而政治权力那东西，在这样的社会中，是不能想象的。即是说，在原始社会中，政治和法律一类的东西，是不曾有过的。

然而进到敌对的经济构造中，情形就完全不同了。在敌对的各种经济构造中，一方面的社会集团独占着生产手段，另一方面的社会集团，被剥夺了生产手段。前者利用生产手段的独占权，剥削后者的劳动而生活。于是这两种利害不同的社会集团，因为利害的冲突，就进到了互相对立、互相冲突的状态。因此，占有生产手段的社会集团，为谋维持社会上的安宁秩序，就创出了一种公共的强制权力，来镇压那丧失了生产手段的社会集团。这种公共的强制的权力，就是国家。国家的强力装置，是武力的种种组织以及种种强制他人意志服从权力的种种手段。于是占有生产手段的社会集团，通过国家这个机关，变成了支配者：同时丧失了生产手段的社会集团，变成了被支配者。所以国家是在敌对的经济构造之上建立起来的，是一个社会集团统治别个社会集团的工具。社会的各个发展阶段上的国家，依存于各个阶段上的经济构造，如古代的、封建的、现代的国家，是依存于古代的、封建的、现代的经济构造的。

支配者对被支配者实行支配时，单靠掌握国家权力，还是不充分的。支配者还得要组成政府机关，创制种种法律，对被支配者宣布关于权利义务的种种规定，与关于保障财产及维持秩序的种种规定，然后才挟着强制权力，使被支配者奉行遵守。所以法律的主要作用是保障财产关系的，而财产关系，是生产关系之法律术语的表现。

随着敌对的经济构造之发展，国家也随而发展，随而扩大其规模，凡属武力的组织、政党、教会、学校等及其他种政治机关，都包摄在内。

统括上述各项，总称为政治的法律的上层建筑。政治的法律的上层建筑，是社会的上层建筑之一。

（二）意识形态的上层建筑

于是我们进而说到社会意识的领域。关于社会意识，如我们在前章中之所说，社会意识是被反映了的社会的存在，而社会的存在是经济构造。但照本章的说明，政治的法律的上层建筑，是从敌对的社会的经济构造中分化出来而建立于经济构造之上的东西，所以它仍然隶属于社会的存在。这样说来，社会意识是反映经济构造及政治的法律的上层建筑的东西了。

人类在其物质生活的生产过程中，依从于特定的生产方法，形成了一定的经济关系和政治关系；同时人们又依从于一定的经济关系和政治关系，形成了一定的社会意识。

但是社会意识，必具有种种的形式。社会意识的形式，即是意识形态，在形式与内容的相互关系上，不具形式的任何社会意识，是没有的，不具内容的任何意识形态，也是没有的。

各种意识形态，是按照社会现象的范畴，把社会意识的一定内容采取出来，实行抽象化、普遍化、系统化的精神生产物。这些意识形态，更分为法律上的意识形态、政治上的意识形态、宗教上的意识形态、哲学上的意识形态等部门。

社会意识与意识形态，是随着经济构造的变动而不断变化的，都是历史的、暂时的、无常的产物。

在敌对社会中，社会意识和社会意识形态，也是敌对的。大体上，在特定的敌对的社会中，支配者的意识形态，常占据支配的地位。这是支配的物质关系之观念上的表现。但是随着各个社会集团间的对立和冲突，被支配者的意识形态就成立起来，而与支配者的意识形态相对立。这种精神的冲突，实是物质的冲突之反映。

一定社会的意识形态，是一定社会的上层建筑。意识形态的上层建筑，是社会的上层建筑之二。

（三）上层建筑对于基础的作用

如上所述，经济构造是社会的基础，政治的法律的上层建筑与意识形态的上层建筑，都是树立在这个基础之上并受这个基础所规定的。可是这两种上层建筑虽受基础所规定，而对于基础却又给以一定的反作用。在社会的发展过程中，政治的法律的上层建筑与意识形态的上层建筑，不单是受动的社会现象；两者互生作用，并影响于经济构造的发展而成为能动的社会现象。这就是上层建筑对于基础的反作用。但是上层建筑对于基础的反作用，从其发源与结果看来，是决不能与基础对于上层建筑的作用相同的。上层建筑反作用于基础的可能性，是由于上层建筑从基础得到的发展力量而来的。可是这些上层建筑的作用的结果，只在它没有和基础发展的倾向相矛盾之时，才能持久，才有意义。在相反的方面，反作用虽也能延缓并障碍经济发展的过程，却决不能变更这发展过程的倾向，而经济的必然性，结局是必须打开它的进路而前进的。以下分别说明各种上层建筑对于基础的作用。

先说政治的法律的上层建筑对于基础的反作用。

“政治是经济之集中的表现”，即是说，政治是在经济的基础之上成长起来，而表现经济的东西。政治对于经济取得了一定的独立性之后，就立即反作用于经济发展的进行。政治对于经济的发展，可分为两个方向：第一，当政治作用于合法则的经济发展的方向时，它和经济相调和，经济就能向前发展。譬如新建的国家，支配者厘定种种适合于经济的新法律制度，这确是能够助长经济的发展的。第二，当政治违背于合法则的经济发展的方向时，它和经济相冲突，经济的发展就被阻碍。譬如陈腐的国家，支配者为保持自己的利益而利用政权以苟延残喘，这确是能够障碍经济的发展的。所以政治权力的作用很大，它能促进经济的发展，也能破坏经济的发展。在这种情形，政治对于经济占据优势。但这种优势，仍是从经济发生，并受经济所规定。

总之，在阶级社会中，一切经济上的问题，要在政治的形式上，才能解决。阶级社会中，一切社会事变，都通过阶级的行动而出现，而构成这些阶级行动的顶点的东西，即是政治。所以历史唯物论，对于政治在社会发展上的积极的作用，是非常重视的。

其次，意识形态虽是反映经济构造及政治的法律的上层建筑的东西，同时它对于两者有很大的反作用。这样的反作用，也分为两个方向：一是正确地反映了经济构造及政治的法律的上层建筑之意识形态，能够暴露出经济及政治的发展法则，使人们能顺应这些法则去改造经济与政治，以促进社会的进步。二是如果曲解了经济构造及政治的法律的上层建筑的意识形态，那就曲解或否认政治与经济的发展法则，徒使人们陷于心理的游戏。这样的意识形态，至多也只是颠倒事实的真相，以为特殊的社会集团的利益说法，结果只能暂时阻碍社会的进步，而社会发展的必然性，终究要暴露出这种意识形态的反动性。

一切革命的学说、思想或哲学，只是当时社会的物质生活的矛盾、阶级的斗争等社会变动的事实之观念的反映。这种学说、思想或哲学，无疑的是革命的阶级的实践的契机，能够促进社会的改造。但是意德沃罗基这种促进社会改造的作用的原动力，仍然潜伏于社会的存在的根柢中。

所以历史唯物论在考察社会的变革时，必须区别“物质的变革”与“意识的诸形态”，而主张意识形态“必须从物质生活的矛盾，从社会的生产力与生产关系的矛盾去说明”。

四、社会的发展法则

（一）社会的构成形态及其发展

基于以上的说明，可以把社会构成的原理，作下面的概括：“人类在其生活之社会的生产上，加入于一定的、必然的、离其意志而独立的诸关系，即适应于物质的生产力的一定发展阶段的生产诸关系。这些生产关系的总体，形成社会之经济的构造，是法律的政治的上层建筑在它上面树立与一定社会的意识形态和它相适应的现实基础。物质生活的生产方法，决定社会的、政治的及精神的生活过程一般。不是人类的意识规定他们的存在，倒是人类之社会的存在规定他们的意识。”

因此，社会的构成形态（即社会形态），就是处于特定生产关系总体以及由它所生的特定政治的法律的上层建筑与意识形态之下的社会。并且这个社会，是一定历史的发展阶段上的社会，是有其特殊的，固有的特质的社会。因为“生产关系的总体，是构成称为社会关系，称为社会的东西”，所以社会形态，就是当作特定的生产关系总体看的社会，譬如先阶级社会、古代社会、封建社会、现代社会、未来社会，就是这样的生产关系的总体；这各种的社会，同时又造成了人类社会全部历史上的各个顺序的特殊的发展阶段。

社会发展的各个阶段，如上面所划分的一样，共分为五种构成形态。但是各种构成形态，都是继承先行的社会形态的积极的结果而发展起来的，同时又包含着种种复杂的经济制度。这些经济制度，是和构成形态有区别的。各种构成形态，是由特定的生产方法所决定。如封建社会的构成形态，受封建的生产方法所支配；现代社会受资本制的生产方法所支配。至于经济制度，可以在特定的构成形态中杂然并存。因为特定构成形态中的各种经济制度，除了占据支配地位的东西以外，有的是先行的构成形态的遗物，有的是同一构成形态内部的发展阶段。这些经济制度，都是特定构成形态的复杂的成分，不过这些成分，都受特定构成形态中的支配的生产方法所规定、所包摄，都是被支配的东西，是附属的东西。例如现代社会中，资本制生产方法占据支配地位，所以现代社会的构成形态，是资本主义。但在这个构成形态中，仍包含封建的经济制度（如家长制的农民经济与小商品生产）的遗物。这就是经济制度与构成形态的区别。

（二）社会发展的意义

所以历史唯物论所研究的社会，必须是特定的历史发展阶段上的社会构成形态，即是当作特定生产关系的体系看的社会。于是我们更进而说起社会的发展法则。

人类社会是不断地向前发展的。人类社会之所以发展，也和世界一切东西的发展一样，是由于它内部包含着矛盾。社会内部所包含的矛盾，是生产力与生产关系的矛盾（在敌对的社会中，显现为阶级间的矛盾）。由于生产力与生产关系的矛盾，社会就不断地往前发展。因为人类在其物质生活的生产过程中，不断地获得新的生产力。人类一旦获得了新的生产力，就变更了劳动力与生产手段结合的方法，即成立了新的生产方法。由于新的生产方法之成立，就改变旧的生产关系而成立新的生产关系。于是新生产关系体系代替了旧生产关系体系，随着社会的基础之变动，那些树立在旧生产关系体系上的上层建筑，就或缓或急地随着变革。于是崭新的社会构成形态，起而代替了陈旧的社会构成形态。这是社会发展的最一般的意义。以下先说明各种社会构成形态内部的发展法则的特殊性，再说明由一种构成形态转变为别种构成形态的转变法则的特殊性。

（三）特定社会内部发展法则的特殊性

社会是一个发展的过程，社会的发展法则自身也是一个发展的过程。在过程中的各个阶段上的社会形态各不相同，因而在过程中各个阶段上的社会的发展法则，也是各不相同的。各个历史的时代，各自有它特殊的法则。如同古代社会、封建社会、现代社会等各种社会的有机体，也和各种动植物的有机体一样，在根本上是互不相同的。一个阶段上的社会当发达到一定高度而转变到次一阶段时，就开始受另一种发展法则所支配。各时代的社会的发展法则所以各不相同的原因，从根本上说来，是由于物质的生产诸力不断地发展。人类间的生产关系，是和一定社会的生产力相适应的。人类依存于一定社会的生产力，造出一定的生产关系，同时又依存于那一定的生产关系，形成一定的原则、观念及范畴。因而一定社会的发展法则，就支配这一定的生产力和生产关系，支配着那一定的时代的社会。人类一旦获得了新生产力，生产关系就随着改变，因而那支配这新生产力和新生产关系的社会的新发展法则，就代替过去的发展法则来支配社会了。所以各个时代的社会发展法则，各自有它的特殊性，适用于过去的，决不能适用于现在，即是说，无条件的适用于一切时代而都妥当的社会的发展法则，只是一个抽象，实际上是没有的。

（四）社会形态由低级到高级的转变法则的特殊性

依照前面的说明，人类社会全部历史的发展过程，可以列成下述各个顺次的发展阶段：一是先阶级社会；二是古代社会；三是封建社会；四是现代社会；五是未来的新社会。这些社会各自有其内在的、固有的特殊发展法则，这是刚才说过的。现在再说到由低级社会形态到高级社会形态转变的法则。这些社会形态之间的转变法则，可以分为下述四种：一是由先阶级社会到古代社会的转变法则；二是由古代社会到封建社会的转变法则；三是由封建社会到现代社会的转变法则；四是由现代社会到新社会的转变法则。这些转变法则是互不相同的，是特殊的。

这些转变法则的特殊性，根源于各个社会的特殊发展法则，即根源于生产方法的特殊性，根源于生产力与生产关系的特殊性。例如由现代社会到新社会的转变法则，和由封建社会到现代社会的转变法则，是各自有其特殊性的。由封建社会到现代社会的转变，是封建社会母胎中孕成了的生产力与封建的生产关系相冲突的结果。由现代社会到新社会的转变，是现代社会中孕成的生产力与现代的生产关系相冲突的结果。譬如法国革命与俄国革命，都各有其特殊性。这两者的特殊性，可说是两种转变法则的特殊性之具体的表现。所以各种社会构成形态间的转变法则，是各有其特殊性的。

（五）历史唯物论的对象之规定

综合以上的说明，可以把历史唯物论的对象，作如次的极简括的规定：

第一，历史唯物论是把社会当作适应于生产力的特定发展阶段的生产关系总体去把捉，即是把社会当作特定的历史发展阶段上的社会的生产有机体去把捉，阐明其固有的机能与发展的法则；在敌对的社会条件之下，就说明这社会的各阶级间的关系；于是更进而探索那些与这生产关系总体相适应的政治上与意识形态上的上层建筑，说明其内的关联，以到达于基础与上层构造的统一，以形成一定的社会构成形态之生动的形象。

第二，历史唯物论把社会当作客观的、合法则的、自然史的发展过程去把捉，阐明各个特定阶段上的社会的特殊的发展法则，阐明社会由低级形态到高级形态的特殊发展法则。

第三，历史唯物论把社会全部历史列为先阶级社会、古代社会、封建社会、现代社会、未来社会的五个顺次发展的阶段，指出人类社会发展的一般的进行与特定发展阶段上的特殊形态之统一，指出历史过程的统一与联结，发现历史发展之一般的正确的法则。

就上述三项，再简约起来，历史唯物论的对象是：在最一般的大纲上说明人类社会之历史的客观的发展过程及其发展法则，阐明各种社会构成形态的特殊发展法则及由一种构成形态到他种高级构成形态的特殊转变法则。

第二节　当作历史观与方法、理论与实践的统一看的历史唯物论

一、历史唯物论是社会发展理论与社会认识方法之统一

历史唯物论的对象既经规定，它的意义就容易理解。

历史唯物论究竟是什么？关于这一问题，有两种非正确的见解，这里应当加以批判。

（一）机械论者主张历史唯物论是社会及其发展法则一般的学说

第一种非正确的见解，是机械论的见解。机械论者说：

“历史唯物论是关于社会及其发展法则的一般的学说。”这就是说，历史唯物论是关于社会一般的学说及关于社会发展法则一般的学说，这种见解，明明是谬误的。这种见解的主要的谬误，是用抽象的社会一般代替具体的社会历史，用抽象的社会发展法则一般代替具体的社会发展法则。依据前节的说明，我们知道，人类社会的发展，经历了先阶级社会、古代社会、封建社会及现代社会的各种顺序的阶段。各个阶段上的社会，是互不相同的特殊的生产关系体系，各有其固有的特殊发展过程和固有的特殊发展法则。历史唯物论研究的出发点，是“一定历史的发展阶段上的社会”。历史唯物论把这“一定历史的发展阶段上的社会”，当作特定的生产关系的总体去把捉，由此以探求各阶段上的社会的特殊发展法则，及其转到高级形态的特殊转变法则。这样，才能阐明社会的这种多方面的矛盾的过程之客观的合法则性，才能在最一般的大纲上把握住全人类社会的客观的发展过程及其发展法则。照这样在最一般的大纲上说明了的社会的客观的发展过程及其发展法则，是具体的社会历史过程之正确的反映，是一般的全部社会发展过程与特殊的各阶段上的社会发展过程之统一。只有依照这样在最一般的大纲上反映了的社会的发展法则，才能理解这一般的发展法则在各个阶段上的社会中所显现的特殊形象。所以社会的发展，常是具体的，是一般进路与各个历史阶段的特殊性之融合。

但是如果依照机械论者的见解，全社会发展的具体的历史就在抽象的社会一般之中消失了，社会发展的具体的法则就在抽象的社会发展法则一般之中消失了。照这样，先阶级社会、古代社会、封建社会及现代社会的各种具体构成形态及其各种具体发展法则，都转化为“社会及其发展法则一般”，而丝毫没有具体性与特殊性存在。于是所谓社会一般，在论理上就归结到古往今来的人类社会同是人类的集合体；而所谓社会发展法则一般，在论理上就转变为没有空间性和时间性的永久不变的真理了。事实上，所谓“社会一般”和“社会发展法则一般”都是抽象的，而抽象的东西是不存在的。

（二）形式论者主张历史唯物论是社会的方法论

关于历史唯物论是什么这一问题的第二种非正确的见解，是形式论的见解。形式论者说：“历史唯物论是社会的方法论，是一种抽象的社会认识的论理学。”形式论者与机械论者相反，主张在历史唯物论方面必须“提倡这种方法论的内容和历史的内容”。形式论者所说的“方法论的内容”，即是“社会科学的方法论”的意思。至于所谓“历史的内容”，就是说，历史唯物论是关于“研究种种社会形态的种种法则”。而“结合这些法则的一般的东西，就是这些法则的推移转变及这转变的研究方法”（这里所说的“研究方法”即是“方法论”）。

形式论者这种见解，在表面上好像和机械论者的见解相对立，而实际上却和它很接近。形式论者的见解的主要谬误，是把“社会的方法论”代替社会发展理论即历史唯物论，把关于互异的形态不同的种种社会现象的几个预定的抽象的前提代替社会的历史的发展之统一的全面的一般理论。依照这种见解，历史唯物论，变成了抽象的方法论与关于历史过程的各个形态的经验论态度之特殊的结合。

我们知道，社会全部的历史过程是这全部过程中各个阶段上的特殊构成形态之具体的统一。全体离开部分不能存在，部分离开全体不能存在。形式论者主张历史唯物论只研究各个发展阶段上的社会形态的种种法则，而不能在最一般的大纲上说明人类社会全部的历史的发展过程及其发展法则。这样的见解，暴露出他们只知道各个发展阶段上的“种种社会形态”，不知道有统一的全面的社会发展过程；只知道有“种种社会形态的种种法则”，不知道有社会史的“一般的发展法则”。这种见解，在论理的进行上，势必用俗流实证论及迂回经验论的精神，去解释各时代的历史的特殊性。这种见解，是形式论理学的见解：只看见部分，而不看见全体；“只看见树木，而不看见森林”。

如上所述，形式论者所“提倡”的“历史的内容”，只是断片的历史而不是整个的历史，是抽象的历史而不是具体的历史。因此，他们就从历史唯物论的内容抽离出与内容不一致的形式，从历史唯物论的对象抽离出与对象不符合的方法。于是，历史唯物论转变为只研究形式的抽象的“方法论”，转变为非从对象的分析得来的、完全抽象的前提之体系。

（三）上述两种见解的异同

在上述两种见解之下，历史唯物论的本来的对象——社会的=经济的构成形态的发展之历史的过程，就完全消失了。在机械论的一方面，抽象的、自己造作的“社会一般”的公式，代替了特殊的、异质的、社会形态的真正历史过程之研究。在形式论的一方面，关于特殊的、异质的、社会形态的几个先定的抽象前提，代替了一般的、统一的、社会的发展过程之理论。所谓社会的“方法”，在这种情形，就完全丧失了那物质的、具体的、历史的基础。这两种见解的差异之点，就是在前者一方面，所谓“关于社会的一般的学说，变成了机械的从外部嵌入于历史的永久不变的尺度；而在后者一方面，把历史唯物论解消于方法之中。后者是把前者所主张的‘一般法则’化为同样抽象的论理的范畴之总体，主张用这种范畴去研究种种形态的特殊法则。在这种情形，看不到社会发展的历史过程”。

如果应用“社会一般”的学说来研究现代社会与过渡期社会的构成形态时，就不能理解这两者质的差异，而两者的特殊发展法则就变为抽象的同一的东西了。如果应用“社会的方法论”的学说来研究帝国主义的发展与过渡期的各种经济制度时，就必然要把两者的具体的研究，转化为内容空虚的“方法论”的抽象，把两者的特殊性转化为经验论的、主观主义的东西了。

（四）科学的理论与科学的方法之统一

基于前面的说明，历史唯物论不是“关于社会及其发展法则的一般的学说”，也不是“社会的方法论”，而是社会发展的理论与社会认识的方法之统一。

历史唯物论是社会之理论的研究。社会之理论的研究，常是社会史的反映，并且是社会史的普遍化的反映，是依从于指示社会发展的现实进行的法则的正确的反映。简明点说，历史唯物论是在最一般的大纲上，反映出统一的社会史的发展过程及其发展法则，反映出特殊的、异质的各种社会形态的发展及其转变的根本法则的理论。

在这种处所，一般与特殊之间，成立了正确的关系。因为历史唯物论是具体的社会发展过程的反映论，并不是抽象的、“超历史的”历史哲学的发展之公式，不是解决一切历史上的问题的万应膏。具体的发展过程，在其本身中统一着一般的进行的路线和各个发展阶段的特殊性，即是统一着整个过程的一般发展法则与过程中各阶段的特殊发展法则。这是一般与特殊的正确关系。社会的历史，自有其一般的发展法则。例如说：当生产关系障碍生产力的发展时，必引起社会革命——这就是社会的一般发展法则。可是这一般的法则，在种种社会的构成形态中，却有种种不同的具体的表现。所以只有从特定构成形态（如封建的或现代的等等）的特定历史发展条件之具体的研究出发，才能理解特定构成形态之质的特殊性，才能理解社会的一般发展法则在它当中所表现的特殊相貌。所以历史唯物论常是研究“特定历史发展阶段上的社会”。

只有从科学的认识论出发，我们才能理解历史唯物论所以能成为社会现象的认识方法即社会科学方法论的理由。历史唯物论只有在它正确地反映了社会的构成形态之自然史的过程与社会史的这种最一般的发展法则时，才成为科学的理论。只有当作科学的理论看的历史唯物论，才能成为方法论的理论，我们才能得到“社会科学上的方法的理论”，才能得到“唯一的科学的历史说明方法”。

当作社会科学方法论看的历史唯物论，其主要之点如下：

第一，在社会的存在与社会意识的正确关系上，去理解各种历史的社会的现象。这就是说，要把特定构成形态的物质的生产关系，当作一切历史之现实的物质基础抽取出来。即是说，要把一切历史的社会的现象，当作与特定历史阶段上的生产关系相联系的现象去考察。

第二，在全体的关联上去理解各种社会的现象。如上所述，社会是包摄生产诸关系的总体、国家形态、法律制度以及一定意识形态的系统，而生产诸关系是这个系统的基础。同时，基础与上层建筑，上层建筑的内部，又有极复杂的相互作用。并且，敌对的社会是各个社会阶级之对立的统一，这种对立物的认识，是理解各种社会现象的关联性的基础。

第三，在发展过程上去理解各种社会现象。一切的社会现象都是发展的，一切社会现象的发展，都是内在的对立物的冲突，归根结底是生产力与生产关系的冲突。所以研究一切社会现象的发展时，必须深入地去暴露其发展的根本动力，由此以探寻其发生、发展及其没落的趋向。

所以历史唯物论的方法是具体的，是受研究对象的社会的规律的特殊性所限制的。它决不是抽象的社会的方法论。在这种处所，历史唯物论是社会发展理论与社会认识方法的统一，它决不与具体的历史相分离，也决不与其他社会科学相隔绝。它是反映历史发展之具体过程的科学的历史观，它是这种历史观之哲学上、理论上及方法论上之本质的内容。

历史唯物论，指导经济学去研究各种社会经济构造的各种历史的特殊发展法则（广义经济学），研究资本主义的社会经济构造的特殊发展法则，克服布尔乔亚经济学的观念论的见解。它指示法与国家的理论，把法与国家当作建立于经济构造之上的上层建筑去理解，阐明法与国家是随着经济的构造之历史的发展而发展，而取得历史上所规定的特殊的形态，阐明其特殊的发展法则，使法与国家的理论，从一切布尔乔亚的法与国家的观念论的见解解放出来，得到真正科学的性质。在意德沃罗基的理论中，历史唯物论指示社会意识是社会的存在之映象，并随着经济构造的发展而发展，而意德沃罗基的发展法则，即是社会的存在的发展法则之映象，与社会的存在循着同一的法则而发展，由此以表明其阶级的性质，克服一切观念论及机械唯物论俗流唯物论的谬论。

二、历史唯物论是社会的理论与社会的实践之统一

（一）理论与实践的统一

“理论不是教条，而是行动的指导。”这个原则是像一根红线一样，贯串于历史唯物论之中。社会发展的理论，是社会的客观发展过程及其发展法则之正确的认识。但这种认识，不是可以靠研究室的研究所能得到的，而是要在人类的活动的过程中，在社会的实践的过程中，才能得到的。社会发展的理论的命题，不单只停顿在学究的理论的范围中，它只是根据于一种或数种事实而成立的原则。反之，各种理论的命题，如果移到于现实生活方面，并且根据它来改造现实生活之时，我们就把这种命题，从特殊性或个别性移到普遍性。这样，在社会的实践中，社会的理论，就消失了那学究的性质，它不但有普遍性的价值，并且有直接的现实性。在另一方面，社会的实践，如果离开社会的理论，它是盲目的，是愚笨的。社会的实践，是人们要变更社会的客观现实性而使它适合于自己的目的的种种有计划的行动。人们如果不去研究社会的现实性的法则，不理解社会的理论与社会的实践之统一，就不能改造社会，

这是很明白的事情。

社会的理论与社会的实践，是不可分离地结合着。社会的理论中，有社会的实践的成分；社会的实践中，有社会的理论的成分。社会的理论，由社会的实践而获得；社会的实践，由社会的理论而贯彻。没有社会的实践的那种社会的理论，只是空洞的理论；没有社会的理论的那种社会的实践，只是盲目的实践。但是社会的实践，比较社会的理论，占据优位。社会的实践所以比较社会的理论占据优位的理由，可以分为四点：第一，社会的实践，是人们对于社会的认识的出发点；第二，社会的实践，是一切社会的认识之规准，是社会的理论的真理性之规准；第三，社会的实践，是认识客体与认识主体两者间所必要的联结的规定者；第四，社会的实践，不但有普遍性的价值，并且有直接的现实性。

哲学的任务，不是各色各样的解释世界，而是变革世界；同样，历史唯物论的任务，不是各色各样的解释社会，而是变革社会。

（二）由历史的必然到历史的自由

“理论是解答实践的活动所提起的问题的。”理论从实践产生，又能指导实践。社会发展的理论，反映出社会的发展法则。基于被反映了的社会的发展法则，人们就得到关于社会现象的预见的可能性。但是社会学的预见，不从社会现实分离，不从社会的实践分离。只有在理论与实践之有机的统一上，历史唯物论才能反映出社会的发展法则，才能预见社会的将来。因此，人们才能有计划地从事于社会的实践，而从历史的必然的领域进到历史的自由的领域。

依历史的必然与自由之正确关系来说，历史上的自由，即是历史的必然之认识。“自由是必然的洞察。”“只有在必然未经理解之时，必然是盲目的。”“自由并不存在于如一般所梦想的离自然法则独立的处所，而是存在于自然法则的认识之上，存在于与这法则一同发生而有计划的把它适用于一定目的的可能性之上。”所以自由是被认识了的必然。我们知道，水火风雷等大自然力，当人类还没有认识并处理它们的时候，它们作用于人类，完全是盲目的，是强制的，是破坏的。往往一场大水能够把人口牲畜田园屋宇都破灭，一场大火能够把人畜屋宇粮食都烧毁，一场大风能够把房屋农作都败坏，一场大雷能够把动物植物屋宇都打倒。这些都好像自然界的不可抗力，但当人类认识并处理了它们之时，就能够防卫它们，利用它们，而转祸为福了。我们现在不但知道疏水导河以治水，并且知道利用水力以造水碓水磨水车，现在还用来发电；不但知道防避火灾，并且利用火力以发动蒸汽机关；不但知道避风，并且知道利用风力以造出风车，行驶帆船；不但知道避雷，而且知道利用电力以应用于种种事业。于是这些大自然力，便由倔强的恶魔一变而成为忠顺的奴仆了。同样，生产力这种大社会力，当我们没有认识它并处理它的时候，它作用于人类，正和大自然力一样，完全是盲目的，是强制的，是破坏的。一次经济的恐慌，往往能够夺掉数百千万人的饭碗，损失若干万万的财产，一次帝国主义战争，至于把数百千万的穷苦人民化成少数帝国主义者的炮灰，把全世界的经济生活都陷在不可名状的混乱。这种大生产力，在现在好像也是一种不可抗的大自然力，向人类作用着。假若我们能够认识它，理解它的作用、它的方向和它的影响时，我们就可以渐渐地使它服从于我们的意志，而容易达到我们的目的。假使我们一旦了解了它的性质并依其本性而加以处理之时，它就会和在电信机中起作用的电力一样，就有益而无害了。即是说，假是我们能依着生产力的本性，把它放在协力的生产者手中，变生产手段之私人的所有为社会的所有，而生产依照社会的必要而被组织之时，人就会变为自然和自己的主人。到了这时候，人类就会以充分的自觉造出自己的历史；人类自己所发动的社会的诸原因，就会生产出自己所希望的结果。这即是从必然到自由的飞跃。

“各个人的有意识的自由行动，产生出他们所不能预料不能预见的结果。这种结果，是与全社会有关系的，即是作用于他们的相互关系的总体的。所以人们从自由的王国转移到必然的王国。但是由人们之个人的行为产生而未经他们所意识的社会的结果，一旦引起社会组织的变革，就在人们的面前，产生出新的个人的目的。人们的有意识的活动，必然地使面目一新。人们就再从必然的王国转移到自由的王国。”所以人类的历史，可以说是从必然到自由的历史。

历史唯物论，在研究现代社会时，必须说明下述诸问题：现代社会是从怎样的社会发展的，并且循着怎样的发展途径？现代社会从它出生之时起到现在为止，经过了怎样的阶段？现代社会将转变为怎样的新社会，而这种转变的可能性如何推移于现实性，并受怎样的物质的客观条件所规定？又，担负改造现代社会为新社会的使命的主体，为什么必须是普罗列达里亚？历史唯物论必须研究上述诸问题，才能发现现代社会的发生、发展及其必然没落的法则。而现代社会的这种特殊发展法则，又是一切社会形态的一般发展法则之具体的形态。所以历史唯物论实是现代最进步的阶级即普罗列达里亚能动地推进现代社会发展的学说。

“人类的最高问题，在于把握一般根本路程上的经济的进化（社会的存在之进化）之客观的理论，而尽可能的、明白的、显著的、批判的、使人类之社会的意识和一切现代国家进步的诸阶级之意识与它（上述客观的理论）相适合。”

（三）当作理论、方法及实践指导看的历史唯物论

综合以上的说明，历史唯物论的意义，可作如下的概括：

敌对社会的领域中的具体的历史的研究，是在于暴露特定历史的生产方法中的内在矛盾、阶级的对立。但如上所述，历史唯物论并不单是这种矛盾之“客观的”证明。历史唯物论在特定社会形态的机能及发展法则本身中，阐明这社会形态的必然没落的法则，指出新社会制度起而代替它的必然性的根据。历史唯物论指出超过这特定社会形态而前进的路线，预见它的将来，在社会的实践上，说明前进的社会阶级的任务。简单地说，历史唯物论又必须是社会实践的指导。

历史唯物论是上述诸契机的统一。即历史唯物论是社会发展的理论，是社会的研究方法，是社会的实践的南针。

第二章　布尔乔亚社会学及历史哲学之批判

第一节　布尔乔亚社会学之批判

一、布尔乔亚社会学之先驱

（一）社会契约说的社会观

历史唯物论，是在它与布尔乔亚的社会学及历史哲学作长期的斗争中，锻炼而成的。所以，为了拥护历史唯物论，不能不与现今流行的各种潮流的布尔乔亚的社会学说，以及曲解历史唯物论的偏向，作积极的、毫无假借的斗争。但要有效地制胜于这个斗争，就必须就那些敌对的社会学说的来源，实行批判的检讨。因此，本章要先说明布尔乔亚的社会学说的发生、发展及其变迁的趋势，掘翻那些现在流行着的观念论的，机械唯物论的社会观的根株，纠正一切对于历史唯物论的修正和曲解。

布尔乔亚的社会观之发生和发展，与布尔乔亚本身的发展史相关联。布尔乔亚，在封建时代，还是一个被压迫被支配的身份，自从十五世纪末叶“资本主义生产方法的基础之革命的序幕”揭开以后，布尔乔亚渐渐地“成为新生产力发展的一环，成为技术及自然科学的发展的担负者”了。他们由于自己的经济势力的发展，就由被压迫被支配的身份抬头起来，而与封建的贵族分庭抗礼了。他们在其社会的实践中，逐渐地形成了新的世界观、社会观，而自觉到自己的阶级之历史的使命了。这种历史的使命，是布尔乔亚的革命，即是变封建社会为资本主义社会，推翻封建的支配阶级，自己爬上支配阶级的宝座。

布尔乔亚革命的理论，即是布尔乔亚的社会观。布尔乔亚的社会观，也是在反封建的社会观的斗争中发生发展的。我们知道，封建的社会观，是神学的社会观。神学的社会观，是欧洲封建时代的教会与国家的现实状态的反映。依据神学的社会观，人类社会，受神意所范围。世俗界的支配权属于国家，精神界的支配权属于教会。一切社会的关系及社会的制度，都是遵从神意而设定的永久不变的东西。封建领主永远是支配者和剥削者，其他一切人民（布尔乔亚也在内）永远是服从者和被剥削者。这种社会观，是新兴的布尔乔亚所首先要打破的东西。新兴的布尔乔亚，在其社会的生产的实践上，由于技术与自然科学的启发，经验上知道社会生活是在变化着。他们为了反对封建国家而建立适合于他们的利益的新国家，不能不另行建立新的社会观。布尔乔亚与社会观，首先表现于国家学说或政治思想之中。（因为当时还不知道社会与国家的区别，认为国家即是社会）布尔乔亚的政治学之先驱，是马凯维利。马凯维利的政治学说，首先主张政治与道德，政治与宗教的分离，说破了封建的神学的国家观的虚构。但是人类社会生活，既然不受神意所支配，却用什么根据去说明人类社会呢？就这一层说来，对于布尔乔亚革命大有影响的社会学说，要算是社会契约说了。

社会契约说，以自然法学说为基础。自然法学说，把人类的生活状态分为自然状态与社会状态。自然状态，是人类还没有加入共同生活状态以前的个人或家族的孤立状态；这时的人类度着自然的生活，一切受本能所支配。在自然法学的这种见解之中，也有两派的主张。一派主张人类的自然状态是斗争状态，一派主张这是和平状态。代表前一派的主张的人是浩布思，代表后一派主张的人是卢梭。浩布思主张人类的自然状态是万人对于万人的斗争。斗争的结果，个人的本来的利己心大受损害，所以人们为充分满足自己的利己心起见，不能不放弃固有的权利，共订契约，组织国家，以保障其利己的行动。这是形成国家的社会契约。浩布思的这种社会契约说，是代表布尔乔亚借助绝对主义政权以保障自己利益的主张的。至于卢梭的社会契约说，却是不同。卢梭主张自然状态是平和状态。人类之脱离平和的自然状态而加入社会状态，是私有财产发达的结果。他认为自然状态中自由平等的孤立的个人，虽是很幸福的，而自然状态下的孤立，对于各人的自我的保存甚不便利。为要除去这种不便利，就要用共同的力量去克服它而保障更进一步的自由和平等。这只有共同缔结契约，加入于政治社会（即国家）。所以社会契约的本质，就是“各人把自己的身体和权利，放置在共同的最高的普遍意志支配之下，把自己看做全体的不可分的统一”。卢梭的这种社会契约说，是代表当时已经成熟了的革命的布尔乔亚的要求的。

社会契约说的社会观，是观念论的，又是机械论的。一方面在观念论的虚构上，设定所谓人类的自然状态做出发点，一方面又在机械学力学的见地上，把社会看做“互相独立平等的原子的个人之机械的体系，而把社会的成立还原于互有平等的自然权的个人相互间的契约”。这种社会观，是以互相自由竞争而同时需要缔结契约的“资本主义的商品生产者间的关系”为标本的。

（二）地理学的唯物论的社会观

社会契约说的社会观，虽然对于布尔乔亚革命，发生过很大的影响，但它的本身不是科学。这一层，在当时的布尔乔亚学者们，也都觉察到，并且发表过许多反驳的议论的。至于采取科学的外貌的布尔乔亚的社会学说，要算是地理学的唯物论的社会观。这种社会观，与社会契约说相比较，是能够说明各种时代、各种国家的社会制度及文化的特殊性的。

地理学的唯物论的社会观的要点，是在自然的地理环境之中探求社会发展的根源。这种自然环境的社会观，在古代和中世纪，已经有人倡导过，但现代布尔乔亚学者中首先提倡的人，要算是约翰布丹。布丹著有《历史易知法》一书，说明地理环境对于社会的影响。他认为考察自然环境的第一个基础，是地球的纬度。纬度的差异，即是温度的差异。温度的差异，对于社会发生种种不同的影响。寒冷刺激人类，酷暑使人精神懦弱。由于温度的差异，一般的北方人体躯伟大而有精力，但缺乏才智；南方人体格较小，有才智而缺乏精力；极北的人矮小而耐寒，至于位居南北之间的中部民族，各与其幼年、中年及老年之性质相适应。由于性质的不同，其统治国家的精神亦不同。北方民族倚赖权力，南方民族倚赖宗教，中部民族倚赖正义与公平。南方民族富于神秘的冥想，北方民族擅长劳动与工艺。中部民族调和两者的长短，能为其他民族制定法律与秩序。其次，布丹又用地球的经度，决定民族的特性。西方民族多具北方民族的性质，东方民族多具南方民族的性质。高山地方的居民的性质酷似北方，溪谷地方的居民的性质，酷似南方。总而言之，由于地球的经纬度的不同，由于海洋、河川、气候土壤等等的不同，就产生出种种民族的特性、风俗、习尚、宗教与社会制度，因而形成了各色各样的社会。这便是布丹的自然环境论的大概。布丹根据这种论点，为近代布尔乔亚的大国家，造出理论的基础，因而确立了他的主权的理论。

布丹以后，把自然环境的社会观展开出来而比较具有一般性的学说，要算是孟德斯鸠的《法意》一书了。孟德斯鸠说一切事物都有法，社会有法，国家也有法。“法，在最广的意义上，是由事物的性质发生出来的必然的关系。”“法，一般的在其支配世界一切人民的限度内，是人类的理性。而各国民的政法及市民法，只是这种人类理性被适用的特殊情形。这些法，在各国人民说来，必须是固有的东西。”孟德斯鸠虽然力说国民的法的特殊性，而同时又主张法的同一性。这同一性的前提，是广义的自然环境、风俗及生活形式。因此，他展开了自然环境的社会观，从各地民族所处的地理环境的特性，说明这些民族的生活形式、国家形式及其精神文化的特殊性，说明各民族的生成及其历史。

自然环境说的社会观的大概的内容，无非是说明自然环境与社会制度的关系，而在社会以外的自然环境之中去探求社会发展的原因。这种社会观，流传很久，影响很大。与孟德斯鸠同时代的哲学家韦科的《新科学》，也支持这种社会观。此外，关于这类见解的著作甚多，这里无须一一列举。

黑格尔的历史哲学中，也杂有自然环境说的见解。在今日流行着的许多布尔乔亚社会学之中，所谓地理学的社会学思想，都是这种倾向的延长。尤其是今日的德国布尔乔亚学者，对于德国在大战以后的殖民地的丧失，非常愤慨，因此鼓吹殖民地夺取的必要，并努力建立取得殖民地之理论的基础。他们认定一切国家的政策，要由其所领有的自然的财富的欲望所决定。这种欲望，就是夺取殖民地。所以目前的德国布尔乔亚，在这种意义上，想出了新的学问名称，即所谓“地理政治学”。

地理学的唯物论的社会观，不但影响于今日的布尔乔亚社会学，并且还影响于一班自称为历史唯物论者的人们。譬如考茨基与布哈林关于历史唯物论的曲解，就感受了这种学说的影响（说明见后）。

概括地批判起来，地理学的唯物论的社会观，是把人类社会当作由某种外力操纵的玩具来表象的。这种社会观，完全不知道：社会发展的原因，是必须在社会本身中去探求的，决不是可以在社会的外部去探求的。“人类自己变革自然。他们对于自然的关系，不是受动的关系，而是能动的关系。自然固是社会的必要的条件，社会没有自然就不能生存。但是，一切的问题，都在于下述一点，即自然与社会的联系的性质，完全依存于社会本身的发展阶段。”例如，在同一的地理环境之下的民族，能够由封建时代进到资本主义时代，或由资本主义时代进到社会主义时代，这就是说明社会的发展并不依存于自然环境的明证。

（三）旧派机械唯物论的社会观

布尔乔亚的社会观，除了上述两派之外，还有机械唯物论的社会观。社会契约说与地理唯物论，在其本来的意义上，原是机械唯物论，不过这里所说的机械唯物论的社会观，是指十七八世纪的唯物论哲学家的社会见解说的。

十七八世纪的机械唯物论，与现代的机械唯物论之间，由于布尔乔亚社会的发展的两个历史的时代之不同，因而两者在历史领域中的适用，也有本质上的差异，这是要注意的。

旧机械唯物论，代表着当时已经成熟的革命的布尔乔亚的阶级意识。这种哲学的缺陷，如我们在前面所指摘，约有三点：第一是不能在社会领域中贯彻唯物论，第二是缺乏历史主义的观点，不理解辩证法，第三是带有直观的性质，不能理解认识与实践的统一。旧机械唯物论在历史＝社会领域中的适用，很明显地暴露了上述三种缺陷。

旧机械唯物论者的社会观，是从人类之理性的本性出发的。他们把理性作为一切事物的唯一尺度。凡属“宗教、社会、宇宙观、国家制度及其他一切，都要受无假借的批判。一切事物，都要在理性的审判之前，证实它自身存在的理由，否则就不能存在”。他们认为从来的一切社会形态及国家制度都是不合理性的东西，都应当完全废弃。“世界从来只是由偏见领导而来的，过去的一切东西，只值得怜悯与侮蔑。如今是，太阳的光出现了，理性的王国出现了。从今以后，迷信、偏私、特权及压迫，将为永久的真理、永久的正义、基于自然的平等以及人间不可分的权利所驱逐了。”（恩格斯）

旧机械唯物论者，不能理解人类的理性原是具有其固有的特殊发展法则的社会关系的总体，而把社会看做是利己主义的个人之单纯的机械的集合。他们以为，在这种社会之中，各个人的利己主义是互相冲突的，所以人们不单自求幸福，并要为他人求幸福。为要完成共同的幸福，就需要完美的社会制度。因此，他们提出了“人是社会环境的产物”的论纲。这即是说，人的好和坏，由社会制度的好坏所决定。如霍尔巴克所说：“不是自然使人变坏，而是我们的制度使人变坏。”为要使坏人变为好人，就必须有好的社会制度，给人们以社会的道德的教育。如爱尔勃秋斯所说，人们完全依存于教育。他所说的教育，是指社会的影响之总体说的。所以他们主张要改造个人的性格，就必须用一种方法去改社会环境。这种见解，是他们的革命的要求之理论的基础。但是说到改造社会环境的方法时，他们就只能看到历史过程中人类意志的活动，而否认历史的法则（如霍尔巴克所主张）。因此，他们对于历史过程的研究，引出了“意见支配世界”的结论。他们以为“人是社会环境的产物，而社会环境的性质，又由政府的行动及立法的活动所规定。但政府的行动及立法的活动，是属于人类意识的活动领域中的东西。这种活动，又依存于以这种活动使它活动的东西的意见”。照这样，他们就陷于二律相反的矛盾。因为最初既然主张人类及其意见是社会环境的产物，意见当然就不能支配世界了。但是经过了某种曲折的途径，却到达于意见支配世界的结论。这种矛盾，完全是脱离了唯物论而走到观念论的矛盾。

旧机械唯物论，因为缺乏了历史主义的观点，也不理解辩证法，并且离开社会的实践，所以不能说明社会发展的原动力，不能理解社会环境之革命的变革，因而暴露了他们的社会观之形而上学的、反历史主义的性质。“他们不能理解：人类的活动是能够一致的，并且这种一致，是在革命的实践的过程中实现的。”

旧机械唯物论的社会观的缺陷，是由于当时社会生活及科学的发展水准所决定的。可是所谓“人是社会环境的产物”的见解，对于后来的社会思想的发展，却有不少的影响。在这种意义上，旧机械唯物论是从来的空想社会主义的先驱。

（四）空想主义的社会观

空想社会主义，如恩格斯所说，“从它的内容说，一方面是现代社会中显现着的有产者与无产者，资本家与工钱劳动者的对立的产物，一方面是认识生产界的无政府状态的产物。但从它的理论的形式说，是继承十八世纪法国大启蒙学者们所主张的诸原则而使它更加前进并在外观上使它更加彻底的学说”。在十八、十九世纪的交替期，资本主义的生产已是突飞猛进，因而伴随于资本主义的弊害也是日益加重。布尔乔亚爬上了支配阶级地位以后，利用政治权力，尽量剥削劳苦大众，发展其资本主义。“所以建筑在资本主义基础上的产业的繁荣，就变得把劳动大众的贫困和悲惨，作为社会存立的条件了。”于是“从‘理性的胜利’产出的社会上及政治上的诸制度，与启蒙学者们灿烂的期待和预约比较起来，实是痛苦的失望的漫画。这时候所期望的，只是明白说出这种失望的人物。这种人物，随着世纪的转换而出现了”。这种人物，就是傅立叶、圣西门与欧文三大空想家。

这三大空想家，并不是“当时在历史上产出的劳动阶级的利益的代表者”。他们和旧机械唯物论者一样，在历史和政治领域中，都是观念论者。他们的社会观，也是从理性出发的，是从所谓“人是社会环境的产物”及“人们完全依存于教育”的前提出发的。他们也和启蒙学者一样，想为全体人类在地上制定理性和正义的王国。但他们所主张的理性和正义的王国，比较由启蒙学者们的理论所树立的布尔乔亚社会不同，是从前的人们所未曾认识而直到他们才发现出来的绝对真理。这种绝对真理，就是他们的空想的社会主义。

空想的社会主义之所以成为空想，就是因为他们不能在当时的生产关系之中，找出解决社会问题的方法，“却要在头脑之中去创造它”。他们依据理性的思维，“发明完全的新社会制度，用宣传的方法，可能的时候，用模范的实例，从外部把那些新社会制度拿到社会中去实行”。他们“不想先解放一个特殊的阶级，而是想一举而解放全人类”。

空想社会主义，如恩格斯所说，只是“适应于未成熟的资本家的生产状态与未成熟的阶级状态”而生产的“未成熟的学说”，我们在这里无须详细批判。不过这些空想家的社会观中，也有不少“天才的大思想和它的萌芽”。

傅立叶是布尔乔亚社会的批评家和讽刺家。他暴露了资本主义的罪恶，指斥了所谓“理性王国”即布尔乔亚共和国的矛盾。他的“最大的优点，是他对于社会历史的解释。他把从古迄今的社会的全部过程，分为四个发展阶段：蒙昧时代、野蛮时代、家长时代、文明时代”。而这文明时代，即是资本主义时代。他把文明社会看做比野蛮时代不如的“伪善的存在体”。“文明是用‘恶的循环’和矛盾进行着，不断地从新造出矛盾而不能解决它，常是到达于自己所要到达它或想获得它的那种东西的反对物。例如‘在文明之下，贫困生于富裕’。”傅立叶的这种见解，如恩格斯所说，是辩证法的应用。

圣西门的“天才的眼界中”，包藏着“后来社会主义者所提倡的——不是严密的经济的——一切思想的萌芽”。“他把法国革命当作阶级战争解释，并且不仅把它当作贵族与布尔乔亚之间的阶级战争解释，还把它当作贵族及布尔乔亚与无产者之间的阶级战争解释。”这在当时“实是最有天才的发现”。“他又把政治当作生产的科学解释，并且预言过政治应当依存于经济。”这些都是圣西门的天才的卓见。

欧文是社会改良主义的实行家，他依据人道主义，先后在曼彻斯特和纽拉纳克经营工厂时，实行他的社会改良的理论，实际上试验了“人是社会环境的产物”的论纲，并且得到了很好的成绩。他在实践上知道了生产手段应归公有。他攻击私有财产、宗教与现行婚制，说这是“阻碍社会改良的三大制度”。最后从事于劳动运动，组织劳动组合，并使英国政府制定限制女工童工的劳动法。

空想主义的社会观，固然是观念论的，是非科学的，但前面所列举的那些主张或事实，却是“天才的大思想和它的萌芽”（恩格斯）。这些思想和它的萌芽，对于科学的社会主义，是一个准备阶段。

二、布尔乔亚社会学及其变迁的趋势

（一）实证主义社会学

现在我们来检讨布尔乔亚的社会学。社会学这个名称是由实证主义者孔德创始的。他的社会学，被称为实证主义社会学。孔德的社会学，是开始在社会学这个学名之下拥护布尔乔亚的社会的秩序的学说。

十九世纪初期，布尔乔亚的社会秩序，已经具有它自身的历史。当时胜利了的布尔乔亚，已经爬上支配阶级的地位，他们一方面要继续对封建的遗制及封建贵族作不断的斗争，另一方面又要对新兴的普罗列达里亚的反抗作严重的镇压，以期巩固自己已得的胜利，稳定自己政治的权力。布尔乔亚的这种欲求与目的，在当时的法国特别显著地表现着。孔德的社会学，就是适应于当时布尔乔亚的这种欲求和目的而建立的理论。所以孔德把他的社会学叫做“人类社会的秩序与进步的科学”。所谓“秩序”，是指布尔乔亚的秩序说的，所谓“进步”是暗示着布尔乔亚社会是历史上最进步的东西。“他努力要论证没有秩序就不能进步，秩序实是社会之‘调和的’存在的条件。”

孔德是圣西门的剽窃者，他的社会学中的许多重要之点，反刍了圣西门的学说。旧机械唯物论的人性论的见解，后来为空想社会主义者所支持所发展。尤其是经过圣西门的思想的加工，便成立了所谓知识的发达是历史运动的根本动力的见解，建立了所谓“社会由个人而成立，因而社会的理性的发达是个人的理性之大规模的复制”的论纲，并设立了所谓“神学的、形而上学的、实证的三个发达阶段”的知识发达的法则。所以，圣西门把布尔乔亚对封建领主的斗争，解释为由形而上学到实证科学，由军国主义到产业主义的推移的过程。圣西门的这种见解，更经过孔德的加工和补充，就创立了所谓实证主义的社会学。

根据人性论的见解去研究社会时，就不能不在人性之中去探求社会发展的原因。但“社会的理性”既是“个人的理性之大规模的复制”，那就是个人的理性必须供给历史解释的关键了。但圣西门和孔德，不知道从特定的社会的生产关系之中去研究个人的本性，却要从生理学中去研究它。他们以为“研究个人的本性的东西，是广义的生理学”，因而把所谓“社会物理学”作为社会学的基础。因为要在“社会物理学”之中去研究个人的本性，就不能不研究“世代”递遭的影响。“一定的世代，影响于其次的世代，把前一世代传承下来的以及本身所得的知识遗留于其次的世代。因而社会物理学就弄得要用知识及一般教化的发达的见地去观察人类的进化了。这已是十八世纪纯观念论的见地即‘意见支配世界’的见地。”

基于上述的研究，所以孔德师承圣西门的学说，把知识的历史分为神学的、形而上学的及实证的三个阶段，把现实的历史分为军事的、法治的及产业的三个阶段。而现实的历史是受知识的发达法则所支配的。因此，他认定知识之实证的阶段，是知识发达的最高阶段，即是布尔乔亚的知识的阶段；历史之产业的阶段，是历史发达的最高阶段，即是布尔乔亚的社会的阶段。所以布尔乔亚社会是合乎理性的东西，是必须拥护的东西。

实证主义，在其本来的意义上，是经验主义；它蔑视经验是由意识以外的存在所引起的前提，即是形而上学或观念论。孔德应用实证主义所建立的社会学，不能看到社会之经济的基础，只是用主观的理想，用精神的宗教的原理去完成他自己的体系而已。

（二）生物学主义的社会学

布尔乔亚社会的发展，到了十九世纪中叶，已经充分的暴露其自身的矛盾，普罗列达里亚对于布尔乔亚的斗争，也是日趋于激烈——这对于资本主义，确是很大的威胁。因此，布尔乔亚社会学者，不能不为资本主义社会造出新的理论的根据，并在精神上麻痹大众。这种的社会学，就是生物学主义的社会学，即是社会学上的有机体学说。

社会学上的有机体学派，孔德是一个首创者，但充分展开了有机体学说的人，要算是斯宾塞。斯宾塞吸收当时进化论的学说（主要的是受了拉玛克的影响），创立了生物学主义的社会学。就他的社会学看来，社会是有机体，而有机体又是细胞的社会。最初的自然的有机体，是没有生理的分业的简单的细胞。与这种自然有机体相当的社会的有机体，是没有社会的分业和集团的分化的原始群。但动物的有机体，只有在其细胞增加而分化为两群细胞时，才有进步。第一群细胞是外的细胞，对于环境的影响，实行摄取或排除；第二群细胞是内的细胞，摄取营养资料，并实行加工，所以在进步的社会群团中，有军事团体与劳动团体（由女子或俘虏构成）。但自然有机体进步以后，除内外两群细胞之外，更有中间细胞群，形成为营养液分配的血管。所以在进步的社会有机体之中，除军事阶级与劳动阶级之外，还有商人阶级。军事阶级，发展为支配阶级，便成立国家（有如外的细胞群，不但形成为皮肤，并且形成为调整运动的全神经系统）。这种军事形态的社会，往后就转变为由自由意志结合的产业形态的社会（即布尔乔亚社会）。营养、分配及支配这三个机关，互生作用，维持生命的发展。有机体越是进步，三者的相互作用越是复杂。

所以社会的生命，受进化的法则所支配。又个体神经系统，是意识知识的机关，与这种机关相适应的社会的共通的知识的机关，即是僧侣阶级。社会进步以后，不能不有法律去调剂。这法律的制定，就是人类的精神作用即论理的知识在社会秩序上的最初的应用，于是社会不单受自然法则所支配，并受精神法则所支配了。

概括的说来，这样的社会学，把社会看成生物学的有机体，把社会的阶级分化看做有机体内部的各种有机的机能之分化，借以证明支配的、剥削的阶级与被支配的、被剥削的阶级之存在是合乎自然法则的（即是天经地义）。因此，他们“引出了阶级调协、阶级利害的共同与调和的思想，引出了阶级差别是一切社会所必然存在的思想”。

生物学主义的社会学，流传很久，派别也很复杂，而其一般的倾向，大致如上所述，即同是布尔乔亚自由主义者。不过在这里要连带的加以检讨的东西，是社会达尔文主义。社会达尔文主义，是生物学主义社会学的变种。这一学说，把达尔文学说做恶意的解释，把生存竞争、自然淘汰及适者生存等进化论的范畴，搬到社会领域中来应用，借以证明布尔乔亚中的斗争及竞争的必然性。依据这种学说，社会群斗争的结果，必然的优胜劣败，弱肉强食。布尔乔亚对于普罗列达里亚，帝国主义者对于弱小民族的支配和剥削，正是天演公例。这种学说，在帝国主义时代是特别流行的东西。

生物学主义社会学的又一变种，是所谓人种学的社会学。这种社会学，把社会的过程看做是直接依存于有机的实体即人种的东西，实行机械的生理的解释，所以与社会有机体说相近似。这一学派，由哥比诺亚的“人种不平等论”所建设，往后更经法国人拉布乌知，德国人阿孟、渥德曼等所支持，所修正，所发展（美国社会学者乌德也支持这种学说）。这一学说，把人种或民族当作历史的根本要素，把人种或民族的斗争看做历史进化的原动力。这一学说，研究人种或民族的特质，把人类分为黑色、黄色、白色三人种（其他是混合的人种，这是哥比诺亚的分类）。三人种之中，白色人种是文化的创造者，尤其是日尔曼[①]民族与伊兰民族最为优秀，而斯拉夫人种是黄色人种的混血种，人种的价值很少。至于劳动阶级，在人种上看来，是变质者，是下等人。依据这一学说，世界只有纯粹白色人种是最高贵的人种，是天之骄子，世界的主宰，其他一切有色人种及变质的或混血的白种，都是他们的奴隶，必须受他们的支配和剥削。这显然是帝国主义政策的公开的辩护论。

---

① 日尔曼，今译日耳曼。——编者注

这种学说，现在已呈现最露骨的法西斯主义的党派性，希特勒所说的“世界史上的一切事变都是‘人类的自己保存的冲动的表现’这种主张，实是德国法西斯主义历史哲学的基础”。

总括起来，生物学主义的社会学，用生物学的原理说明社会，在表面上好像是唯物论的，而其实际上纯粹是观念论的虚构，与社会的发展法则之研究完全无关。

（三）**心理学的社会学与形式社会学**

生物学主义社会学之后，成为重要潮流的社会学，要算是心理学的社会学与形式社会学了。心理学的社会学，主张社会是由人们的心的相互作用构成的。这心的相互作用，即是社会学的对象。这种社会学，把心理的发展程序，看做是社会的发展程序，因而主张知识是社会发展的原动力。所以要改良社会，必先改造人心：要改造人心，必须依赖于教育。这种社会学，是十足的观念论的社会学，其政治的目的，是否认阶级的差别与对立，否认社会革命，而主张社会集团之冲突，只是精神的冲突之表现形式。这种社会学，针对着帝国主义时代阶级斗争的实况，提倡心理改良主义，借以缓和阶级对抗而为帝国主义服务的东西。

心理学的社会学，对于形式社会学的倾向，有一种过渡的性质。形式社会学，是德国人齐美尔所创立的，形式社会学之哲学的基础，是康德的形式主义。形式社会学，把心的相互作用看做社会的本质，而主张把这种心的相互作用之一般的抽象的形式，作为社会学的对象。依据这种社会学看来，一切社会现象都是心的相互作用的状态，至少都具有一种形式和内容。所谓形式，如齐美尔所说，是“上下关系、竞争、模仿、分业、徒党、代表、对内的结合与对外的团结”、“集团之扩大与个性之发达”等类的东西（他还有一个烦琐的形式分类表）。所谓内容，是“成为这些结合的原因的关心”，即是各种结合之经济的、政治的及法律等的行为及其结果。各种内容，是各种别的社会科学（如经济学、政治学、法律学等）所研究的，至于结合的形式，是由社会学所研究的。

形式与内容，是不可分离的结合着，离开内容的形式，只是抽象的、非现实的东西。但形式社会学者，却以这种抽象的、非现实的形式为满足。他们不考虑社会关系的各种经济的、政治的及法律的等等的内容，而单是考虑社会关系的形式。他们以为文法不研究文辞的内容而只是研究文辞的形式，和这一样，社会学也可以不研究社会关系的内容而单只研究社会关系的形式。他们说，譬如家族关系，其中虽包含着经济的、法律的、宗教的、政治的（统制的）

等等的内容，但社会学可以不考虑这些内容，而单只研究家族的大小（家族人口数目）、家族的密度（家族人员间结合的强弱）及关系的状态（家长与其他人们间的上下关系）等方面。形式社会学者自己虽然也知道形式是离不开内容的，但认为在观念上是可以从内容抽出形式来研究。他们也承认社会的形式，与几何学的形式，是一个精神的舍象，是一个论理的抽象。可是他们自以为发现了社会学的对象，对于从来的孔德、斯宾塞等综合的一般的社会学，采取反对态度，斥为百科辞书的社会学。他们以为这种抽象的社会关系的形式，是社会学所独有的对象（其他各种社会科学并不研究它），由于这种对象之发现，社会学才能成为一个社会科学（即他们所说的特殊社会学）。

形式社会学，是康德的形式主义在社会领域中的应用，这是很明显的。它先在头脑中设立所谓社会关系的形式的概念，拿这种概念去照取现实的社会现象来说明它。这正是所谓“用论理的范畴绣成的绣花布上的刺绣”，是想“在论理的范畴中看出万物的本体”的东西。形式社会学者，站在康德主义的立场，用主观的虚构的概念镶嵌于现实的社会现象之中，他们绝对不知道：关于社会关系的概念是现实的社会的发展过程之反映，因而这些概念，是随着历史的各个发展阶段的特殊性而有不同的意义的。伊里奇对于齐美尔的“社会分化论”的命题的批判，这样写着：“关于个性的发达（及幸福的状态）如何依存于社会的分化这种抽象的议论，完全非科学的，因为要设定适合于一切形式的社会构造的那种关系，是不可能的。所谓‘分化’或‘发达’等等的概念本身，在把它适用于各种不同的社会环境时，就取得完全不同的意义。”

形式社会学，在前次大战终结，布尔乔亚革命胜利以后的德国（一九二〇年前后），非常流行。因为德国的布尔乔亚，虽以取得政权为满足，而对于普罗列达里亚的反抗却感受威胁，所以在理论斗争领域中，选择形式社会学作精神的武器以对抗历史唯物论。布尔乔亚社会学者，大都替历史唯物论加上综合社会学或一般社会学的污名，而炫称形式社会学是特殊的社会学，是比较综合社会学更为科学的社会学，因此企图把历史唯物论当作综合社会学的一种，加以排斥，其实历史唯物论，与布尔乔亚社会学是完全相反的东西。

形式社会学，由于形式与内容之概念的分离操作，把具体的历史 = 社会的内容舍象出去，把帝国主义时代的尖锐化的阶级对抗的真相隐去，而专做论理的游戏，假装“为科学而科学”的科学性。这种蔑视现实的阶级中和性与抽象的超越性，恰好与当时德国布尔乔亚的政治上的立场相适应。形式社会学体系建立者韦瑟，著有《关系论》一书，其中之“社会构成论”，详细的说明了所以要努力建立新秩序与超越党派利害的原因。形式社会学的这种企图，是蔑视现实，装出不偏不党的态度，想借以造出保证社会政府的实行的可能性的立场。这种社会学，无疑的是反动的东西。

（四）知识社会学与文化社会学

但是，现实的布尔乔亚社会，离开形式社会学者的意志，向着没落的阶段前进，而到达于布尔乔亚社会及其文化的危机的时代了。于是蔑视现实的形式社会学，也随着布尔乔亚社会及其文化诸形态而一同遭遇着危机，已不能为布尔乔亚服役了。于是布尔乔亚社会学，被逼迫着要接触于布尔乔亚社会的现实问题，不能不改换装束，登上理论斗争的舞台。这种新装的社会学，即是今日布尔乔亚社会中最流行的文化社会学。文化社会学，是小布尔乔亚想克服文化的危机而创造新文化的改良主义的要求之反映，而实际上所谓新文化的创造，却只是对于腐朽的布尔乔亚文化之强烈的拥护，对于历史唯物论之猛烈的袭击。

文化社会学的先驱，是所谓知识社会学。知识社会学，如该派学者曼海姆所规定，这是“知识的所谓‘存在的规定性’的学说”。这种社会学之哲学的基础，是观念论的认识论，它站在观念论的历史主义的立场，主张思维的形成，由所谓“存在的要素”的理论以外的契机所规定；并且规定具体知识内容的存在的要素，还深入于内容与形式规定认识的观点。曼海姆说：“在一个集团内部认为绝对妥当的东西，若在站在这一集团外部的人看来，就当作由该集团所制约的东西、部分的东西去认识。而成为这些认识的前提的东西，即是距离化。”这便是说，知识是由知识者所存在的时间、空间及所属集团的差异等而有不同的。曼海姆的知识社会学中多元主义的见解，包含着所谓“意识形态的无差别的法则”的照应论。在现实上，布尔乔亚的意识形态与普罗列达里亚的意识形态，是完全相反的；但两者虽然相反，却都是由其所属的阶级（即存在）所规定的意识形态。在这样的情形，知识社会学就不能不把两者看做无差别的东西了。于是互相争论的两种意识形态，为了克服现代思维的相对主义的危机，就应当觉悟到自己的立场的局限性和存在规定性，避去对立而到达于妥协，曼海姆说：“想在其意识形态性上观察布尔乔亚，这已不是社会主义思想家的特权。这种方法，在一切阵营中都是适用的。”所以在知识社会学的立场上说来，社会主义或马克思主义，在其自身的意识形态性上，也必须作相对主义的观察。这便是说，知识是知识，意识形态是意识形态，不管它的社会的立场如何，都必须在相对主义的见地上去考察。

知识社会学，是观念论的、形而上学的历史哲学。知识社会学者，并不理解意识形态是特定阶级对于特定社会的认识。布尔乔亚的意识形态，为了拥护现代资本主义的秩序，故意回避现实，而趋向于虚伪、蒙蔽、顽迷的意识。普罗列达里亚的意识形态，却能正确的反映现代社会的发展法则，担负起推进时代的历史的使命。两者之中，只有反映现实的意识是真理，反之，曲解现实的是谬误，其间并没有相对主义存在的余地。知识社会学，自称是关于知识受存在所规定的学说，表面上好像是与“社会意识受社会的存在所规定”的学说相近似，而实际上却是由观念论的认识论的前提出发的。这种社会学的政治目的，是在于隐蔽阶级对立的现实性，企图消灭阶级意识，克服社会主义，结局只成为法西斯的烟幕，扮演其反动的角色。

至于所谓文化社会学，与知识社会学的内容是相同的东西（知识社会学是文化社会学的先驱，现已成为文化社会学的主要部分），两者的政治性质也是一样，同是法西斯主义的文化的拥护者。文化社会学，是想把各种文化形态，就其社会的历史的规定性去认识的社会学。据文化社会学者自己的解释：“文化社会学，是在其社会的规定上理解文化的学问。所谓文化之社会的规定，即文化的社会性的主要的东西，可以举出国民性、阶级性、时代性等项。文化并不是唯一的东西，文化形态是复数的。由于国民、阶级或时代的不同，就有各种不同的模型的文化存在。认定这种事实而把文化当作各种模型的文化去理解的东西，即是文化社会学。”（日人关荣吉的《文化社会学概论》）

文化社会学者，不但主张由国民的、人种的、社会的、历史的、阶级的见地去理解现代一切的文化，并且主张要创造新的文化，尤其是要创造一种符合于“民族精神”的超阶级的文化。他们的目的，不单是拥护布尔乔亚的精神文化，并且在文化再建的名义之下，保障自己阶级的经济的政治的权力。他们认定布尔乔亚文化是神圣的东西，把普罗列达里亚看做是文化的破坏者，因而进攻历史唯物论。他们宣称形式社会学是正命题，马克思主义是反命题，而文化社会学是合命题，即是说，文化社会学是形式社会学与马克思主义的综合。这种见解的滑稽可笑，实是布尔乔亚陷于文化危机之中而毫无出路的事实的反照。

（五）布尔乔亚社会学的总批判

布尔乔亚社会学的各种派别及其变迁的趋势，上文中已经大略地说明了。布尔乔亚社会学的政治性质，主要的是站在布尔乔亚的利害的立场，拥护布尔乔亚的秩序。孔德和斯宾塞的社会学，主要的是反对封建制度或封建残余的理论。因为在十九世纪前半期，资本主义的生产方法，在英法两国已经占据支配地位，布尔乔亚在政治领域中不能不彻底廓清封建的势力，并抑压新兴的普罗列达里亚的运动，以巩固资本主义制度。所以这时期的社会学，就是这种社会的现实状况的反映。但是到了十九世纪的后半期，布尔乔亚社会已显出崩溃的朕兆，阶级冲突逐渐的尖锐化，而普罗列达里亚的理论已经普遍于各方面。于是布尔乔亚为维持于自身有利的社会秩序，不能不提倡阶级协调的议论，并实行改良主义以期和缓阶级的冲突。而这种阶级协调议论的根据，就是回避现实，闭着眼睛否认阶级的存在。这就是心理学派社会学及形式社会学产生的社会的背景。历史的车轮，不断地向前转动，直到现在，资本主义的经济的政治的及文化的危机，日益严重，布尔乔亚为寻求自己的出路起见，不能不逃避现实，而期望把阶级解消于帝国主义的民族主义之中，企图世界的再分割。在社会学领域中反映这种现实状况的理论，即是所谓知识社会学和文化社会学。所以布尔乔亚社会学变迁的趋势，实是布尔乔亚本身的现实要求的变迁之反映。

布尔乔亚的各派的社会学，虽然都装出科学的外貌，但实际上并不是科学。科学是暴露其客观的研究对象的发展法则的理论，而布尔乔亚社会学，却与科学的这种本质无缘。

第一，布尔乔亚的各派的社会学，始终没有找到自己的研究对象。形式社会学者，反对孔德及斯宾塞的综合社会学，加以“百科辞典的社会学”的徽号。因为综合社会学，把一切社会现象作为研究对象，这显然的是把各种社会科学所研究的对象都拉致在社会学研究的领域来做综合的研究的。这样的社会学，实际上并没有特定的研究对象，它本身明明是不必要的东西。但是形式社会学，虽然发现了所谓社会关系的形式作为研究对象，做了一些概念的分析及形式论理的研究，可是所谓社会形式，是离开内容的形式，是抽象的形式。这种抽象的社会形式，只是形式论理的产物，在现实上是没有的。形式社会学，把现实上所没有的东西作为研究对象，这显然不是研究现实的学问。知识社会学和文化社会学，不满意于形式社会学，而把知识或文化作为研究对象，而自称是“现实社会学”。可是所谓知识，所谓文化，原是一切自然科学和社会科学所分别研究的东西，原无须另设一种独立的科学部门去研究。所以布尔乔亚的各派的社会学，是没有特定研究对象的社会学。

第二，各派社会学之哲学的基础，都是观念论的。孔德和斯宾塞的社会学，把原子论，或生物学的概念、范畴和法则，从外部搬到社会的领域，说这是社会的发展法则，显然是纯粹主观的虚构。心理学的社会学，把心理学的范畴和法则从外部移入社会之中，其为主观的虚构，是很显然的。形式社会学，是形式论理学在社会领域中的应用，实际上只是所谓“社会几何学”。至于知识社会学或文化社会学，表面上剽窃历史唯物论的命题，加以观念论的曲解，实行脱胎换骨，自称要研究知识或文化的社会性，而实际上只是观念论的历史主义的见解，贯串着法西斯主义的精神。

伊里奇对于主观主义的社会学，有这样一段批判：“实际上这些理论，十分之九……是在社会是什么、进步是什么等等纯粹先天的、独断论的、抽象的构成之上成立的。”这句话，对于一切流派的布尔乔亚社会学的批判，都是适合的。

第二节　布尔乔亚历史哲学的批判

一、康德与黑格尔的历史哲学

（一）康德的历史哲学

历史唯物论，不但要与布尔乔亚的社会学相斗争，并且要与布尔乔亚的历史哲学相斗争。在现时阶段上，新康德主义与新黑格尔主义的历史哲学，不仅侵蚀于社会科学的领域，还要闯入普罗列达里亚的理论斗争的战线中，企图用观念论来修正历史唯物论。所以历史唯物论为要有效地克服目前流行着的新康德主义与新黑格尔主义的观念史观，不能不更进一步去掘翻它的先行者的观念史观，即康德与黑格尔的观念史观。历史唯物论原是在它与观念论的历史学说的斗争中锻炼出来的东西。

康德与黑格尔的历史哲学，是十八世纪末叶到十九世纪初期的德国布尔乔亚的二重性的反映。当时半封建的德国开始抬头的布尔乔亚，一面欢迎法国革命的理论，一面又害怕革命的恐怖而与封建的贵族相妥协。所以他们的历史哲学，是当时布尔乔亚的妥协性的表现，正与他们的一般哲学一样，同是“法兰西革命的德意志理论”。

康德的历史哲学，是他的二元论的折衷主义的哲学在历史方面的应用。康德的折衷主义之明显的表现，是他的道德论。他把世界划分为绝对对立的两部分，一是自然世界，一是历史（=社会）的世界。自然的世界属于必然的领域，历史的世界属于自由的领域。所以他在自然的认识上，还认定科学的意义（虽然采取观念论的形式），但在社会的方面，却认定有永久不变的道德律，即所谓定言的命令存在着。他认为道德义务的意识，是使人类与动物相区别的、先验的东西，即人类生来就具有的东西。所以在人类的行为上，因果律的原理不发生作用，只有道德律发生作用。

据康德说来，社会属于道德关系的世界，也是属于物本体的世界。这个世界，是受神、宗教、信仰等所支配的。因为道德的命题，是先验的、超感觉的东西。人类在其所生存着的感性的、受规定受限制的世界中，能够实现道德律，实现定言的命令。从这种处所，就发生了理想与现实、义务与感性的要求之冲突。这种冲突，只有依靠神、宗教、信仰等才能解决，才能调和。

“康德所说的定言的命令，其要点如次：‘你要在你的人格和别人的人格上，尊敬人类的品位，要常把人格当作目的使用，不要当作手段使用。’这种原理，具有极一般的形式的性质，所以成为布尔乔亚伪善的意识形态的一个形式。”当时法国革命的布尔乔亚所宣言的自由、平等、博爱等空洞的口号，可说是从康德的形式的道德律引出来的东西。这种形式的道德律，很能够隐藏布尔乔亚社会的真相，变为阶级妥协的精神的工具。

康德的历史观的布尔乔亚的特性，在他的关于所谓“德”的学说中，表现得特别明了。“他以为人们的最高义务，是自己的能力的完成，是自己的价值的保存。人们固然要想到他人的幸福，但这要靠完成自己的努力，才能达到。”他以为人人如都能完成自己的幸福，便是全体社会的幸福到来的条件。这种学说，恰是布尔乔亚利己主义的写照。利己主义，主张人人都应力求自己的私利，增加自己的财富。各个人的财富的增加即是全社会财富的增加，各个人幸福的增进即是全社会幸福的增进。这样说来，现社会中贫富的差别，是利己主义完成与否的差别，与现社会制度并无关系。康德的道德理想，实是把资本主义的现实看做绝对正当的东西，而社会中一切的矛盾都在道德理想之中消失了。

康德把道德论作为他的历史观的中心，认定道德理想是支配全社会历史的永久不变的定律。人类社会的发展，由原始的自然状态而推移于法治社会与国家。原始自然状态，受情欲与本能所支配；法治社会及国家，是道德进步的结果。所以他的历史观，认定历史不受必然性所支配，而受自由所支配。人原有理性，有道德，都能意识自己的自由，这种意识到自己的自由的理性或道德性进步了，发展了，社会就自然的发展了。所以在康德说来，历史发展的原动力是道德。在这种纯观念论的历史观中，一切丑恶的现实都被笼罩了，社会只有平和的道德上的改进，决不能有革命的物质的改造。

（二）黑格尔的历史哲学

“黑格尔的历史哲学，是德国布尔乔亚与德国布尔乔亚革命的发展的其次的更成熟的阶段之反映。”黑格尔的时代，是“布尔乔亚上升的时代，一般的是布尔乔亚民主运动、民族运动的时代，是封建的专制制度急速破碎的时代”。但当时德国经济的政治的状况，比较英法两国是很落后的，民主革命胜利以后的法国布尔乔亚的现实生活，对于在经济上政治上都微弱无力的德国布尔乔亚，还是一种梦想。关于这一层，在黑格尔对于法国布尔乔亚革命的评语中，表现得非常明白。他说：“正义的思想，正义的观念，忽占优势，非正义的立场，不能抵抗正义而被破坏了。于是在这个正义之上，设立了一个宪法，此后一切东西，都要在这个基础上建立起来。自从太阳悬于天空而诸行星环绕于它周围以后，从未曾听到过人类以头脑为主即以思想为主而由此以造出现实的话。从前亚那查哥拉斯曾经说过：‘道理，理性支配着世界。’然而直到现在，人类才承认了思想必须支配精神的现实。这真是灿然的日出。一切思索着的生存物，都共同祝贺了这一日。庄严的情绪，风靡于当代了；人心的热情，横溢于世界了。现在真像是神意与世界的调和的到来。”可是，德国布尔乔亚虽然憧憬于革命，而对于法国革命发展以后的恐怖状态，却感到恐惧而怀疑，反而与封建势力相妥协，想依附于封建势力来实现自己的要求了。这种倾向，在黑格尔的历史哲学中反映了出来。

黑格尔《历史哲学绪论》第一章，标题为“世界史的理性观”，这便是表明他的历史哲学即是“世界理性”的历史观。他在辩证观念论的基础上，克服了康德分离自然与历史的形而上学的见解，主张自然和历史都是“世界理性”或“绝对精神”的发展的阶段。“他把世界史的目的及历史事件之内的联结”，叫做“绝对理念之实现”。他主张历史必须通过家族、市民社会及国家的三个阶段。绝对精神，在国民的历史中，在宗教、艺术及哲学中，在家族及市民社会中，都发现出来，但最后进到国家的阶段，就实现其最高的目的。所以国家是世界理性或绝对精神的最高的表现。在黑格尔看来，国家也是“建立于社会之上而预想到市民社会即经济关系的发展”的。绝对精神，到达于自己的发展的最高阶段，以后便停顿起来。这样的国家，在黑格尔看来，即是当时半封建的普鲁士立宪君主国。黑格尔把这普鲁士的立宪君主国，叫做与精神所到达的绝对的永久的真理相一致的绝对的永久的国家制度。黑格尔这样颂扬普鲁士立宪君主国，固然是他的哲学所以成为当时国家所公认的哲学的原因，而其历史的根据，是由于它反映了当时布尔乔亚与封建势力相妥协的倾向。

黑格尔主张绝对精神的辩证法的发展的径路，即是世界史。而“世界史是自由在意识上的进步——我们在其必然性上去认识的进步”（因为“自由即是必然的洞察”）。他依照自由发展的程度，把历史划分为三个阶段：第一阶段，是一人自由的东洋；第二阶段，是少数人自由的希腊及罗马世界，第三阶段是万人自由的日尔曼世界。“东洋譬如人类幼稚期，希腊是少年期，罗马是成年期，日尔曼是老年期（但历史的老年期，不是衰老；而是完全的成熟）。而黑格尔所说的日尔曼世界之经济的内容，是布尔乔亚的，其政治的形式，即是普鲁士王朝。”

黑格尔的历史哲学，也说起“世界史之地理的基础”。他依照地理的特征，把世界划分为几种范畴，例如“具有大荒原与平原的干燥的高地”（如蒙古人所居住的中央亚细亚），“由大河川所分划所灌溉的溪谷的平地”（如中国、印度、巴比仑①、埃及等），以及“与海洋有直接关系的海岸地”（如荷兰与葡萄牙等国）。他依据这些地理的差异，

① 巴比仑，现写作巴比伦。——编者注

去说明“各处居民的生活条件、产业、国家组织、气质等的差别”。这种见解，又杂有地理史观的成分。

黑格尔的历史哲学，虽是观念论的，反动的，但其中却也有不少的部分，违反他的意思，包含了“在某种程度促成历史唯物论的准备的深刻的命题。他也曾力说经济对于历史发展的意义，其中实践和技术的作用，劳动手段的意义”。特别重要的事情，是他关于全部历史的合法则的过程之最一般的命题。这个命题，就是他所说的“一切现实的东西都是合理的，一切合理的东西都是现实的”。这个命题，如恩格斯所说，在当时成为普鲁士政府的同感与自由主义者的愤怒的对象。因为这个命题，“明明的是一切现存事物的肯定，是专制主义、警察国家、秘密裁判、检阅制度之哲学的颂扬。腓力特威廉三世是这样考察，并且它的臣下也是这样考察的，但在黑格尔说来，一切现存物并不就是那样现实的东西。在黑格尔说来，所谓现实性的属性，同时只属于必然的东西。现实性‘在其自己的显现上’出现为必然。”这个命题，在历史上应用起来，“历史上‘现实的东西’，只是历史上必然的东西”。照这样说来，就具有完全不同的革命的意义了。历史上现实的东西，发展到特定的阶段，就变为非现实的东西，就失掉自己的必然性、合理性，而由新的历史的现实性所代替了。这新旧的交替，如不是和平的进行，必然是暴力的革命。所以，黑格尔的这个命题，如果彻底的应用唯物辩证法解释起来，就能暴露其革命性，而成为历史唯物论的先导。在这种意义上，历史唯物论，可以说是在它和黑格尔的观念史观的斗争中锻炼起来的东西。

（三）新康德主义的历史哲学

十九世纪后半期，对抗历史唯物论而出现的布尔乔亚的历史观，是新康德主义的历史哲学。历史唯物论，暴露了历史的发展法则，特别是现代社会的发生发展及其必然没落的法则。新康德主义的历史哲学，却从根本上否定历史的客观的合法则性。

新康德主义的历史哲学，是继承康德的历史哲学的传统的。康德形而上学的分离自然与社会，把自然作为必然性所支配的世界，把社会作为以自由为原理的伦理的世界。因而历史是受自由的道德律所支配，不能有什么必然的发展法则。新康德主义继承这种思想，把他发展起来，彻底地否认历史的客观的合法则性，借以克服历史唯物论。

新康德主义的历史观，可以分为两派：一是伦理史观或伦理的社会主义，这是玛尔布尔克学派的理论；一是采取所谓文化科学的认识论的历史哲学，这是巴敦学派的理论。

伦理史观或伦理的社会主义的根本主张，是所谓伦理对于经济的优位的见解。伦理的社会主义的创始者，是黑儿曼·柯亨①。柯亨主张社会是在“道德的诸人格的交通”之上成立的，所以只能作目的论的考察，不能作因果论的考察，当作道德的人格看的各个人“纯粹意志的活动”，即是规定社会过程的原理。因此他认为历史唯物论所主张的经济优于伦理的见解是错误的。同时他又指摘历史唯物论之中也含有道德的精神，这是虽与历史唯物论本身相矛盾的，可是历史唯物论的错误，却由其本身中所含有的道德精神订正了。因此，他主张社会主义，应该是从伦理学引出的“近代世界史的将来的道德的纲领”，它并不是解决物质问题的理论，而是解决精神问题的理论，人类只有增进道德上的进步，才能到达于理想的社会。柯亨用伦理主义修正历史唯物论，除去历史唯物论的科学的精神，使它变为布尔乔亚的自由主义。

继承柯亨之后，“建设所谓社会哲学、法律哲学、展开伦理的社会主义的人，有纳特福、西达姆拉、西达登加、佛连答等。他们都有一致之点，就是用‘社会的观念论’

① 黑儿曼·柯亨，今译赫尔曼·柯亨。——编者注

对抗历史唯物论，否定社会发展的因果性而主张目的论，力说伦理、‘道德的精神’的作用对于经济作用的根源性。这个学派，对于促进第二国际之理论的堕落，是有力的思潮，这是要记住的”。

其次，巴敦学派（其代表的人物是里喀特、温德邦特等），建立了新康德主义的历史哲学。他们的历史理论，也是从自然与社会之形而上学的对立出发的。在他们看来，社会现象与自然现象绝对不同。第一，自然现象是重复的，所以能在重复的现象中发现它的法则，而社会现象不是重复的，所以不能发现它的法则。第二，自然现象可以用人工把它再生产出来，能够发现其本性所暴露的必然性，而社会现象却不能再生产，即无由发现它的法则。第三，自然现象的发生大都是必然的，而社会现象的发生却完全是偶然的。第四，自然现象的发生，与人类的意志无关，所以有一定的因果律可以探寻，而社会现象是有意志的人类的合目的的活动，是完全自由的。第五，历史由伟人所创造（伟人即是伟大的人格），决不受什么法则所支配。基于上述理由，所以他们主张自然现象受机械的因果律所支配，而社会现象却受各个人的目的活动所支配，历史的过程中决不存有一般的合法则性。

新康德主义者根据上述的理由，主张自然和历史的研究方法是完全不同的。如里喀特所主张，自然研究的方法是普遍化的方法，即是从引起自然现象的原因的见地去探寻自然的法则。至于历史研究的方法，是个别化的方法，即是从价值的见地，把各个现象实行分类的研究。而各个现象的价值，是由于把这现象还原于理想的指导原理的事实决定的。这些指导原理，是道德、宗教、美学等等的规范，都是由科学家所选择的东西。所以历史的研究（即历史科学），只是历史的事变、事实及人物之个别的记述。于是"里喀特在事实上废除了关于客观的社会的历史过程的科学，把它变为个人的事件之规范的评价了"。即历史科学变为记述的、伦理的或规范的科学了。

"里喀特的历史哲学，明白地表示了：对于社会史之观念论的见解，是全无成果的；观念论对于社会历史的过程之认识，是完全无用的。"

（四）新黑格尔主义的历史哲学

新康德主义的历史哲学，也和形式社会学一样，对于历史唯物论的斗争，是一件无效的武器，所以随着帝国主义政治的经济的情势的推移，布尔乔亚哲学的潮流，就由新康德主义推移于新黑格尔主义。于是新黑格尔主义就在历史的领域中采取新的历史哲学的形态，来和历史唯物论相对抗了。

新黑格尔主义的历史理论的祖国是现在的德国。德国在前次世界大战以后，国内的阶级斗争异常激烈，布尔乔亚的政权几乎不能支持，殖民地也丧失了。所以德国布尔乔亚，为了复兴自己的势力，不能不提倡国家主义、国民主义，引诱普罗列达里亚为祖国牺牲，企图世界殖民地与市场之新的分割。所谓新黑格尔主义的哲学及其历史理论，是从这种社会的根据上生产出来的。这种历史哲学，现在已成为一般的法西斯的历史观了。

新黑格尔主义，是黑格尔哲学的复活，是已死的东西的复活。新黑格尔主义的历史理论的根本观点，是从黑格尔的历史哲学采取出来的，主要的是所谓历史是精神的过程以及现代国家是合理的有机体的见解。新黑格尔派，从黑格尔的这种见解，创出了大布尔乔亚独裁及国民排外主义的理论。

新黑格尔主义的历史理论，反对个人主义与社会主义，高唱全体主义。所谓全体主义，即是国民主义、国家主义。所谓国民和国家，在新黑格尔派看来，即是同一性、统一、普遍及共同体。例如，笛格拉说："民族以及国民，是决定的现实性，个别者没有反抗它的任何原则上的固有的权利。"宾德尔说："国家是主观精神与客观精神之完全的统一，是自由的现实态”，“是个别者与一般者的统一”。赫拉说：“在黑格尔的价值的系列中，国家常是最高的东西，它常是绝对的价值；真、美、善的理念，只对于国家，才有相对的价值。”西奔古拉说：“世界史是国家的历史”，“国家，在黑格尔说来，是历史的创造者”。意大利的新黑格尔派金提雷，主张国家是道德理想的完成，不服从国家便是最大的罪恶，因为国家所用的权力都是道德的。

基于上面的说明，可以知道，新黑格尔派的历史理论的中心，即是国民、国家，国民和国家，是全体的东西，阶级在它当中被扬弃了。国民主义、国家主义，是超越时间与空间的永久的必然的东西。国家是社会史的发展的最高阶段，是最高的道德，超越于艺术、宗教与文化之上。于是金融贵族的寡头政治，在这种国民主义、国家主义的烟幕弹之下，就幻变而为全民政治、全体主义了。法西斯主义之反对议会政治与政党政治，就是从这种见解出发的。法西斯主义，不但反对社会主义，并且也宣称反对资本主义。这种反资本主义的主张，好像是不可思议的。实际上这并没有什么奇怪。法西斯主义所反对的资本主义，是指资本主义的个人主义的精神说的，因为个人主义，含有社会原子论的性质，是破坏全体主义的东西。至于资本主义的生产方法，却是法西斯主义的基础，除此以外，法西斯主义并没有独特的生产方法。

国民主义、国家主义，既然是至高至上的东西，所以一个国民及其具体的表现的国家，就不能不拥护自己所固有的原理而增进自己的利益。结果，国民与国民之间，必然发生利害的冲突，而引起国际间的战争。这种战争，在新黑格尔主义者看来，是必然的东西。如西奔古拉所说："国家的历史，是战争的历史"，"战争是最高的人类的存在之永久的形式，国家是为着战争而存在的"。宾德尔也说："黑格尔把战争当作国民的自由之必然的拥护手段表象了。"因此，新黑格尔派所主张的国民主义，国家主义，必然地要表现为军国主义、排外主义。如没有军国主义、排外主义，帝国主义者就不能实行世界的再分割。

根据上面的说明，大概可以明白知道，新黑格尔主义的社会学说，只是法西斯的国民主义、国家主义之哲学的圣化。

第二篇　社会的经济构造

第一章　生产力与生产关系

第一节　劳动过程、自然与社会

一、劳动

（一）劳动是人类与自然间的物质代谢过程

人类社会为要继续存在，第一件根本事情，是取得物质生活资料。为要取得物质生活资料，人类首先要到外部自然界去采取并变造自然的存在物。这种到自然界去采取并变造自然的存在物的行为，就是劳动。这劳动是人类求生存的第一个前提。“不要说一年，就是几个星期，如果停止了劳动，任何国民也都要死灭，这是小孩们也都知道的事情。”因此，我们的研究，从劳动的分析开始。

“劳动首先是人类与自然间的一个过程，是人类以自己的行为来媒介、调节并统制他与自然间的物质代谢的一个过程。人类是当作一个自然力，和自然物相对立的。他因为要以能够适用于自己的生活的形态去占有自然物，就运动属于他肉体的种种自然力，即腕、脚、头、手，他由于这种运动而作用于在他的外部的自然，并且变化它，同时又变化他自己的性质。他展开他自己的性质中所蕴蓄的各种潜伏力，而统制这些力的活动。”所以人类与自然之间的这种“物质代谢”的过程，就成为人类社会与自然环境之间的根本关系。

（二）劳动过程是社会与自然之对立的统一

社会现象与自然现象的统一，实现于劳动过程之中。人类一方面与自然相结合，同时又与自然有区别。人也是自然的实体，他和某种自然力一样，与“自然物”相对立。人类的劳动，当作自然的过程（物理的、化学的、生理学的等等）看，是人类运用自身的生理器官而与其余的自然实行物质代谢的过程。换句话说，人类的劳动，就是“他因为要以能够适用于自己的生活的形态去占有自然物”。但在这样的人与外界自然的物质代谢过程中，发生了和其他动植物有机体的物质代谢根本不同的人类劳动之质的特殊性。

人类劳动之质的特殊性，表现于人类的有意识的劳动与劳动手段之中。因此，我们进而分析劳动过程的各种要素。

二、劳动过程的三个要素

（一）有意识的劳动

劳动是劳动力的使用，即是劳动力作用于自然的状态。而劳动力即是劳动能力，是存在于人类肉体中的种种物理的及精神的能力之总括，是人类变造自然物为有用物时所运用的“属于他肉体中的种种自然力”与“潜伏力”。

“我们所据以为前提的劳动，是专属于人类的形态的劳动。这专属于人类的形态的劳动，是与动物的劳动完全有别的。动物的劳动是本能的，无意识的，无目的的；人类形态的劳动，是有意识的，有目的的。这种专属于人类的形态的劳动，即是合目的的劳动。”

譬如“蜘蛛实行与织工的作业相类似的作业，蜜蜂建筑出来的蜂窝，使得许多做人的建筑师感到惭愧。但是使得最拙劣的建筑师最初就超越于最巧妙的蜜蜂的地方，就是人类的建筑师在用蜂蜡建筑蜂窝以前就已在他头脑中建筑着的一件事。在劳动过程的终结时出现为结果的东西，即是在开始时已经存在于劳动者的表象中，因而已经存在于观念中的东西。他不单是使自然的形态变化。他同时还在自然物中实现他的目的——他所意识着的并且当作法则决定他行为的种类的、而使他自己的意志隶属于它的那种目的”。所以人类的劳动是有意识的合目的的劳动。

（二）劳动手段

“劳动手段，是劳动者用来放在他自己与劳动对象之间而替他传导他的活动于其对象的一物或诸物的复合体。劳动者为要依照他的目的把这些东西当作作用于他物的手段而起作用，就利用这些东西的机械的、物理的及化学的种种属性。劳动者所直接左右的对象——例如把采集果实那样已经完全的生活资料的情形置之度外（在这种情形，只有他自己的肉体的器官是用作劳动手段的）——不是劳动对象，而是劳动手段。所以他把自己周围的世界的各种东西，变形为自己的活动的器官。土地也是他劳动手段的本来的武器库，正如它是他的本来的粮食仓一样。它对他供给例如他用来投掷、摩擦、压榨、切断的石头。土地那东西，也成为一种劳动手段。固然为要把它充用为农业上的劳动手段，还要以别的劳动手段的一系列和已经发展到较高程度的劳动力，作为前提。”

“如果劳动过程多少发展起来，它就必要有已经加工的劳动手段。我们在人类住过的最古的洞窟中，也还发现出石制的器具和石制的武器。在人类历史的初期，即已经加工的石、木材、骨及贝壳之外，那已经驯服因而它自身已经劳动变化了的家畜，当作劳动手段，演着主要的任务。”

“劳动手段的使用与创造，在其萌芽状态上，对于别种动物种属也是有的，但它却特别构成人类的劳动过程的特征。所以福兰克林（Franklin）‘把人类当作制造器具的动物’界说了。”因此，我们知道劳动手段的使用与创造，是区别人类与动物的一个标准。

“遗骨的构造，对于已没落的动物种属的身体组织之认识，是重要的；同样，劳动手段的遗物，对于已经没落的经济的社会组织之判断，也是重要的。区别经济上的各时代的东西，不是什么东西被造出的一件事，而是怎样的、用怎样的劳动手段去造出的一件事。劳动手段，不单是人类劳动力的发展的测度器，并且是劳动所由实行的社会诸关系的指示器。”

（三）劳动对象

劳动对象，是劳动过程中所能加工的一切对象。“自然”对于人类，是劳动对象的总和。“土地本来对人类供给食料，供给现成的生活资料，它不待人类的协力就当作人类的劳动的一般对象存在着。由于劳动而单只从它们与大地的直接联系中分离出来的一切东西，是天然存在的劳动对象。例如可以从生活要素的水分离出来捕获来的鱼，可以从原始森林中采伐的木材，可以从矿脉分割出来的矿石即是。”

“反之，劳动对象，如果经过以前的劳动所滤过，我们就把它叫做原料。例如已经从矿脉分割出来而要加以洗涤的矿石即是。”

“一切原料，都是劳动对象。但一切劳动对象，却不一定都是原料。劳动对象，只有在它已经起了由劳动所媒介的变化时，才是原料。”

“要之，在劳动过程中，人类的生活，借劳动手段以引起最初所企图的劳动对象之变化。但这过程，在生产物之中是被消失的。劳动过程的生产物，虽是某种使用价值，但在这里，劳动已和那对象物相化合。劳动被对象化，对象物被加工。在劳动者方面以动摇的形态出现的东西，如今在生产方面，却成为休止的性质，出现为存在的形态。”

“我们从生产物的立场观察这个全过程时，劳动手段与劳动对象两者出现为生产手段；劳动那东西，出现为生产的劳动。”

三、劳动过程之社会性

（一）纯抽象的劳动过程

“我们在其简单而抽象的诸要素上说明了的以上的劳动过程，是产出使用价值的合目的的劳动，是满足人类欲望的自然物的占有，是人类与自然间的物质代谢的一般的条件，是人类生活之永久的自然条件，因而是离开人类生活的任何形态独立而又对于人类生活的一切的社会诸形态都同样是共同的东西。所以我们没有把劳动者在他与别的劳动者的关系上来说明的必要。只要在一方面说及人类与其劳动，在另一方面说其自然与其物材就够了。”

劳动过程，是创造使用价值的过程。这使用价值的创造，虽由现实的生活的社会形态所决定，而对于一切社会形态却都是共通的东西。在研究的程序上，我们是可以从一定的社会形态先把劳动过程抽出来观察的。所以我们在上面分析了的劳动过程，是从现实的社会生活的形态抽象出来的过程，是纯抽象的过程，并不是现实的存在着的过程。这劳动过程，只有在我们把它和社会关系一起来理解的时候，它才是现实的东西。

（二）劳动过程之自然的方面与社会的方面

人类的活动之合目的的性质，以及作用于劳动对象的劳动手段之使用与创造，是从动物的劳动区划人类劳动的最一般的特征。由于劳动手段的使用与创造，劳动就同时获得了自然的方面和社会的方面。人类为了取得生活资料，就不断地运动自己的肉体器官，消费物理学的及力学的等等的能力，去作用于自然界，这是劳动过程之自然的方面。随着劳动的这种自然过程之发生，同时发生了对于人工劳动手段的相互间的关系，造出了劳动过程在其中进行的人工环境，造出了人类之社会的结合。这是劳动过程之社会的方面。劳动过程之自然的方面，是人类与自然间的物质代谢的过程；劳动过程之社会的方面，是人与人之间的劳动交换过程。所以具体的、现实的劳动过程，是上述自然的方面与社会的方面之统一。

人不是孤独的从事于生产的，而是在社会之中生产的。人的劳动，是在社会之中进行的。人是社会的动物。人的生产，常是社会的生产，即是社会的被规定了的生产。所谓在社会外部的孤立的个人的生产，是抽象的，是无意义的。“我们越是深深地追溯历史，就见得个人，因而又是生产的个人，越是非自立地属于更大的全体。即，最初完全自然的属于家族及扩大为种族的家族，后来属于由种族的对立与融合而生的种种形态的共同体。直到十八世纪，社会的结合之种种形态，才在诸个人的面前，显现为诸个人的自私的单纯手段，显现为外在的必然。但是造出这种立场、孤立的个人的立场的时代，正是从来最发达的社会的（由那立场看来是一般的）诸关系的时代。人类正是文字上所表现的社会的动物；不单是社交的动物，并且是只有在社会内部才能单独化的动物。”

所以人类的劳动，常是社会的劳动。社会的劳动，只有在人与人的一定的社会联络及关系之中才能进行。一切人类劳动的一般特征，在社会的各个历史发展阶段上，在各个历史上特定形态中，采取种种不同的表现。因而人类的社会生活，具有特殊的社会的质，具有其历史的规定性。

（三）劳动过程的社会方面之积极性

如上所述，劳动过程的社会方面与自然方面，是互相渗透的，但在两者的统一上，这社会的方面，具有决定的作用，它是在劳动之历史的过程中发生发展的。发展着的劳动过程，对于人类的自然的本性，又给以反作用。近代生物学告诉我们，人类是从类人猿进化而来的。但在从类人猿到人类的进化的过程中，劳动演过很积极的决定的作用。从类人猿到人类的过程，不是人类对于自然的纯生物学的“适应”的过程。这种进行过程，完全受了劳动的直接的影响，这简直就是人类劳动的发达过程。例如人类利用两足直立步行，只有在人类的两手做他种专门的机能时，才能发生，才有力量。所以说，人的两手，“不单是劳动的器具，并且是劳动的产物”。只有依靠劳动的作用，只有利用两个前肢去适应于复杂的劳动作业，并使它继续发展，人类的两手才采取现在的形态。劳动助成了人类的结合，发展了发音的器官，发达了人类的头脑。脑髓、手、发音器官等的共同动作，促进人类有机体的发展，使他脱离了动物的境界。这是劳动在由猿到人的进化过程中所演的作用。

劳动划分了原始人群与类人猿群的鸿沟。随着劳动的发生，人类的脑髓就发达起来，能够创造出器具。于是人类的劳动，便代替了动物状态的劳动。于是人类依据有意识的活动，去变化外界的自然，并且认识它；同时，人类社会又接触于劳动手段的制造的新源泉和新的劳动对象。随着劳动手段的发达，人类就变化了劳动活动的性质、形式和方法，同时改造了他自身的本性。生产的性质的变化，使人类发生新的欲望，而这新的欲望，又使人们继续去改良劳动手段。人类一面变革外界的自然，同时又变革自己的本性，因而变革社会的环境。所以劳动过程之社会的方面，对于那自然的方面，是演着主导作用的。

四、社会发展法则必须在社会内部去探求

于是我们提出“社会发展法则必须在社会内部探求”的命题来说明。

（一）社会与自然之差异

如前面所述，劳动过程是它的自然方面与社会方面之对立的统一。在这个对立的统一中，社会的方面，是演着主导作用的。我们知道，社会是自然的一部分，是在有机体的发展过程中发展的。所以社会决不能离开自然。但在另一方面，社会是与自然有区别的，两者是本质不同的东西。因而社会与自然是不同的，同时又是异质的。在我们分析的始点上，社会与自然，出现为对立的统一物。

社会是在有机界的一定发展阶段上发生的。在这一点，社会是与自然相结合。在有机界之中，有达尔文所发现的法则；这种法则的特征，大体上就是自然淘汰与生存竞争。一切生物，都不能不从周围的环境采取食物。因此，一切生物不能不适应于环境。人类这种生物，也是要从自然环境采取生活资料来维持生存。在这一点，人类和其他一切生物相同，但是除了和动物界相似的这种特征之外，人类还具有其固有的根本特征。人类具有着和其他一切动物截

然不同的适应环境的方法，这是我们在前面已经详细说明过的。

当人类依据合目的的活动，利用人工的劳动手段，作用于劳动对象，而生产自己的生活资料时，就脱离动物的领域而进到社会的领域。从这一瞬间始，一部分的自然的历史，就转变为社会的历史；支配那自然的历史的法则就转变为新质的社会的法则；因而在历史的发展中，外界自然就转变为隶属于社会的对象。这一切，都是人类创造了劳动手段的结果。因为从这一瞬间起，消极的适应于自然的过程，就转变为生产过程。

从有机体的发展过程中发生出来的人类社会，由于劳动手段的使用与创造，就从被给予了的自然，创造出新的自然。人类社会，开始了对自然的进攻，使自然从创造的地位变为被创造的地位。因为这样，所以社会法则和自然法则是不同的。

（二）自然环境对于人类社会的意义

人类社会对于自然环境，虽演着主导的作用，但在另一方面，自然环境对于人类的意义，却是不容轻视。关于这点，不能不有正确的估价。因为当作人类与自然间的物质代谢看的人类劳动，对于社会具有规定的意义。我们知道，在生产技术极其幼稚的时代，自然环境对于原始社会的作用是很大的。譬如，原始人是利用粗糙的石器猎取动物为生的，当他们所能猎取的动物绝迹之时，他们就不能不从一个地方漂泊到别的地方。但是人们在与自然斗争的过程中，一旦获得了新的生产技术，他们就取得了新的生产力，形成了新的生产关系，而从渔猎生活进到农业或牧畜的生活了。于是从前自然环境对于原始社会的支配，就被打破了。从此，自然环境对于人类社会的影响，又显现于别的方面。而人类社会又不断地取得新的生产技术去打破它。所以自然环境对于人类社会的影响，因人类的生产力的发达水准而异。从前障碍人群交通的河海，由于船舶的创造，这障碍就被克服了；从前窖藏地下的矿物，由于采矿技术的进步，这矿物就供人们利用了。由于生产力的发展，不毛之地能变为工商业繁盛的区域，深山大泽能变为农产物出产的产地；远隔的朋友可利用电气交谈，僻偏的乡村可看到汽车驰骋。所以自然环境的条件，不能限制生产力与社会关系的发展，反而生产力与社会关系的发展，能够利用自然环境的条件。即是说，自然环境的利用，由生产技术的可能性所决定，由社会的条件所决定。而生产技术的可能性与社会条件，只有在生产力的一定发展阶段上，在一定生产关系之下才是可能的。所以人类社会在各种历史的发展阶段上，能够适应于生产力的状态，各色各样地去利用自然的环境。

（三）社会发展的原因存在于社会之中

由上面所说的看来，我们可以知道，社会发展的“终极原因”，必须在社会关系之中去探求，在社会发展的规律性之中去探求。社会发展的原动力，存在于社会的劳动过程的内的关联之中，存在于适应生产力的特定发展阶段的特定生产关系的特殊性之中，但是我们绝不能说，自然环境的外的条件对于社会的发展绝无作用。无论何时，我们决不能忽视：人类社会，在其历史的发展过程中，是从自然的内部分化出来的；人类的社会生活以及成为它的基本的劳动过程，就是人类与自然间的“物质代谢”；这种物质代谢过程，包含着物理的、力学的等等自然的方面；人类的劳动手段和劳动对象，都是人类所变造所利用的自然的物质和能力。在这种意义上说来，社会的生产过程中所显现的自然环境的作用是很大的。但是如前面所述，劳动过程中的这些自然条件，在社会生活的种种制度的发展上，决不能演出主导作用来。

我们着手分析社会时，是从社会的发展之内的条件与外的条件——劳动过程之社会的方面与自然的方面——之对立的统一出发的，但在两者之中，演着主导作用的东西，是内的条件。为要正确地估评自然条件的意义，我们必须从内的条件出发。在社会的初期的历史发展阶段上，原始人的生活是完全依存于自然环境的。即是说，自然环境对于原始社会，演过规定的作用。可是，社会发展的阶段越是增高，经济制度越是复杂，人类用作劳动手段和劳动对象的自然条件的性质，早已不依存于自然环境，而依存于特定经济制度的特殊性了。所以在社会与自然之对立的统一中，演着主导作用的方面，是社会而不是自然。

因此，我们对于社会的发展过程及其发展法则的分析，必须从生产过程开始。

五、各派社会学说对于自然与社会的关系之谬论及其批判

（一）旧派社会学的谬见及其批判

旧派社会学说，对于社会关系的本质如何的问题，不能给予正确的解答，所以对于自然与社会的相互关系，也不能给予正确的观念。

社会学上的自然主义及机械论，把社会与自然看做抽象的同一的东西。它们把社会看做机械的集合体，看做生

物的有机体，看做物理的、生物学的个人之总体。它们把社会生活看做生物学的特殊的领域，看做一切动物中所固有的社会本能之特殊的表现。因此，它们把社会的法则看做生物界的法则，把社会学看做复杂的生物学的法则之体系。

此外，社会学上的观念论，在社会与自然之间，划分抽象的区别，使社会与自然完全分离，而把社会生活看做与有机的自然界绝对无缘的某种心理的东西。心理界与自然界截然有别。所以社会生活，决不能用自然科学所使用的一般概念去认识它。依据这种理论，社会现象是没有原因的，即是说，社会现象不受任何法则所支配，人们只能从所谓“目的”或“道德”的见地去考察社会现象，才能在社会现象中决定它的路向。所以在这种见解说来，社会学就是社会心理学或心理学的特殊部门。

但是依据前面的研究，历史唯物论，建立了自然与社会之对立的统一，在这个统一中，考察了两者的一切差别，考察了社会现象的一切质的特殊性。历史唯物论，在人们的社会生活中，看到特别的特殊的质。这特殊的社会的质，决不是可以用物理学、生物学、心理学等等的概念去认识的。社会的人，与生物学上的人不同，社会与有机体的总体不同。与人类存在之自然的方面比较起来，社会是一种新的东西。社会生活，只有通过特殊的社会的联结和规律性，才能认识它。而这样的联结和规律性，是社会所固有的，是与外界自然截然有别的社会的特殊性。同时，历史唯物论，又承认社会的历史的生活之特殊的关联与法则，是存在于它与自然的一般法则的统一之中，并不是绝对的从这一般法则分离的。所以历史唯物论，主张社会现象与自然现象之统一，是在社会的劳动过程中实现的。而社会的劳动过程，是人类之历史的生活全体的基础。社会发展的原因及其法则之客观的认识，必须从这劳动过程的分析开始。这是在前面已经说明了的。

（二）新派社会学说的见解及其批判

其次，关于社会与自然的统一中研究哪一方面演着主导作用的这一问题，旧派社会学说，固然不能答复，但就是在新派社会学说中，也有种种的曲解。从来的地理史观的主张者如孟德斯鸠、巴克尔、拉占霍法等人，把地理环境或一般自然条件对于历史发展的意义和作用，作夸大的估价。他们的目的，是在于建立社会与自然之间的均衡，借以证明现社会制度的基础，是由这种均衡所巩固的。所以他们把达尔文的进化论当作社会对于自然的受动的适应的理论，来适用于社会之中。因此，他们主张：自然条件，在社会适应于自然的过程中，演着主导的作用；人类社会，在这个适应过程中，只演着纯粹的受动的作用；而一切历史的发展，即是社会对于自然环境的受动的渐次的适应过程。所以他们的结论就是：社会生活的发展法则，完全受外界自然的法则所规定，只能适应于自然环境的变化而变化。

像这样明明谬误的见解，在所谓新派的社会学说之中，也还是继承着。例如古诺主张社会的劳动的技术，在最高程度上，与自然条件相联系。考茨基在其初期著作中，也提倡了这种均衡论。他在最近所著的《唯物史观》中，把社会对于自然的适应说，完全地展开出来。他把全部历史的发展过程，当作社会对于自然环境的有意识的适应过程去说明，这是主张在社会对自然的适应过程中去探求社会发展的原因的。

其次，蒲列哈诺夫①，也有这样的偏见。他在他的著作中，对于地理环境的作用，作了过大的估价。他说："地理环境的性质，规定生产力的发达。而生产力的发达，又规定经济关系，及其他一切社会关系的发达。……结局，规定一切社会关系的发展的生产力之发达，是由地理环境之

① 蒲列哈诺夫，今译普列汉诺夫。——编者注

性质所规定的。”这种见解，显然地在地理的条件中探求历史发展的根本原因了。

还有，布哈林的“历史唯物论”，更加发展了这种偏向。他虽然把社会的生产力做出发点，却把生产力看做是表现自然与社会间的能力均衡的东西。因此，依据他的理论，社会与自然间的“有正符号的均衡”，是当作从自然吸取的物质能力超过人类的劳动的支出之结果而被确立了。换句话说，构成历史的发展的原动力的东西，不是社会发展之内的规律性，而是外的自然条件。他的这种均衡论，显然是地理观的见解。

末了，新派社会学说中，还有分离社会与自然的观念论的影响。例如鲁宾，从社会的劳动过程中，完全排除劳动之自然的生理的方面。他忽视人与自然间的物质代谢对于社会的意义，因而他所说的劳动，变为没有物质性的劳动。又如卢波尔，一面把社会规定为生产关系的总体，同时又以为生产过程中人们的劳动结合不是社会关系之本质的根本标帜①，以为劳动不是社会的基础。他们把人类的劳动和动物的劳动看成同一的东西。这两种见解，都是一种观念论的见解。

---

① 标帜，现写作标志。——编者注

第二节　生产力

一、当作社会发展的原动力看的生产力

“社会生活的生产与再生产，是社会发展之决定的动因。”

我们把劳动过程和社会关系统一起来，就到达于生产过程。

（一）生产

但是以生产为问题时，“生产常是意指着特定的社会发展阶段上的生产——各种社会的诸个人的生产”。这是前面已经提起过的。这里先说社会的生产的意义。

生产是人类社会凭借人工劳动手段而变化自然物的过程。生产是社会对于自然的关系；这个关系，是由劳动手段作媒介的。从生产上观察劳动手段时，我们看到劳动手段是在生产以前已被给予着的东西。实际上，在生产过程开始以前，劳动手段必须当作已成的东西而存在。因为劳动手段如不预先做成，生产就不能成为生产。所以劳动手段，起初出现为生产的结果，出现为人工的物质的事物。但劳动手段，不单是人工的事物，又是充用于生产上的特

殊物体。因而劳动手段，又是充用于新的生产（即在生产）的新事物。在生产上，不断地生产出新劳动手段，所以生产又把它自身当作新的生产而再生产出来。于是我们得到一个结论：生产过程的分析，把我们引导到再生产的分析。而再生产更成为社会发展法则的研究的始点。

“人类社会凭借劳动手段而变化自然物的过程”，是人与自然的关系和人们相互的关系之统一。生产只有当作社会的生产，才是可能的。人们如不互相联结，生产不会发生。人们“为要生产，必须结成一定的关系。只有在这种社会关系之内，他们才能作用于自然，才能生产”。由此可知生产过程，是人类社会在一定的形式上共同作用于自然并互相交换其活动以从事于制造物质生活资料的过程，即是统一着人与自然间的物质交换及人与人间的劳动交换的过程。更进一层的说来，生产过程，一方面是把它自身再生产出来的人与自然的关系，即是再生产过程；同时在另一方面是把它自身再生产出来的人与人的关系的形态。

（二）单纯的再生产

上面的结论，是理解社会发展法则的关键。因此，我们要在社会生活的再生产过程之中，去探求社会发展法则。即是说，社会发展的原动力，在社会的生产过程之中，在社会凭借生产而不断地把自身再生产的过程之中。

“生产过程，不问社会形态如何，总是经常不辍的，即是周期的不断的从新通过同一的阶段。一个社会，正如不能停止消费一样，也不能停止生产。所以社会的诸生产过程，如果从那不断的关联与更新的不断的流动观察起来，它同时又成为再生产过程。”

所谓再生产过程，又有单纯的再生产过程与扩大的再生产过程的区别。先说单纯的再生产过程。

“生产的条件，同时又是再生产的条件。任何社会，如果不把那生产物的一部分继续的转化于生产手段，于新的生产要素，就不能继续生产，因而也不能再生产。在别种事情无变化的范围内，社会如果不把等量同种的新物品去补充例如一年的期间所已消费的生产手段之劳动手段、原料、补助原料等，就不能以同一的规模去再生产或保存（社会的）财富。而这些物品是从一年的生产物之中分离出来而从新并入于生产过程的东西，所以每年生产物之中的一定量，是归属于生产的领域的。”像这样继续进行的生产过程，即是单纯再生产过程。

（三）扩大的再生产

再生产过程，不是每次以同一姿态而不断反复的停滞的过程。如果是那样，就会没有历史，没有发展，而只有永久的反复和停滞了。但是历史只在其一般的轮廓上是反复的，实际上每次呈现新的相貌和新的形态。所以说明社会的发展时，再详细检讨再生产过程。

再生产过程，只有凭借人类与生产手段的结合，才有可能。在这个过程中，人类是演着积极的作用的。因为人类由于变化自然而生产新的生产手段，同时又变化他自己的性质。于是人类与生产手段及其关系的再生产，就是人类与生产手段及其关系的变化。所以再生产的一切循环，是新的再生产，结果出现了新的人类，出现了新的生产手段，出现了新的人类相互间的关系。人类与生产手段间的这种新的相互关系以及人们相互间的新关系，如后面所见，是由生产之先行的性质所决定，它自身又成为生产的往后的变化的基础。于是生产的种种要素，发生联系。历史的过程，不是同一的反复的过程，而是前进的发展过程。

（四）社会发展的原动力——生产力

由于再生产过程的分析，我们就发现社会发展的原动力。

再生产过程，是技术的过程，同时又是社会的关系。因为人类凭借劳动手段而变化自然物一事，不单是生产过程，并且是劳动手段、人类及其关系的新形态上的再生产。这是再生产的技术的过程。同时，生产及再生产，是在社会的内部实行的，离开社会便没有生产及再生产。这是再生产的社会关系。因为再生产是技术的方面与社会方面之统一，所以它是社会生产的决定的动因。

为要说明再生产是社会生活之决定的动因，必须更进一层去考察再生产过程内部的关系。人类在其与自然的斗争过程中，造出了人工的生产手段；由于生产手段的创造，又改造他自己的性质——这件事，是再生产过程内部关系的本质。于是新的人类，依据已成的生产手段去变化自然，又生产出新的生产手段；这新的生产手段，又充用为往后的生产的要素。再生产是经常不辍的过程。在这个过程中，生产手段和人类，以及两者间的关系，在新的形态上把自身再生产出来。当作人类和生产手段的关系看，再生产是技术的行为，是物质事物的关系；当作人与人的关系看，再生产是社会关系，是生产关系。这两方面的关系，在再生产过程中，相互的再生产出来。

再生产的这两个对立方面所以形成为统一，就因为它们都是先行的生产的结果。特定生产手段与人类，是生产的诸要素，又是为实行新生产而被生产出来的。由于人类与生产手段的联结，生产过程才能继续，新的生产形态才得发生。但一切生产形态，不单是人与生产手段的关系，又是人类相互间的关系。因而新的生产形态，同时是人类相互间的新关系，是新的社会形态。由劳动手段所媒介的人与自然的关系，一旦发生变化，人类相互间的关系，也随而发生变化。而由劳动手段所媒介的自然与人类的关系，成为社会的原动力。所谓由劳动手段所媒介的自然与人类的关系，即是人类与生产手段（劳动手段与劳动对象）的结合。人类应用劳动手段作用于劳动对象时，就发生出生产物质生活的能力，这就是生产力。这生产力是社会发展的原动力，它是从再生产过程中发生发展的。

（五）生产力不能离开生产关系去考察

上面说过，在再生产过程中，人类本身和生产手段是一同变化的。但所谓人类本身的变化（决不只是人体器官的变化），显现于再生产过程中的人类相互关系的变化之中。因为再生产过程，是技术的过程，同时是社会关系，是人类相互间的关系。在再生产过程中，人类变化他们本身，同时又变化他们相互间的关系。人类的这种关系，是当作生产力看的他们的活动的形态。参加于生产的人类，当作一个生产力，结成相互关系——这就是生产关系。所以在生产上出现为生产力的人类，形成生产关系。因而一定的再生产，是人类与生产手段的一定技术关系的再生产，同时又是人类相互间的一定社会关系的再生产；即是一定的生产力的再生产，同时是一定的生产关系的再生产。一定的再生产，当作生产力与生产关系的统一显现出来。所以生产力决不能离开生产关系去考察。

二、生产力的社会性

（一）生产力与生产诸力的意义

“生产力是社会发展的原动力”——从这个命题出发，我们来分析生产力，指出生产力的社会性。先说明生产力与生产诸力的意义。

社会的生产力，是社会生活的生产及再生产过程中一切生产要素的总体，即是人类应用劳动手段作用于劳动对象之时发生出来的生产物质生活的能力。

所谓生产要素，概括的说来，即是劳动者、劳动手段与劳动对象。而劳动者、劳动手段与劳动对象，又称为生产力的诸要素。即是说，劳动者是生产力，劳动手段是生产力，劳动对象也是生产力，所以这些都被称为生产力的诸要素。不过这些生产力，如果个别的分散起来，它们只是可能的生产力，即是可供社会利用于生产的力。为要进行生产，这些个别的生产力必须结合起来，才能转化为现实的生产力。因此，我们把包括劳动者、劳动手段与劳动对象的统一体，特用社会的生产力或生产诸力的术语来表现它：把这个统一体中的劳动者、劳动手段、劳动对象各种要素，用生产力或生产力要素的术语来表现它们。所以我们说起社会的生产力或物质的生产诸力时，是指现实的生产力说的，即是指生产力的各种要素之统一说的。说起“生产力”之时，有时是指社会的生产力说的，有时是指各种个别的生产力说的。

此外，还有“劳动生产性”一个术语，也当在这里提出一下。劳动生产性，和社会的生产力有区别。这个区别就是：劳动生产性，是社会的生产力之分量的指标；社会的生产力，是劳动生产性之物质的表现。这一点是要加以注意的。

（二）生产的生产力的两个方面

社会的生产力是生产过程之物的要素与人的要素之统一，即是生产手段与人类劳动力之统一。这个统一，就它的内容说，是技术的过程，是技术的关系；就它的形式说，是社会的过程，是社会的关系。从技术的方面看，社会的生产力，是劳动者与生产手段之物质的内容，是物质事物之量的表现；劳动者与生产手段的相互关系，是物理的过程或化学的反应之表现。从社会的方面看，社会的生产力，是社会的人类及其所创造的生产手段之社会的内容，是社会生活之质的表现；两者的相互关系，是生产的过程或社会关系的形式。在特定历史的发展阶段上，单从技术方面观察的社会的生产力，只是抽象的，不是现实的。所以我们必须把社会的生产力之技术的方面与社会的方面统一起来，它才是现实的，才是具体的。这个统一，即是生产诸力之量与质的统一，是物质的一定分量及其社会形态的统一。这也和再生产过程是技术过程同时是社会过程的事实，同是一样的。

所以社会的生产力，不能还原于技术，也不能还原于人类自身的发达（即人类的劳动力、知识、技能、熟练的发达）。因为生产手段与活的劳动力之结合，是在社会的生产过程中显现的。在这个结合上，人类的劳动力，具有积极的作用。生产手段只是可能的生产力，同时也是死的劳动。这死的劳动，要依靠人类的劳动力才能发挥作用。生产手段，只有和生产过程中的劳动力结合起来，才成为发展劳动生产性的现实的要素，才成为现实的生产力。而生产力的发挥，必须在社会的生产过程之中，才有可能。所以生产力是一个社会的范畴，决不是抽象的技术的范畴。

以下我们更进一步就各种个别的生产力，如劳动手段，劳动对象与劳动力，分别考察它们的社会性。

（三）劳动手段的社会性

劳动手段，是它的技术的方面与社会的方面之统一。劳动手段，一方面是自然物，是生产的要素，同时在另一方面，它是历史上被加工的自然物，是社会的再生产的要素。当作自然物看，当作生产的要素看，劳动手段，显现其技术的方面，是它的量的表现。当作历史上被加工的自然物看，当作社会的再生产的要素看，劳动手段显现其社会的方面，是它的质的表现。所以劳动手段，不单是物材，而是具有一定形态的物材。劳动手段，是社会的再生产的尺度，是它的量与质的统一。在技术家看来，石器与铁器，表示生产要素的优劣；在历史家看来，同一的器具，是具体的生产过程的指示器。所以说，“劳动手段，不单是人类劳动力的发展的测度器，并且是劳动所由实行的社会诸关系的指示器”。劳动手段的社会性，实是很明显的。

但劳动手段，虽是社会诸关系的指示器，却不是社会发展的原动力。因为劳动手段是归属于一定社会的一个可能的生产力，只有在特定社会中被人们利用于生产时，才能转化于现实的生产力。所以劳动手段的社会性，又必须在它与特定社会中的劳动者的关系上去考察，在它所归属的特定社会的构造上去考察。如果离开它的社会的方面而只考察其技术的方面时，它不能成为社会关系的指示器，也不能成为劳动力发展的测度器。例如机械在它与资本主义的社会的关联上，它是资本主义生产的特征；但同一的机械，在它与社会主义社会的关联上，它就带有社会主义的性质。所以机械的利用虽是资本主义的特征，而利用机械的处所不一定有资本主义；反之，在今日还未利用机械的处所，不一定没有资本主义。又如手工器具，在封建社会中，它是封建的社会关系的测度器；但同一的手工器具，在资本主义社会中，就带有资本主义的性质。并且这同一的手工器具，在各个私有的生产者手中被利用之时，对于劳动力的发展上，作用比较还小；但在集体的被利用之时，对于劳动力的发展上，作用就比较的大，它的社会性也显然不同了。

（四）劳动对象的社会性

其次考察当作生产力看的劳动对象的社会性。生产诸力的根本属性，是它们的历史的起源，这就是它们通过劳动过程的事实。劳动对象，如前节所述，是分为天然存在的劳动对象与人工的劳动对象（即原料）两部分的。天然存在的劳动对象，固然也参加于生产，但它不是再生产的决定的要素，它充当生产力的作用是很小的。当作总体的过程看的生产，是自然物的变造，即是劳动对象的变化。生产的增加，即是转化于劳动生产物的劳动对象之变化及增加。当劳动对象出现为生产的结果，为历史上的要素时，它在生产上的意义就随着增大起来。所以在再生产过程中具有真实影响的东西，不是天然存在的劳动对象，不是最初供人们利用的劳动对象，而是有其历史的经过的劳动对象，是社会的劳动所产出的劳动对象（即原料）。只有这样的劳动对象，才能影响于社会生活与生产关系。只有这样的劳动对象，才具有积极的性质，才决定生产的前途，而与其他各种生产力共同指引生产的方向。

劳动对象之变化与增加，也具有其技术的方面与社会的方面。第一，劳动对象是一切劳动过程的一个必要的构成要素。所以劳动对象的属性，是促进社会的生产力发展的一个动因。但任意的劳动对象，只有在开始供技术的利用之时，才有这样的作用。这种作用，依据技术的应用之性质如何而变化。譬如加工对象，从石块移到金属之时，劳动的生产性就显著地向上，这是一例。这是劳动对象之技术的方面，又是它的量的方面。第二，劳动对象，是归属于社会的东西。在特定社会之中，它归属于特定社会集团所有，就显现出死的劳动支配活的劳动的现象；反之，当它归属于全社会所有，就显现出活的劳动支配死的劳动的现象。这是劳动对象依存于社会形态的证明。这是劳动对象之社会的方面，又是它的质的方面。劳动对象是上述两个方面的统一。在这个统一中，其技术的方面受社会的方面所规定，量的方面受质的方面所规定。因为劳动对象之变化及新的劳动对象之增加，完全依存于社会的性质。同一的劳动对象，在一种社会中很迅速地转化于现实的生产力，在另一社会中往往因特定集团的利害而被弃置于无用之地。这是劳动对象的社会性的重要意义。

（五）劳动力的社会性

再次考察当作生产力看的劳动力的社会性。“劳动力即劳动能力，是存在于人类的活的身体之中、于活的人格之中的、当人类生产某种使用价值时而发动它的、物理的及精神的诸能力之总体。”关于劳动力，也必须从其技术的方面与社会的方面去考察。参加于再生产过程的人类，从其技术的内容去看，与生产手段一样，同是物质的事物，同是筋肉、骨骼、神经等等的总体。所以现代社会中的技术家，每每把生产上的人类看做能力的一定量的表现。例如技术家在能够算出劳动者的能力之量时，就说工场有某种能力单位之类。所以现代社会的技术家，常把劳动者的劳动力和机器的能力一样看待，即是把劳动者看做活的机器。再则劳动力因其熟练、技巧及专门化的程度而显出其特征的。这些，都是劳动力的技术的内容。但是劳动力之技术的方面，只是抽象的，不是具体的。具体劳动力，寄存于特定社会的再生产过程中的劳动者的活的人格之中，具有其社会的方面即质的方面。先就个别的劳动者说，他的劳动力，是社会总劳动力中的一部分，他在特定的生产方法之下使用其劳动力。并且，劳动力不单是生理的能力之总体，又是精神的能力之总体。这些精神的能力，在劳动过程中，转化为智的支出，转化为智的劳动之支出。所以劳动过程，不单是生理的能力之支出，又是精神的能力之支出。劳动力的熟练、技巧及专门化的程度（智的支出），却不归着于劳动力之心理的或生理的特殊性，而是在社会之中学习得来的。个别劳动者的生产性，不及集合劳动者的生产性。所以现实的劳动力的总体，是不能当作能力单位的单纯总体考察的。集合的劳动力，造出劳动的特殊性。例如基于分工或协业的劳动组织，不但增大个别的生产力，并且造出一个成为集合劳动力的新的生产力。这是劳动力之社会的形式。

劳动力的质，表现于生产关系之中。前面说过，生产过程中的人们相互间的关系，是生产的关系。劳动力的质，是生产关系所构成的。生产关系，不单是技术过程中的劳动组织，其最主要的关系是特定社会中以生产手段之所有为中心的人们相互间的关系。所以劳动力的质，实际上是表现于后者的生产关系之中。所以说，劳动者为促进生产力的往前发展而实行的团结，也是一个生产力。劳动力的质，又因社会形态的不同而有差异。同一的劳动者，在这一社会中，不能充分地发挥其生产力作用，甚至不能变化为现实的生产力，但是另一社会中，却能尽量发挥其生产力的作用，而促进社会的生产力之发展。这是劳动之技术的内容依存于其社会的形式之实例。

具体的劳动力，是其质与量的统一，是其技术的内容与社会的形式之统一，即是特定的生产力与生产关系之统一。

（六）劳动力与生产手段之关系

生产力的社会性，上面已经概括地说明了。现在再就生产力的社会性，来说明劳动力与生产手段的关系。前面说过，生产力是劳动力与生产手段之统一，在这个统一中，生产手段，是“人类劳动力的尺度”，是“活的劳动之物质的要素”。因为生产手段（劳动手段与原料），都是过去的劳动，而“这过去的劳动，只有当作物质的要素而与活的劳动相接触之时，才有意义”。人类的劳动力，是在一定社会形态之中存在的；劳动力之转化为劳动，为现实的生产力，也是在一定社会形态之中进行的。劳动力的总体，在劳动过程中，常出现为许多社会群的劳动，而构成这些社会群的人们，是在一定社会关系之中存在的。在非敌对的社会之中，社会全体都参加于生产，结成平等的相互关系。反之，在敌对的社会中，参加于生产过程的劳动力，常为一定生产阶级所代表；这生产阶级，从其利害上说，常与其对立的非生产阶级结成一定关系。

至于生产手段，原是劳动的创造物，是结晶于自然物之中的过去的劳动。这生产手段，也是在一定社会形态之中存在；生产手段之转化为现实的生产力，也是在一定社会形态之中实现的。在非敌对的社会中，参加于生产过程的生产手段，归属于全社会，供全社会所利用。反之，在敌对的社会中，生产手段常归属于特定阶级所占有，为非生产阶级所代表，这非生产阶级，从其利害上说，也必须与生产阶级结成一定的社会关系。

劳动力与生产手段之统一，是在一定社会形式之中显现的。这个统一（即社会的生产力），具有其技术的方面与社会的方面。就技术的方面说，生产手段转化为劳动力，因为生产手段中之劳动手段，本是人类生理器官之延长。就社会的方面说，劳动力又转化为生产手段。因为生产的阶级，是一切生产手段中之最大的生产力，决定各个历史阶段上的生产力之发展的东西，不单是技术的方面，并且是社会的方面。这社会的方面，是社会的劳动组织之性质（在敌对社会是阶级关系）。

劳动力与生产手段之统一，又是活的劳动与死的劳动之统一。在非敌对的社会中，劳动力支配生产手段，即活的劳动支配死的劳动；在敌对的社会中，生产手段支配劳动力，即死的劳动支配活的劳动。所以我们考察生产力的社会性，即是考察劳动力与生产手段相结合的社会性。这样的社会性，是理解社会发展的各个阶段的特殊性的关键。

三、生产力发展过程中技术与科学的作用

（一）技术对于生产力的发达的作用

依据上面的说明，我们已经知道，社会的生产力，并不被还原于技术。但在另一方面，技术对于社会的生产力的发展，却具有重要的作用，这是不容忽视的。因为社会的生产力，由种种复杂的事情所决定，即由第一，劳动者

熟练之平均程度；第二，科学及其技术的应用之发达程度；第三，生产过程之社会的组织；第四，生产手段之规模与作用能力，以及第五，自然条件所决定。这五项事情，如果暂时离开其特定的社会形态去考察之时，社会的生产力之发展，是依存于技术的。因此，我们先把技术的作用加以考察，然后再说明与技术有关系的科学的作用。

技术是人类对于自然的积极关系，是人类能动地变造自然物的关系，是劳动者所使用的一切劳动手段及其被使用的方法之体系。技术对于生产力的发展的作用很大。因为生产力的发展过程，包含着生产力的诸要素的发展。而生产力诸要素的发展，是在技术发展的影响之下显现的。生产力发展的水准，由技术的水准所测定。所以说："劳动手段，不单是人类劳动力发展的测度器，又是劳动所由实行的社会诸关系的指示器。"

技术的体系，具有其内在的发展法则。前一阶段的技术，是后一阶段的技术的准备。例如工场手工业生产的技术，是由手工业的技术所准备的。手工业技术的发达，准备工场手工业的发达，后者的诸要素，潜伏于前者之中。其次，机械工业的技术，是在工场手工业的技术发达到一定水准时开始发生的。工场手工业内部的细密的分工，以及各种操作的简单化，形成了把这些操作传达于机械的可能性，形成了使受着限制的人类劳动力得到自由的可能性。从此以后，近代的大工业发展起来，“造出了与它自身相适应的技术的基础，站定了自己的脚跟”。

生产力的诸要素的发达，依存于人类对自然的关系的合法则性——技术上的合法则性。这技术上的合法则性，是技术学和工艺学的研究对象。本来生产诸力的发展，是在这些要素上表现出来，但生产诸力却是更高级的运动形态，并不被还原于技术。生产诸力的发展，具有其特殊的质，而依从于社会的生产过程的合法则性。因为技术上的改良进步，不但是由技术的一定发达水准所实现，并且要由一定社会的生产诸关系所实现的。所以我们必须注意技术发展的社会性。

（二）技术是历史的范畴

技术是社会生产力的一个动因。当研究技术之时，决不可以忘记技术与特定社会经济条件的关系以及劳动者对于劳动手段的关系。从这一点看来，技术同是历史的范畴。技术之有意识的科学的应用，是不能在社会形态所造出的条件之外实现的。譬如机械工业的技术，不但与工场手工业的技术相结合，并且与现代社会的各种条件相结合。在这个时代，种种复杂的劳动形式已经创造出来，同时由社会必要劳动测定具体劳动的观念也发达起来，技术的过程也离开人手的直接作用而独立了。资本主义的经济矛盾，在其发展过程中，要求劳动手段之更大的完成，要求技术过程的最大的独立性。这是现代社会所以不断地改良技术的原因。可是进到帝国主义的阶段，技术的应用又采取不同的性质了。

技术是经济的特征，而经济是技术的条件，这两者是不可分离的结合着。各个特定的社会的生产过程，各有其一定的技术的基础。而这一定的技术的基础，是在特定社会形态中造成的。蒸汽制粉机是现代社会的特征，不是封建社会的特征，因为蒸汽制粉机，非在现代社会的经济组织之下不能产生。同样，计划的“全国的电化”，是新社会的特征，不是现代社会的特征，因为计划的“全国的电化”，非在新社会的经济组织之下不能产生。在技术由经济条件所决定的意义上，技术的基础，能成为社会关系的“指示器”。在社会的技术达到一定成熟的阶段时，为要成就更进步的发达，就要求一定的社会形态。所以经济的发展，它自身也成为技术发展的原动力。

技术在经济的发展上所演的作用以及经济对于技术的发展所起的影响，在现代社会中表现得非常明了。例如资本主义发生以后，由于市场的扩大与商品的大量生产的必要，就诱起了产业革命。而产业革命是从技术上的大变革开始的。往后，更由于劳资的冲突与资本内部的自由竞争，就不断地促进技术的改良进步。直到现在，所谓产业合理化，都是资本主义的产物。可是现代社会中的技术的发展已受现社会制度所限制，同时又孕育了新社会制度之物质的技术的前提。

（三）科学对于生产力发展上的作用

综合上面的说明，得到下述的结论：经济的诸关系，只有在它与社会的技术密切的结合之时，并且只有在以技术的应用做媒介之时，才促进社会的生产力之发展。于是更进一步去说明科学对于生产力发展上所演的作用。科学对于社会生产力的发展，演着很大的作用。科学又称为“一般的生产力”，它和直接参加于生产过程的生产诸力有区别。为要使科学成为社会生产力发展的强有力的要素，就必须使科学参加于生产过程而在技术上去应用它。所以科学的劳动上，具有为特定经济构造所规定的社会性。例如在商品生产者的社会之中，科学的劳动，只有在它参加于商品生产时，才成为生产的劳动。科学上的发明及其技术的应用，在现代社会中，只为生产手段所有者的利益而服役；反之，在新社会中，就为全社会的利益而服役了。

科学上的发明，如果没有在技术上利用它的经济的必要，它对于社会生产力的发展就没有什么作用。例如火药和印刷术，虽然很早就被人发明，而在当时却没有产业上的意义。又如蒸汽机关在第十七世纪末叶已被人发明，而在当时却没有引起产业革命。所以科学上的发明或发现，只有在它“与时间上的一般运动相一致”之时，才能影响于生产力的发展。

（四）科学与技术之关系

科学与技术两者的发展，有互相依存的关系，技术大部分依存于科学的状态，科学也依存于技术的状态。瓦特所发明的蒸汽机关，德布尔所发明的金线传电，拉姆潜所发明的煤制煤气，在生产技术上具有伟大的意义，这是一般人所知道的。在这种意义上，我们可以说，人类全部的历史，是从原始人的火的发现到近代人的蒸汽机关的制造的历史。科学上的发现的这种意义，即在它不直接供技术的应用之时，也是重要的。譬如迈尔等人所发现的能力不灭的法则，对于后来的技术的发达上，仍具有莫大的意义。

但是科学上的发现与科学的理论，不是科学家或发明家的智力所自由创造的，而是由于技术的必要与从来的技术状态所引起的。例如几何学，在土地所有的发展过程中，是由于测量平地的必要发生的。又如钟表，对于科学的发展，演着很大的作用，比例运动的理论都是依据钟表而建立的。又如制粉机，对于科学与技术的发展，具有同样的意义。摩擦说与数学的形式之研究，都依据制粉机的研究而发展。

基于以上所述，我们知道：技术的状态，是自然财富及自然力应用的条件，是经济斗争的有力武器，是科学的发展之实现，是人类的劳动作用于对象的前提。所以技术是人类劳动力发展上的各个历史阶段的测度器，又是往后的经济发展的前提。

（五）科学与技术的成果对于社会的关系

技术与科学的发展，能够促进社会生产力的发展，具有进步的意义。但科学与技术的成果在实际上被利用于生产过程之时，却因不同的经济构造而显现不同的社会的结果。例如近代生产过程的机器化，使得社会的生产力成就了空前的发展，但机器之资本主义的利用，却变为使资本增值的工具，变为使劳动苦痛的恶魔。反之，机器在新的经济构造下被全社会利用之时，就变为增进勤劳大众的幸福的工具了。所以科学和技术的成果，在现代社会中被利用于生产过程之时，使得无数的勤劳者的劳动从生产过程“游离”出来，必然陷于失业状态，引起贫困的增大和劳动条件的恶化。反之，科学和技术的成果，在未来社会中被利用于生产过程之时，就能缩短劳动日，造出良好的劳动条件，使劳动大众的生活向上。

所以当我们研究科学与技术对于生产力的发展的作用时，决不可忽略科学与技术对于社会形态的关系。即是说，科学与科学之社会的利用，技术与技术之社会的应用，是互有区别的。

生产力之技术的方面与社会的方面，其区别的关键，就在这种地方。

第三节　生产诸关系

一、生产诸关系之形成

（一）生产关系

分析了生产诸力之后，接着分析生产诸力的发展及作用的形式，即分析生产诸关系。生产诸关系，是人类在其生活资料之社会的生产过程中结成的社会的诸关系，即是一定的离他们意志独立的，适合于生产诸力的特定发展阶段的诸关系。

当分析生产诸关系之时，可以就生产的总过程的诸方面来分别说明。

生产的总过程，即是综合的生产过程。这综合的生产过程，可分为生产过程、分配过程、消费过程及交换过程四个方面；这四种过程，包摄于综合的生产过程中，形成为不可分立的统一。因之，生产诸关系，可分为生产关系、分配关系、消费关系及交换关系；这四种关系，包摄于生产诸关系中，形成为不可分离的统一。下面分别说明这四种关系。先说生产关系。

上述的生产关系，是上述的生产过程中人们相互间的关系。这生产过程，是社会的劳动的结合的过程，是社会的分工与协业的过程。任何社会，当生产社会生活资料时，都必须依据一定的生产方法，把社会各人员的劳动组织起来，实行分工与协业。所谓分工，广义的解释起来，可分为自然的分工、社会的分工、劳动的分工三种。自然的分工，即是性的分工。社会的分工，是农工商业各部门间的分工及各部门内部的分工。劳动的分工，是就制造一种生产物的劳动，依照其顺序与种类，分为许多种的劳动，使许多劳动者各担任一种劳动。自然的分工与社会的分工，是由无意识无计划的自然发展而来的。至于劳动的分工，是有意识的、有计划的分工，是在近代资本主义的产业出世以后才发达起来的。其次，所谓协业，是与单独劳动相对立的共同劳动，分为单纯协业与复杂协业两种。单纯协业，是许多劳动者共同参加于同一劳动。复杂协业，是多数劳动者分任共同劳动的一部分而完成一种事物，即是基于分工的协业。现代社会中的复杂协业，是基于劳动的分工的协业。分工与协业，在社会发展的过程中，各有其不同的性质与意义，但任何阶段上的社会，都必得依从于特定的生产方法，在劳动过程中，实行分工与协业，把社会人员的劳动结合起来，才能生产出生活资料。所以无论在任何社会中，人们必须依从于一定的生产方法，形成一定的劳动组织，结成一定的劳动关系。这些劳动关系，即是上述意义的生产关系。

具体的说来，在先阶级的社会中，人们根据平等的生产方法，依照极原始的分工与单纯的协业，共同采集自然物或猎取动物，以取得生活资料。其次，在奴隶制社会中，奴隶所有者依据奴隶制的生产方法，依照社会的分工与比较复杂的协业，把奴隶的劳动结合起来，监督奴隶从事农工业的生产。再次，在封建社会中，封建的领主们根据封建的生产方法，依照社会的分工与比较更复杂的协业，使农民和工人在自己领地中各从事农工业的生产。再次，在现代社会中，企业主根据资本制的生产方法，应用劳动的分工与最复杂的协业，把劳动者们集合于工场之内，使按部就班的分任一部分的劳动，而从事于商品的生产。这些社会形态中的种种性质不同的劳动关系，都是基本的生产关系。

（二）分配关系

其次，说明分配关系。分配关系，是社会的人员在分配过程中结成的相互间的关系。分配过程，可以分为三个方面去考察。

第一是生产手段的分配。人们当依据一定的分工与协业的方法而劳动之时，必须有生产手段——劳动手段与劳动对象的分配，方能进行劳动。再则这生产手段是属于社会公有或属于特定集团所有，也是一个问题。当生产手段归社会公有之时，劳动的人们是分受公有的生产手段，而为社会即为自己而劳动的。当生产手段归特定集团所有之时，劳动的人们，是使用所有者的生产手段而为所有者劳动的。但无论生产手段归属于社会或个人所有，而生产手段必须先行分配，人们方能在社会的劳动组织中去实行劳动。

第二是生产人员的分配。这生产人员之分配，是与劳动组织相关联的。生产的人员，必须依照特定的劳动组织而被分配于一定的位置方能进行劳动。

第三是生产物的分配。上述两种分配已经完毕，然后才能制造出生产物，分配给社会人员消费。这生产物的分配方法，依从于生产方法而实行。因为分配方法是生产方法的反面。两者是互为表里的。例如在先阶级社会中，生产是共同实行的，生产物的分配是平等的。又如在敌对社会中，生产是社会的，而生产物是个人领有的。这生产物的分配，依从于奴隶制的、封建的或现代的生产方法而异其形式。劳动的人们所分配的生产物，与其劳动力的再生产所必需的价值相当；生产手段所有者所占有的部分，与直接生产者所提供的剩余生产物或剩余价值相当。

适应于上述的分配过程而结成的人们间的相互关系，叫做分配关系。即是说，社会的人员，在生产手段的分配过程中、在生产人员（劳动力）的分配过程中、在生产物的分配过程中结成的种种社会关系，总称为分配关系。

（三）消费关系

再次，说明消费关系。消费关系，是社会人员在消费过程中结成的相互关系。消费过程，也可以分为三个方面去考察。第一是生产手段的消费过程。人们从事于生产，必须消费劳动手段与劳动对象，使它们转化为生产物。在生产手段公有的社会中，生产者消费公有的生产手段，为社会并为自己生产生产物。在生产手段私有的社会中，直接生产者依从于各种敌对的生产方法，消费他人所有的生产手段，为他人生产生产物。第二是劳动力的消费过程。生产手段的消费，伴随着劳动力的消费，因为没有劳动力的消费，生产手段不能转化于生产物。但这劳动力的消费，即是劳动力的使用——劳动。任何社会，都依从一定的生产方法而消费其劳动力。在非敌对的生产方法之下，劳动者为社会并为自己消费其劳动力；在敌对的生产方法之下，劳动者被逼迫着为他人的利益而消费其劳动力。第三是生产物的消费。这种消费，也是生产的消费。就生产手段一方面来说，这种消费，再生产出生产手段；就生产物的方面说来，这种消费，再生产出生产物；就劳动力方面说来，这种消费，再生产出劳动力。生产物的消费，也因社会形式的不同而异其性质。

适应于上述的消费过程而结成的人们相互间的社会关系，叫做消费关系。即是说，社会的人员，在劳动力的消费过程中、在生产手段的消费过程中、在生产物的消费过程中结成的种种社会关系，总称为消费关系。

（四）交换关系

最后，说明交换关系。交换关系，是社会人员在交换过程中结成的相互关系。交换过程，可以分两个方面去考察。第一是“在生产本身中发生的活动及能力之交换”。这种性质的交换，“直接地属于生产，并且在本质上构成生产”，这是在前面所述生产过程中已经说明了的。第二是生产物的交换。这种交换，是商品的交换，是特定社会中分配生产物的形式。商品的交换之范围与形式，“由生产的发达与编制所决定”。因为交换以分工与财产为前提。在先社会的阶段中，经济只带有采集的性质，分工也只限于性的分工，人们还不知道贮藏物品，并且也没有多余物品供人们贮藏，因而也无所谓财产的存在。所以这时生活资料的分配，是直接实行的。往后进到氏族社会阶段，生产经济代采集经济而起，生产力比较发展，开始有了剩余生产物，而血族团体始有共同财产。并且，由于生产经济的专门化（即社会的分工）之发生，就引起了交换的开始。但这种交换，最初是团体间的交换，带有偶然的性质，往后由于私有财产的形成，分工的发展与阶级之发生，社会被推进到敌对的社会的各阶段，于是交换就由偶然的而变为扩大的，更变为一般的，最后采取货币的形态了。一般地说来，敌对的社会中，生产物的分配，经常地采取货币交换的形态。

直到现代社会，生产物之采取商品的形态，已“不是例外的，单独的，偶然的，而是一般的”，是多量的，最日常的。所以现代社会，被称为商品 = 资本主义社会。因而在现代资本主义世界，全世界的人类，都不能不加入于这种交换过程。

适应于上述交换过程，而结成的人们相互间的关系，叫做交换关系。即是说，社会的人员在劳动的交换过程中、在生产物的交换过程中结成的种种社会关系，总称为交换关系。

（五）生产诸关系与生产关系

我们在前面所分别说明了的生产关系、分配关系、消费关系及交换关系之统一，叫做生产诸关系。

为什么把分配关系、消费关系及交换关系，叫做生产诸关系呢？这是因为生产是一个总过程，而生产、分配、消费与交换，是这个总过程的各个成分，“构成着一个统一体中的各种差别”。生产之与分配、消费及交换，都有密切的相互作用，但四者之中，演着主导作用而能统制其他诸要素的活动的东西，只有生产。下面分别说明生产与其他各要素的关系。

就生产与分配的关系来说，分配是生产的里面。因为生产手段与劳动力的分配，明明是属于生产的。其次，生产物的分配，“虽然不就是生产，但这种分配，确是完全依存于生产的一部分机能，所以它属于社会的综合的生产过程”。在另一方面，分配也影响于生产。“随着分配的变化，生产也起变化。例如，随着资本的集积，随着都市与田园间的人口分布的差异”，生产的规模也因而改变。但在生产与分配二者之间，生产仍演着主导作用。

其次说到生产与消费的关系。“生产，生产出消费的对象，消费的方法，消费的冲动。同样，消费，生产出生产者的本质”，“消费的欲望也决定生产”。但消费以生产为前提，没有生产，就没有消费；生产必须继续扩大，人们的消费才能随着扩大，这是很明白的。“过程常从新由生产开始”，由生产占诸主导作用，而消费决不能有这样的作用。

再次，说到生产与交换的关系。“交换也是包含于生产之中的要素。”社会人员的勤劳的交换，直接地属于生产，这是显明的事情（例如认劳动力为物而作为买卖的对象，即劳动者出卖其劳动力于资本家）。还有，生产物的交换，也是一样，“它本身即是包含于生产之中的行为”。“至于商人间彼此的交换，在其组织上，也完全由生产所规定，它自身也是生产的活动。”“所以，交换，在其一切要素上，显然是直接包含于生产之中，或由生产所规定。”

因为“生产的特定形态，规定消费、分配及交换的特定形态，并且规定这种种要素相互间的特定关系。所以分配、消费、交换之与生产，都称为生产的诸要素”，“构成着一个统一体的各个成分”，被统一于生产的总过程。

基于上述的说明，分配关系、消费关系、交换关系三者之与生产关系，所以总称为生产诸关系，其理由也就可以完全明白了。

上述意义的生产关系，是基本的生产关系或称为劳动关系。这是对于分配、消费与交换等的关系而说明的生产关系，也可说是狭义的生产关系。可是广义的解释起来，单数的生产关系，与复数的生产诸关系，又是同义语。在广义上，生产关系实在就是生产诸关系。例如对于生产力而说的生产关系，或是说起“生产关系总体”时的生产关系，或是对于其他社会关系而说的生产关系，这都是意指着广义的生产关系的。

二、生产诸关系的物质性与社会性

（一）生产诸关系的物质性

生产诸关系的意义，在前段已经解释过了，现在更进而说明生产诸关系的物质性与社会性。

生产诸关系的物质性是什么？关于这问题，有许多人常常误解了。例如机械论者们，把生产诸关系解释为“时间空间中的人（活的机械）的劳动的配列”，从物理学的见地去观察生产诸关系的物质性。这种见解的错误的根源，是由于把哲学上的物质的概念和物理学或自然科学上的物质的概念，看成同一的东西，因而把物质的社会现象还原于物理的或自然的现象。这是机械论的物质观。

“物质的唯一属性，是客观的实在的性质，是离开人们的意识而存在的性质。”生产诸关系的物质性，就在于这些关系离开人们的意识或意志而形成的这一事实之上。

关于生产诸关系离开人们的意识或意志而形成的这一事实，我们在这里分为三点，说明几句。

第一，先有生产诸关系，然后才有关于生产诸关系的意识。人生活于社会之中，为要取得生活资料而维持其生存，就不能不投入于社会的生产过程而容受一定的生产诸关系，这是与自己的意志或愿望无关的。例如就现代社会来说，人若是一个资本家，他必然利用资本，举办企业，雇用劳动者生产商品，以期取得利润，否则便不能成为资本家了。若是一个劳动者，他必然出卖其劳动力于他人，否则他便不能生活。若是一个地主，他必然把土地佃给农民耕种，收取地租；若是一个农民，他必然租种地主的土地，而以其剩余产物交给地主。至于其他不直接从事生产的一切人们，都必然要加入于交换关系，以取得生活资料。人们的这样加入于一定的生产诸关系，都是必然的，是离开自己的意志的。

第二，在商品生产的社会中，商品生产者们虽然都是有意识地从事于商品的生产，而这些生产商品的行为的总结果，却出乎他们的意料之外，而形成为一个必然。即是各个个人的自己的生产的行为虽是有意识的，而各个个人间的生产关系，却是离开他们的意识而独立的。

第三，社会的诸关系，复杂错综，不可名状，人们要想毫无遗漏地去把握它们，那是不可能的。“在世界经济之中，各个生产者虽然意识到他在生产技术上曾经引起了种种变化，各商品所有者虽然意识到与他人互相交换生产物，但是生产者或商品所有者却没有意识到那些情形变化了”生产诸关系。现代世界经济中所发生的这些变化的总体，是极其分歧错综的现象，人们要想完全知道，那是绝对不可能的。“人们所能做到的事情，只是关于这些变动的法则，发现一个主要的根本原理，并阐明这些变动的客观的论理与历史的发展。”

概括起来，离开人类的意识或意志而独立形成的生产诸关系，是物质的社会现象。生产诸关系的物质性，就存在于这种地方。

生产诸关系的物质性，在某种意义上说，又是生产诸关系的必然性。生产诸关系的合法则性，是从这里产生的。生产诸关系的物质性、必然性与合法则性，在任何社会之中，都各自在特殊的形式上表现出来。在无计划的生产的社会中，生产诸关系的法则，盲目地作用于人们，支配着人们；反之，在有计划的生产的社会中，它被人们所意识，而服从于人们自身的统制之下。

（二）生产诸关系的社会性

其次，说明生产诸关系的社会性。所谓生产诸关系的社会性，就是说，生产诸关系是社会的生产过程中的人类间的关系，是一种社会关系。生产诸关系的社会性，与它们的物质性是互相关联的。因为社会关系是物质的关系与精神的关系之统一，而生产诸关系，即是物质的社会关系。所以生产诸关系的物质性，并不排除它们的社会性；同样，生产诸关系的社会性，并不排除它们的物质性。因而生产诸关系的社会性，决不是精神的关系，这是要特别注意的。

生产诸关系的这种社会性，是决定社会的发展的客观的实在。要理解生产诸关系的本质，最重要的事情，就是要理解它们的这种社会性。

前节说过，生产诸力包含着技术的方面与社会的方面，而生产诸力的本质，是存在于社会的方面的。基于这一点，生产诸关系，同样包含着技术的方面与社会的方面，而生产诸关系的本质，也是在于社会的方面的。因此，生产诸关系可分为技术的生产关系与社会的生产关系两种。所谓技术的生产关系，即是各个种类的劳动的结合与分割，是人类间的劳动机能的分担，是劳动组织的关系，是生产过程中人与物的配列以及两者之自然的物理的相互作用。所谓社会的生产关系，即是人类间的生产手段的分割，是生产手段所有者对于无所有者的剥削关系，用法律的术语说来，即是财产关系。这两种生产关系，是不可分离地统一着。一定社会的生产关系，以一定技术的生产关系为前提。一定技术的生产关系，必须在一定社会的生产关系的影响之下，才能成立起来。这样的技术生产关系的特征，才能成为生产诸关系的测度器。但是在这两者的相互作用之中，能够成为主导作用的东西，只是社会的生产关系。只有社会的生产关系能够表现生产诸关系的本质，能够显示社会形态的特定阶段。至于技术的生产关系，虽与社会形态的特定阶段相结合，而社会形态的特定阶段的本质，却决不存在于特定技术的生产关系之中。

就近代社会的生产诸关系举例来说明。例如近代（资本主义的）工场，确是现实的生产诸关系。近代的工场，是可以从技术的和社会的两方面去观察的。从技术的方面说，近代大规模的工场，包含着成千累万的人，各人都依从于一定秩序，被配置于一定场所，严格地实行一定种类的劳动。一切都好像钟表一样，布置得非常精密。这是基于劳动分工的协作，是劳动之科学的组织。这是近代工场之技术的生产关系。但是从社会的方面观察起来，近代工场，不单是为了要求成千累万的人实行有统制的协同作业，才举办的；并且这种协同作业，是由于资本所购买的集合的劳动力在“资本的命令”之下实行的。工场的目的，在于生产剩余价值，所以工场的基础，是建筑于生产手段从劳动力分离而被集中于企业者阶级这一事实之上。这是上述意义上的社会的生产关系。所以近代工场，确是现实的生产诸关系。而这现实的生产诸关系，是技术的生产关系与社会的生产关系两方面的统一。

所谓技术的生产关系与社会的生产关系之统一，是说明这两方面有不可分离的密切关联，不能抽取其一方面而舍去其另一方面，否则便都变为抽象的东西而不是具体的东西了。就上面的实例说，近代工场之社会的生产关系即资本与劳动的关系，是以近代之技术的生产关系为前提的。

但是近代工场之技术的生产关系，是在近代社会的生产关系的影响之下，才能成立并发展起来。至于能够表现近代生产诸关系的本质的东西，是在资本与劳动的关系一方面，这是很明显的。这资本与劳动的关系，虽与技术的生产关系相关联，却不能用技术的生产关系去规定资本与劳动的关系。

因此，我们知道，所谓技术的生产关系与社会的生产关系之统一，是说两者互相结合，互相依存，但两者并不互相融合。即是说，两者的统一，并不是意指着两者的同一。这两者虽同是生产诸关系的成分，但两者互有区别，技术的生产关系并不就是社会的生产关系。因此，我们更可以知道，生产诸关系，并不还原于技术的生产关系。这与前面所说生产诸力不还原于技术的意思是相同的。同时，我们要加倍注意的，生产诸关系的社会性，包含于社会的方面之中。只有社会的生产关系显示社会形态的本质，决定社会发展的特定阶段。如果把技术的生产关系和社会的生产关系混同起来，而把生产诸关系还原于技术关系，那就会要把技术关系作为生产关系一般，而一切社会形态就会变为抽象的一般的东西了。机械论者对于生产诸关系的谬见，就是从这种处所发生的。

三、生产关系与生产方法

（一）生产力与生产方法

现在更进一步去说明生产诸关系之历史的规定性。生产诸关系，是历史上一定的诸关系。生产诸关系不是永久的不变的诸关系，而是变化的、消灭的、生成的诸关系，是在各个历史阶段上有其特殊的质的诸关系。

各个历史阶段上的生产诸关系之特殊的质，由各个特殊的生产方法所规定。各个历史阶段上的生产方法，是各个阶段上的社会形态的质——最单纯的根本的规定性。所以说："物质生活的生产方法，规定社会的、政治的及精神的生活过程一般。"而各个历史阶段上的生产诸关系之特殊的质，由其特殊的生产方法所规定。

生产方法适应于各个阶段上的生产诸力的状态而形成。前节说过，特定社会的生产诸力，是特定社会中的劳动力与生产手段相结合所发挥的制造物质资料的能力。而这劳动力与生产手段两者的结合，是依存于一定的方法的。劳动力与生产手段相结合的方法，就是生产方法。所以生产方法，是劳动力与生产手段之特殊的历史的结合方法，是特定社会的生产诸力之内的构造。一般的说来，生产方法，又是人类获得生活资料的方法，是他们的生产活动的形式，是他们使用生产诸力的形式。在这种意义上，生产方法本身，也是一个生产力。

生产方法，也具有其技术的方面与社会的方面。生产方法之技术的方面，是人的要素之劳动力与物的要素之生产手段相结合的方法，是两者互相结合的技术的方法，是人类怎样使用生产手段的方法。生产方法之社会的方面，是劳动力所有者与生产手段所有者相结合的方法，是决定两者的生产的社会关系的体制。技术的方面，是生产方法之量的表现；社会的方面，是它的质的表现。生产方法是技术的方法与人们结合的方法之统一，而生产方法的质，存在于劳动力所有者与生产手段所有者的结合之中。正因为这样，所以生产方法规定生产诸关系。

（二）生产方法是生产诸关系的基础

生产方法，是一切社会的生产诸关系的现实基础，即是说，生产诸关系是适应于生产方法而成立的。前段说过，生产以生产手段与劳动力的分配为前提。在生产手段公有的社会中，人人都从事于劳动（无论是肉体劳动或精神劳动），因而人人都是劳动者，都是生产手段所有者。这时，劳动力与生产手段相结合的方法，是平等的生产方法。基于这平等的生产方法，就成立了平等的生产诸关系。反之，在生产手段私有的社会中，劳动力与生产手段相分离，一方面是生产手段的所有者，他方面是被夺去生产手段而只成为劳动力的所有者。这时劳动力与生产手段结合的方法，是敌对的生产方法。基于敌对的生产方法而成立的生产诸关系，是敌对的生产诸关系。

例如现代社会的生产诸关系，是资本主义的生产诸关系。资本主义的生产诸关系，是适应于资本主义的生产方法而形成的。资本主义的生产方法，与其他生产方法比较起来，有两个特征。第一，它是把生产物当作商品生产出来的，而生产物的商品化，对于生产物是支配的决定的性质。首先劳动力出现为商品，劳动力所有者出现为劳动力的贩卖者，出现为自由劳动者。因而这种生产方法，以劳动一般出现为工钱劳动一事为前提。第二，资本主义生产方法的特征，就是：剩余价值的生产成为生产的直接目的和决定的动因。资本主义生产过程中生产手段与劳动力的结合方法，表现出生产手段与劳动力的分配形式。劳动力所有者所以与对方的生产手段相结合，是由于生产手段离开他们而被对方所独占并化为剥削手段。这是资本主义的生产方法之本质。基于这种生产方法而结成的劳动者与资本家的关系，是基本的资本主义的生产关系，其他一切生产诸关系，都是由这种基本的生产关系而形成的。

（三）生产关系之历史的形态

生产诸关系，是适应于生产诸力的发展阶段而变化的。因为生产诸力的发展过程中，包含着生产方法的变化。生产诸力由一个阶段发展到另一个阶段，生产方法也随着由一个阶段发展到另一个阶段。因而生产诸关系就适应于生产诸力的发展，适应于生产方法的发展而变化。所以“人类一旦获得新的生产诸力，随着就变化他们的生产方法。随着生产方法的变化，他们就变革一切的经济关系——只是特定生产方法之必然的关系”。这种变化，可用“生产诸力→生产方法→生产诸关系”一公式来表现它。

人类的历史，直到现在，经历了四种本质不同的生产诸关系的体系。而这四种生产诸关系的体系，是适应于四种本质不同的生产方法而形成的。就其发展的顺序说，可以要约如下：

第一是适应于原始社会的生产方法而形成的生产诸关系的体系。原始社会的生产方法是平等的，因而生产诸关系的体系，也是平等的。

第二是适应于奴隶制的生产方法而形成的生产诸关系的体系。奴隶制社会的生产方法，是奴隶的劳动力与主人的生产手段相结合的方法，奴隶本身是主人的所有物。这种生产方法，是历史上第一种敌对的生产方法，因而人们间生产诸关系的体系是历史上第一种敌对的体系。

第三是适应于封建的生产方法而形成的生产诸关系的体系。封建制的生产方法，是农奴的劳动力与领主的土地、职工徒弟的劳动力与店东的生产手段相结合的方法，其剥削的形态，主要地采取劳役地租、实物地租或货币地租等形态。这是历史上第二种敌对的生产方法。因而人们间的生产诸关系，是封建的生产诸关系，也就是历史上第二种敌对的体系。还有，成为封建的生产方法之变种而出现于历史舞台的，是所谓亚细亚的生产方法。这亚细亚的生产方法，本质上仍是封建的，不过附加几个特殊条件而已，所以这样形成的所谓亚细亚的生产诸关系，仍然是封建的体系。

第四是适应于资本制的生产方法而形成的生产诸关系的体系。资本制的生产方法是历史上最后的敌对的生产方法，因而资本制的生产诸关系，是历史上最后的敌对的体系。

还有，在目前世界中，有适应于所谓过渡期的生产方法而形成的生产诸关系的体系。这过渡期的生产方法，是社会主义的生产方法。这种生产方法是从资本主义社会到未来新社会的过渡期的生产方法，虽然仍旧含有敌对的性质，但因主要生产手段已移归社会共有，而变为社会主义的了。不过这种生产方法，因为还是过渡期中的东西，还不能称为未来新社会的生产方法。同样，适应于这种生产方法的生产诸关系，是社会主义的体系。

以上是生产方法与生产诸关系之历史的顺序。关于它们的具体的发展及其转变的说明，留在下章讨论。

（四）生产关系与阶级关系

上面说过，生产诸关系的本质，存在于它的社会方面。这便是说，本质的生产关系，是生产手段的分割的关系，是财产关系。这一层是理解生产关系的社会性与历史性的关键。当生产手段属于社会全体时，人们间的生产关系，是没有阶级性存在的。反之，当生产手段属于私人所有时，人们间的生产关系，是不平等的，是阶级的。所以在敌对的社会中，阶级关系（或剥削关系），是基本的生产关系。例如奴隶制社会中主人与奴隶间的关系，封建社会中领主与农民、店东与职工徒弟间的关系，现代社会中资本家与劳动者间的关系，都是基本的生产关系。其他一切经济关系，都依存于这种基本的生产关系。

所以，要理解特定社会中的生产诸关系的性质时，首先要把捉住这种基本的生产关系。

第四节　生产力与生产关系的统一

一、生产力是生产关系运动的内容

（一）当作内容与形式的统一看的生产力与生产关系的统一

生产力的状态与生产关系的形态，是社会的经济构造之构成的要素。社会的经济构造，即是生产力与生产关系之对立的统一。

生产力与生产关系的这种统一，必须当作内容与形式的统一去理解。前面说过，生产力只有在特定社会形态之中，在特定生产关系的体系之中，才能存在。所谓生产力一般那种东西是不存在的，而存在的东西，常是由特定生产关系赋以形式的生产力。同时，生产关系，没有生产力，也不能存在。生产关系，是与生产力不可分离的结合着。所以生产力与生产关系，形成为一个统一。生产关系是生产力发展的形式，而生产力构成生产关系的内容。在形式与内容的这个统一中，生产力与生产关系，形成社会的生产过程，形成社会的经济构造。

形式（生产关系）与内容（生产力），是互相对立，互相矛盾的。形式与内容的矛盾，是社会发展的发条。两者的矛盾，并不排除两者的统一，而以两者的统一为前提。形式常是有内容的形式，离开一定的内容，形式便不存在。内容常是有一定形式的内容，离开一定的形式，内容不能存在，也没有发展。所以当考察形式与内容的对立时，必须知道内容是有一定形式的；而形式同时又包含于内容之中，并且对于内容又是外在物。内容与形式，互相渗透，却又互相排斥。

但是内容与形式的统一，并不转化为同一。形式与内容，互有差别，形式不还原于内容，内容也不还原于形式。在另一方面，两者又不能互相隔离。两者是存在于一个统一之中。

形式与内容，不单是互生作用，并且两者的相互作用之基础，是在于内容一方面的。形式由内容所规定，并适应于内容而成立，同时，形式也是内容的一部分。在这一点上，内容对于形式，具有优越性。

但形式对于内容，不单是一种外在物，它并且具有能动性。形式不单是内容之受动的外被，并且是内容之能动的外被。内容只有通过形式而发展，只有以形式为媒介而发展，并且这种发展，只限于在一定的具体的历史的时期。一旦超过这个限度，由形式所发展了的内容，就与那个形式不能两立而把它否定。只有基于内容本身的发展而发生的新形式，才形成它往后发展的条件。

以上是形式与内容的统一之一般的基础，只有在这个基础上，才能正确地理解生产力与生产关系之对立的统一。

生产关系的一定体系，一旦发生以后，它不单是生产力在其中运动的受动的外被，并且是生产力（内容）的运动的形式。所以特定生产关系，是在生产力的特定发展阶段上发生的，同时，生产力的发展，也只有通过生产关系的运动而实现。这是生产力的发展之内在的特殊的历史的发展法则。

（二）生产力是生产关系的内容

现在更进一步，详细考察生产力与生产关系的关系。上面说过，生产力与生产关系的统一，是内容与形式的统一。在这个统一中，具有规定的意义即所谓优越性的一方面，结局就是生产力。因此，先分析所谓生产力的优越性。

所谓生产力的优越性，就是说：第一，生产力是生产关系的内容；第二，生产关系适应于生产力而形成。这里分别加以说明。

基于前面的研究，我们是从生产过程及其社会形态的统一出发，来理解生产力与生产关系的相互作用的。我们在本章的第一节，首先把劳动过程当作一般的劳动过程与特定社会的劳动过程之统一考察过了。基于这点，在研究生产力和生产关系之时，也是把两者作为技术方面及其社会形态之统一去考察的。这种考察方法，就在于说明生产力是生产关系的内容。

一般的劳动过程和社会的劳动过程，形成为具体的统一的劳动过程。一般的劳动过程，离开了它的特殊社会形态，不能存在。所以在研究方法上，首先考察了劳动过程的一般性质，而这一般的性质，在一切历史上，是表现人类对于自然的积极作用的。例如农业劳动，无论是由原始人用木器石器去开挖的，或是由古代社会的奴隶用犁锄去耕种的，或是由封建社会的农民去耕种的，都各自具有其一般的特征。因此，这种劳动，成为一定具体的劳动种类——农业劳动。但是把同一的劳动过程当作特定社会的劳动过程而研究其特殊的特征之时，就发现这特殊的特征，只有在历史的一定发展阶段才能发生，它并且表现人类间的历史上特定的关系（在原始社会中，这关系是平等的；在奴隶制社会中，这关系是主人剥削奴隶的关系；在封建社会中，这关系是领主剥削农民的关系）。而这种特定的关系是适应于特定的生产方法而形成的。所以在一定的生产方法之中，就看出特定社会的生产关系之生产及再生产的过程。

劳动过程之一般的性质及其社会形态之统一，是理解社会形态由低级阶段进到高级阶段的关键，是区别“真的社会的”生产及其暂时敌对的形态之标准，是区别未来无阶级社会的生产力与基于劳动的榨取的社会的生产力之标准。

劳动过程的上述两方面之统一，显现于生产力与生产关系的统一之中。在这一点上，生产力是社会的生产全体的内容和基础。而生产关系，是这同一的生产过程之特殊的社会的形式。因而生产力是生产关系的运动的内容。

（三）生产关系适应于生产力的发展

其次，特定生产关系，常是以生产力的特定发展水准为基础而发生——生产力的优越性，又在这一点显现出来。这就是说，生产关系必须适应于生产力的特定发展阶段。

人们是不能自由选择其生产力的。任何时代的人们，都“发现先行时代已经获得的生产力。这种生产力，对于这个时代，能供作新生产的材料。由于这种事实就发生人类历史的联络，形成人类的历史”。一定时代的人们，为要保存这已经获得的生产力，就不能不变革从前传下来的生产关系。例如，当原始社会的生产力发展到能够产出剩余生产物，能够产出私有财产而劳动力感到缺乏之时，就需要找寻劳动力，而奴隶与主人的最初的阶级分裂就出现于历史舞台。于是就适应于当时的生产力而变革从前的原始的生产关系，而形成新的奴隶制的生产关系了。后来，奴隶制社会的生产力发展到它的顶点而开始下降之时，奴隶制的生产关系，就不适应于当时的生产力，而由与它相适应的封建的生产关系所代替。封建的生产力发展到一定阶段时，封建的生产关系不与它相适应，通过斗争而转变为现代社会的生产关系。现代社会的生产力，已成就了空前的发展，而现代的生产关系不与它相适应，也达到了成熟的境地，而将由与它相适应的新生产关系所代替。

因此，可以知道，生产力实是生产关系运动的内容。例如，封建的生产关系，以封建的生产力状态为内容，即以农奴在地主的土地上从事农业劳动的生产力为内容。又如，资本主义的生产关系，以资本主义的生产力状态为内容，即以工钱劳动者在工场中从事劳动的生产力为内容。社会主义的生产关系，以具有社会主义的质的生产力为内容。

生产力对于生产关系的优越性，具如上述。

二、生产关系是生产力发展的形式

（一）生产关系促进生产力的发展

生产力的优越性，并不是意指生产关系的受动性。生产关系，决不是生产力之受动的反映。适应于特定生产力的状态而形成的生产关系，在其发展上，获得相对的独立性，获得它本身发展的相对独立的内在法则。生产力对于生产关系虽占据优位，而生产关系对于生产力却是本质的东西，具有能动的积极的作用。生产关系的这种能动性、积极性，存在于生产关系对生产力的矛盾之中。生产关系，在一定时期，能促进生产力的发展，给生产力以发展的余地；在另一时期，却成为保守的东西，障碍生产力的发展。所谓生产关系的能动性，就在这种地方。先就生产关系促进生产力发展的情形加以说明。

就资本主义的生产关系助长生产力发展的过程，举例来说。我们知道，资本主义生产方法的绝对法则，是剩余价值的生产。资本主义下的生产力的发展，就依从于这个法则。资本家为了增值资本的价值，不惜用一切手段，来促进社会的生产力之发展，造出自由竞争的社会形态之物质的基础。资本主义的生产方法的绝对法则，强制着支配着一切资本家，使他们不能不在自由竞争中去增值其投在产业企业中的资本。如果他们不能继续地扩大其资本，只会因竞争失败而崩溃。但是他们要想增值其资本，只有利用累进的积蓄一个方法。

资本家为要累进的积蓄其资本，只有设法发展生产力。

资本主义生产的运动机构，正是强制资本家去发展生产力的东西。所以资本家扩大生产规模的动机，是占有剩余价值，是在增大的规模上占有剩余价值。我们知道，在采用了进步技术的企业一方面，个别价值比较市场价值低廉，其企业主能够得到超越利润。资本家为了追求这种超越利润，就设法改良技术，因而促使社会的生产力的发展。

资本主义的生产方法，不但驱使贪图剩余价值的资本家去扩大生产，改良生产技术，并且使资本家把改良技术扩大生产，奉为竞争的绝对法则。商品廉价，是自由竞争的重要武器，所以在这个条件之下，生产的改良与扩大，出现为各种企业的存在条件。资本家在生产事业的改良与扩大一方面，如果一旦落在他人之后，他就立即要受莫大威胁。并且，由于自由竞争，一部分的企业如果扩大起来，他部分的企业，为了自身的存在，也不得不随着扩大起来。因此，资本主义下的生产力，就通过资本主义生产关系的运动而大大地发展起来。

（二）生产关系也障碍生产力的发展

但是资本主义生产的扩大，就引起资本的有机构成的高度化。而资本的有机构成的高度化，又引起利润率降低的倾向，于是在资本主义的生产方法之下，生产力发展的矛盾性，就在表面上显露出来。这种矛盾，“完全概括地表明出来，就存于下述一点：即资本主义生产方法本身——暂时把价值及其所包含的剩余价值，与资本主义的生产借以实行的社会关系，搁着不提——包含着绝对的使生产力发展的一个倾向；同时，另一方面，又以保持已存的资本价值并尽可能地使它增值（即不断地促进价值的增值速度）为目的”。但是社会的生产力之无限发展的这种手段，与已存资本的价值增值的这种有限的目的，是不断地相矛盾的。“于是，资本主义的生产方法，变为使物质的生产力发展并造出与它相适应的世界市场的历史的手段，同时又变为这种历史的任务与适应于它的社会关系之间的矛盾。”这种矛盾，在恐慌期中，最明白显现出来。最近世界恐慌发生以来，无数的劳动者失业，无数的工场停业，这就是证明资本主义的生产关系不能合理地利用人类主要的生产力——勤劳大众的劳动力。对于生产手段，也是一样。许多技术上的发明，都不能供生产上的利用。做一句话说，资本主义的生产关系，已是“由生产力发展的形式，转化为它的桎梏”。

资本主义生产关系之“由生产力发展的形式”而转化为它的桎梏——这是生产关系的积极性、能动性的证明。

所以生产力对于生产关系虽具有优越性，而生产关系对于生产力却具有能动的作用。社会发展的起动力，即是生产力与生产关系之内的矛盾。

生产力本身的发展的原因，就存在于生产力与生产关系之内的矛盾中。生产力常在一定社会形式之中，受这形式所影响，在它与社会形式的矛盾中发展，这正与社会形式在它与生产力的矛盾中发展，是同样的。生产关系规定生产力的发展及其发展速度。因而生产力，在生产关系之中，具有其运动形式，具有其内在的固有的社会的发展法则。这就是说，生产力在各种社会的构造之中，依从于特殊的法则而发展。

（三）特定生产关系的能动性与特定生产方法的内容

历史上特定的生产关系的积极性，必须从特定生产方法的内容去考察，在敌对社会中，生产关系之助长或障碍生产力发展的作用，必须从敌对的生产方法之社会的方面即阶级的内容去考察。关于这一层，可就现代社会的实例去说明。

资本主义生产的最初的规模，是工场手工业。工场手工业的劳动的协业，是一个资本主义的生产关系。这种生产关系，是一个生产力。因为在工场手工业的劳动协业的形态之下，“创造出它自身在本质上是集合力的一种新生产力”。这就是说，生产方法，与人类的一定共同劳动的方法，是不可分离地结合着，而“共同活动的这种方法，它自身是一个生产力”。在这种意义上，新生的资本主义的生产关系，能助长生产力的发展。但这种生产关系，同时是阶级关系，这是我们在前面说过的。并且，工场手工业的协业，是在资本制的组织之下实行的，是资本家为了取得剩余价值而实行的。因而这种生产关系之助长生产力的发展，与阶级的内容有密切关系。当机器工业代替工场手工业而出现之时，还经过一番阶级的冲突，如劳动者破坏机器的运动，就是一个显著的实例。

所以在资本主义之下，生产力之通过生产关系而发展，包含着阶级冲突的过程。在初期时代，近代工场是榨取绝对剩余价值的生产关系。往后，由于劳动者的长期的经济的斗争，这榨取绝对剩余价值的关系，就变为榨取相对剩余价值的关系了。所谓相对剩余价值，是靠缩短必要劳动时间延长剩余劳动时间而得来的剩余价值。其唯一的方法，就是发展生产力，而提高劳动的生产性。最近，资本家所实行的所谓科学的管理法，所谓产业合理化，以及所采用的许多新生产技术，都是在对付劳动运动的过程中所获得的新的榨取手段。这些都是生产关系促进生产力发展之阶级的内容。

现在，资本主义下的生产力，已经发展到超过资本家所能利用的界限，而不能再向前发展了。这完全是因为受了资本主义的生产关系所障碍。而资本主义的生产关系，是资本剥削劳动的阶级关系。所以，只有依据资本主义的生产方法之阶级的内容，才能理解资本主义生产关系对于生产力发展的积极性，才能理解后来的新生产关系发展生产力的新内容及其发展的新条件，才能理解直接生产者阶级能担负这种新的使命。

三、生产力和生产关系的矛盾与经济构造的变革

（一）生产力与生产关系的矛盾是社会发展的原动力

生产力与生产关系的矛盾，是社会生产力的发展的最一般的法则，是社会的经济构造变革的最一般的法则。不过这最一般的法则，在各个具体的历史阶段上的社会中，显现出来，就带有各个阶段上的固有的特殊性。生产力与生产关系的矛盾，是一切历史的生产方法之推进的原理。这种矛盾，在一切社会的构造中，不论是在非敌对的社会或敌对的社会中，都是存在的。不过，在敌对的社会中，这种矛盾，带有颉颃的性质，而在非敌对的社会中，矛盾不至发展为颉颃。因为在非敌对的社会中，生产手段公有，

一切劳动力的所有者同时都是生产手段的所有者，因而生产力与生产关系的本质中，绝不含有敌对性。但是生产力与生产关系的矛盾，却是存在的。例如，原始社会的生产关系虽不含有敌对性，但到了获得新的生产力而原来的生产关系不能与它相适应之时，这生产关系必然随着改变。这样的生产关系的改变，只要人们意识到它与生产力的矛盾，就可以实现，决不伴随着人与人之间的冲突，因为这时的生产关系，并不是财产关系，只要是能够促进生产力的发展，就可以随时改变，决不至有人出来反对。

又如，在未来的新社会中，生产力、生产方法与生产关系虽都是平等的，而生产力与生产关系的矛盾依然存在。例如制造生产物的工场，一旦获得了新的生产手段，或发现了使用生产手段的新方法之时，原来的劳动组织，当然不能与它相适合而非随着改变不可。并且，人们之间的生产关系是极其复杂的，一旦被人们所意识之时，要加以改变并不会发生什么阻力，即是说，并不含有一部分人去反对而另一部分人去拥护的事情。所以，生产力与生产关系的矛盾，正是社会发展的原动力。如果没有矛盾，那就没有发展了。

但是在敌对社会中，生产力与生产关系的矛盾，就发展为不可调和的冲突，引起特定敌对的经济构造的变革。

在敌对社会中，这种矛盾，只是阶级间的矛盾的表现。非生产阶级，代表生产手段的旧的分配方法；生产阶级，代表社会的一切生产力。前者拥护着障碍生产力发展的旧生产关系，后者反抗旧生产关系而促进生产力的发展。在特定生产方法及其物质前提的一定成熟阶段上，双方利害的矛盾，发展为双方的直接的冲突。冲突的结果，生产阶级为取得胜利，就变革旧生产关系而形成新生产关系，把从前的或新生的生产力，实行质的改造。于是特定经济构造就由低级阶段进到高级阶段。随着经济构造的变革，那庞大的上层建筑也或缓或急地随着变革。

（二）现代社会的生产力与生产关系的冲突

在敌对社会中，适应于生产力而形成的生产关系发展到一定程度，就由助长生产力发展的形式而转化为它的桎梏。这是前面说过的。所谓生产力与生产关系的冲突，就是生产关系障碍生产力发展的状态。这种冲突，是表现为阶级的冲突的。就现社会说，资本阶级拥护资本主义的生产关系，而劳动阶级却反抗这种生产关系以力谋生产力的发展。

资本主义的生产方法，包含着社会的生产与个人的占有之本质的矛盾。社会的生产，显现出资本主义的生产力；

个人的占有，显现出资本主义的生产关系。生产力与生产关系的矛盾，即是社会的生产与个人的占有之矛盾。这种矛盾，发展起来，又变为冲突。这种冲突，首先表现为劳动与资本的冲突，其次表现为工场的有组织性与生产的无政府性的冲突，再次表现为占有的条件与剩余价值实现条件的冲突——即是恐慌。

生产力与生产关系的冲突，在恐慌的过程中，表现得特别地明了。恐慌显现得劳动力与生产手段以及一切生活资料，都是“过剩”的东西，连生产力本身也是过剩的东西。但“这种过剩，变为贫困与缺乏的源泉”。因为这种过剩，是妨碍生产手段与生活资料转化为资本。而在资本主义的机构中，生产手段如不能化为资本，是不发生作用的。于是生产过程之物的要素与人的要素，就被资本主义方法所妨碍，而不能结合了，即是生产力的发展，陷于停顿状态了。于是生产关系，暴露了它自身成为生产力发展的障碍物，而生产力本身，却是强有力地向着解放的方向迈进。一系列的螺旋状运动的恐慌，使得代表生产力与生产关系双方的冲突尖锐化，而资本主义的经济构造就走上崩溃的前途。

（三）关于经济构造变革的普遍性与特殊性

关于生产力与生产关系的冲突引起经济构造变革这个

问题，须就其普遍性与特殊性加以正确地考察，以建立普遍与特殊的正确关系。

就一般的原则说来，生产力与生产关系的冲突，伴随着生产阶级与非生产阶级的冲突，必然地引起经济构造的转变。这种冲突，当旧的所有关系变为“桎梏”，而障碍生产力诸要素的发展时（即障碍生产之技术的可能性与劳动力之肉体的精神的能力之发展时），就勃发起来。从来的所有关系，既然障碍生产力的发展，同时生产阶级的生活水准，势必降低，以至不能生存下去。这时候，生产阶级，觉得到阶级的利害，而形成阶级意识，而担负起经济构造变革的任务了。生产者阶级能够担负这种任务的时候，必须是新的生产力在旧社会秩序不能完全供社会利用，不能有更进的发展的时候。换句话说，新经济构造的发生，必须是“物质的条件已在旧社会母胎内成熟”，“至少也必须在发生的过程中”。但是，障碍生产力发展的历史界限与生产阶级的阶级意识之成长，这两件事是不可分离的契机。生产阶级之能够形成为阶级，并且发展到能够担负改造经济构造的任务，这便是表明：解决这种任务的必要的客观物质条件，已经发生或正在发生了。所以当现代社会发展到障碍生产力发展的帝国主义时代，正是非生产阶级“不能照旧生活下去”而生产阶级“不愿照旧生活下去”的时代。这就是现代社会的经济构造已届转变的时代。

以上是经济构造转变的普遍法则。但是这个普遍法则在各个具体的经济构造中的表现，却采取特殊的形象。所以，当研究各个特殊阶段的经济构造时，必须抓住那历史发展的连锁中的最重要的特殊的各环，然后才能知道它们各个受着特殊的法则所支配。而这特殊的诸法则，又和前面所举的普遍法则是统一的。这样，特殊和普遍之间的正确的具体的关系便树立起来了。

就普遍性说来，由封建社会到现代社会，由现代社会到新社会，是循着一定程序而前进的。即是说，物质的条件如不具备，经济构造的变革是不能实现的。但是历史的发展的法则之普遍性，并不是把特殊的发展形象除外的，它反而是拿特殊的发展形象作前提。“一切国民都将到达于社会主义，这是一个必然。但是它并不是一切都精密地循着同一路线而到达于社会主义的。”这种必然性的实现，因为各个国民的经济的政治的种种特殊性，就会各自刻印着各自的特色。

本章已经说明了社会的经济构造——生产力与生产关系的统一——之一般的原理，在下章再说明经济构造之历史的状态。

第二章　经济构造之历史的形态

第一节　现代社会以前的各种社会的经济构造

一、先阶级社会的经济构造

（一）研究经济构造的历史形态的重要性

前章说明了社会的经济构造的一般发展法则，现在更进而说明这一般发展法则在人类全部历史的各个发展阶段上的社会中所显现的特殊的质、特殊的形态及特殊的发展法则，并阐明由低级形态到高级形态的特殊转变法则。

“社会的经济构造，是法律的政治的上层建筑在它上面树立，与一定社会的意识形态和它相适应的现实基础。”随着这个基础的变革，那庞大的上层建筑，也或缓或急地起变革。所以，一经理解了特定社会的经济构造的性质，就可以理解它的上层建筑的性质；一经理解了经济构造的形态由低向高的转变法则，就可以理解历史过程的统一。因此，人们便得到了从事社会的实践的根据。所以说："人类的最高问题，在于理解一般根本路程上的经济的进化（社会的存在之进化）之客观的理论，而尽量显明地批判地使人类的社会意识和一切现代国家进步的社会集团的意识与它相适合。"

人们现在所生活着的现今世界中，已经发生了两种经济体系。一个是过渡期的经济体系，一个是资本主义的经济体系。这两个体系中，一方面的工农业的生产日趋发展，而另一方面的经济恐慌却日益增大。在前者一方面，文化落后，生产者的技术程度较低，生产手段也比较缺乏，而经济状态却是昂进，在经济战线上，已获得决定的成功；反之，在后者一方面，一切都比前者较优，而经济状态却是恐慌严重，在经济战线上迭遭失败。这是什么理由呢？这个理由，无疑的是由于两种经济体系的差异，是由于前者对于后者的优越性。所以科学的历史理论，必须阐明这两个经济体系的差异和对立；说明社会形态发展过程中的两者之历史的准备，两者的特殊性与原动力；说明前者必然起而代替后者的必然性。

社会的经济构造发展之历史的形态，可分为下列五个顺次发展的大阶段：

第一，原始社会的经济构造；

第二，奴隶制社会的经济构造；

第三，封建社会的经济构造；

第四，现代社会的经济构造；

第五，过渡期社会的经济构造；

以上五种经济构造的历史形态，是由低级向高级的社会之前进的阶段。由低级形态到高级形态的发展，造出历史过程的统一。

下面依次加以说明。

（二）先氏族社会的经济构造

原始社会，可以分为先氏族社会与氏族社会两大时代来说明。

人是社会的动物。人类社会之先驱，是一种动物群。在这种动物群之中，人类知道了制造器具。由于器具的使用与创造，人类的生活起了革命的变化，于是这种动物群就转化为人类社会了。人类社会的最古的形态，是“原始人群”。

“由动物界分化出来的人类，带着由动物进化而来的痕迹，踏进历史的领域。他们是半动物的状态，非常粗野，没有抵抗自然力的能力，也不觉到自己的力量，因而是像动物一样的贫弱。”这种原始群，用粗野的石器和木器等把自己武装起来。因为技术的幼稚，还不能猎取较大的动物。他们的生活方法，主要的还是采集自然界所供给的现成的自然物。

由于生产诸力的幼稚，那样的原始人群的集团是不能扩大的，人数至多不过数十人。集团中没有指导者或指挥者，一切都由共同决定，人类之社会的本能，演着极大的作用。

随着时代的进行，石制器具比较复杂化，于是依着过去技术的经验，原始人也能猎取较大的动物了。由于狩猎的发生，由于生产诸力的稍见发展，原始人群，开始了性别与年龄别的分工。少壮的男性担任狩猎，老幼和妇女担任采集自然物及其他等工作。这样的分工，对于原始社会给以重大的影响。

由于技术成功的影响，狩猎变为主要的生活手段以后，原始人群就变为原始共产的人群，组织也比较以前紧密了。他们由漂泊生活，渐渐地转到定居生活；一个血族与别个血族之间的界限，也比较严格了。血族的集团在其狩猎的区域中，土地及其他自然物，属于集团公有。一集团中的人员，在其所属的地界内从事狩猎与采集，一旦越出界限，就会引起集团与集团之间的战斗。因而集团中的人员，与他所属的集团紧密地结合着，决不能离开他的集团而生活。

原始共产的生产关系，与原始的生产力是相适应的。但是生产力与生产关系矛盾的萌芽，却已潜伏于当时的经济构造中，原始的生产方法的矛盾，是个人的生产与集团的占有之矛盾。因为原始人所使用的器具是原始的器具，人人都能独立制作。随着技术的复杂化，少壮者与妇女老幼者在生产方面的任务便分立起来，而主要的狩猎工作是由少壮的男性担负，社会生活也趋于复杂了。原始的采集生活者的器具，是能够自由制作、自由使用的，并且，狩猎器具是狩猎者随身携带的武器。这样的劳动手段的性质，是决定器具由个人使用的条件。在这种事实之下，就引起劳动器具之个人的私有，引起随身的服务用品之私有。由于狩猎器具的改善，有许多动物，是容易被个人的狩猎者所猎取的。于是个人的生产的可能性便增大起来，而占有却和从前一样，仍是集团的性质。譬如说，个人能够猎取动物，而所猎的动物，仍归属于其所属的集团公有。于是形成了个人的生产与集团的占有之矛盾。这种矛盾，是原始社会所共通的发展的原动力（不过，这种矛盾，在原始社会中，不发展为冲突）。

先氏族社会以及后来的氏族社会，有一个共通的特征。

这就是生产关系与血统关系有密切的联系。在这种社会中，婚姻关系与家族关系，是生产关系的侧面。因为“劳动越是不发达，劳动生产物的量以及社会的财富越是有限，社会制度越是受血统关系所支配”。这就是说，原始社会中劳动的社会化以及自然物占有的程度，还在幼稚的状态，血统关系在社会生活上演着莫大的作用，成为生产者间的关系的基本形态。所以人们“在其生活之社会的生产上”所成立的劳动关系，采取血统关系的形态而出现。

在性的分工还没有发生的原始群之中，两性的关系是乱婚。性的分工发生以后，狩猎的男子群与采集的女子群，互相为而劳动，互相交换其劳动生产物。在这种地盘之上，狩猎的男子群与采集的女子群发生经常的集体的结婚关系。再次，年龄别的分工，长老者与幼弱者的分工，也各都分担一定的生产的劳动，与少壮的男女互相交换其劳动生产物。这样，原始人的结婚与家族关系，就是一个生产关系了。所以这种生产组织是“极其简单而透明”。“他们的生存条件，是生产力发展的低级阶段，是和这种生产力状态相适应的物质生活，创造过程中的人类的狭隘关系，同时又是人们相互间及人与自然间的狭隘关系。”“个人与种族及共同体的结合是极其紧密的，恰与各个蜜蜂之与蜂窠相结合相同。”

由于生产力的比较发展，先氏族社会中个人的生产与集团的占有之矛盾，在结婚与家族的变迁上也反映了出来。随着经济的发展，血族群婚让位于半血族群婚，往后半血族群婚又让位于对偶婚。于是个人的生产与集体的占有之矛盾，最初表现为性别或年龄别之间的矛盾，往后又表现为家族的利害与集体的利害之矛盾。这种矛盾，由于农业与畜牧业之发生，更加发展起来，就引起了先氏族社会的崩坏，而氏族社会代兴了。

（三）氏族社会的经济构造

氏族社会，是原始社会的后期发展阶段。氏族社会的质，与先氏族社会的质，并没有飞跃的变化；两者的差异，只是同一的质的发展程度的差异。因为氏族社会的生产方法，与先氏族社会的生产方法，同是平等的生产方法，主要的生产手段（如土地及其自然物）都是属于集团公有的。所以两者的差异，只是生产力发展程度的差异，而不是生产力的质的差异。但是由于同质的生产力发展程度的差异，个人的生产与集体的占有之矛盾，就更加发展起来。这种矛盾的发展，即是意指着生产力的发展。由于氏族社会的生产力之发展，就产出比较复杂的社会组织——氏族组织。

由原始社会到氏族社会的推移，就劳动手段方面说，是旧石器时代到新石器时代的推移；就经济性质方面说，是采集与狩猎的经济到生产经济的推移；就生产关系的一个侧面之血统关系说，是集体婚家族到对偶婚家族的推移。在原始社会中，采集及狩猎的对象，都只是自然界所供给的天然的对象。就原始人说来，“土地也是他的劳动手段的武器库，正如它是他的本来的粮食仓一样”。原始的狩猎者及采集者的特征，就是占有现成的自然物和剿灭自然的资源。他们还没有发达到应用劳动力使自然物再生产出来的程度，即是说，还没有达到农业及畜牧的程度，即是没有进到生产经济的阶段。

自从新石器及金属器的出现，与劳动力的较高程度的发展，就引起农业与畜牧业的发生。农业是采集的复杂化的结果，畜牧是狩猎的复杂化的结果。于是农业与畜牧业就成为人类的主要的生活手段了。

农业是“某种程度上巩固的形成了的一切社会的最初生产形态。农业助长了定居的生活形态的强化，产生了生产过程的整齐的集团组织，所以能使各种人类的集团的社会组织有相当的坚固”。所以随着农业或畜牧业的出现，人类集团的社会组织逐渐严整，同时，人类的物质生活也比较确实可靠，并且有了剩余的生产物，而人口也逐渐繁殖起来。因此，人类集团内的种种分化以及集团间的分离与结合，也逐渐发展起来，社会的秩序，变为氏族的秩序了。

氏族社会发展的原动力，是个人的生产与集团的占有之矛盾。在生产力发展的低级阶段，生产的个人化，使这个矛盾得到解决，并促进氏族社会的生产力的发展。所以要理解氏族社会的发展过程，首先要把握住这种矛盾，从物质的诸关系来说明。

个人的生产与集团的占有的矛盾，在原始社会的后期，即已发生。这种矛盾，到了氏族社会，就越发循序发展了。因为农业出现以后，原始共产群，就定居于一定地方，形成为血族的农业共同体。由于生活资料比较确实地可以得到，人口自然的容易繁殖，更因生产技术的幼稚和单纯，共同体内部的分化，就成为不可避免的现象。在最初的时候，这种农业共同体的生产，是采取原始协业的形式。但基本的农耕器具，是归个人使用，归个人所有的。于是在这种协业形式中，就产出个别的个人的强化，产出生产的个人化的倾向，而引起原始协业的崩坏。例如，最初的农业共同体，土地是属于共有的，共同体的一切人员，都使用幼稚的农耕器具，共同从事于农业劳动。这样生产出来的农产物，虽归共同体所有，而这些农产物的分配，却不能不依着生产的个人化的倾向而实行，于是分配的个人化的倾向也形成了。这样说来，在最初的血族的农业共同体之中，主要生产手段的土地是共有的，生产的劳动采取原始协业形式，生产物也是共有的；但是在另一方面，劳动手段是私有的，原始协业中的劳动是个人的，分配之后的生产物是私有的。照这样，在生产的个人化的倾向中，就潜伏了私有财产的萌芽。

往后，由于生产力的进步，农业共同体的土地，就采取定期分配而由各种较小的血族单位（最后是氏族中的家族）去从事农业生产了。这时，土地虽归共有，而其他生产手段却采取私有的形式，这样得来的生产物的大部分（其一部分纳付共同体，作为公务人员的生活资料）也属于私有，于是私有财产开始形成了。

最后，共同体土地的定期分配，又渐渐变更，由定期分配而变为不定期分配，甚至于久久不分配了。于是伴随于其他的情形，私有财产便出现。（这在畜牧业的氏族共同体中，也有约莫相同的程序）所以生产过程的个人化，与私有财产的出现相联系。私有财产的出现，又助长生产力的发达，而加强生产过程的个人化。这样看来，生产的个人化，是私有财产的萌芽。

与生产的个人化及私有财产出现的程序相并行，还有一系列的其他事变。在人类文化的初期阶段上，独立的经济单位，不是个人，而是由共通的经济利益所团结的各种氏族共同体。各个共同体，因其地理的位置及其他特性，在其劳动生产物的性质上，表现相互间的差别。如农业氏族与畜牧氏族即是一例。这类共同体互相接触之时，自然的发生生产物的交换（即生产物转化为商品）。随着这些商业的交通之由偶然的而变为经常的，各种共同体在经济上就互相结合而失其独立了。于是交换引起各共同体间的社会的分工。第一次的社会的分工是农业与畜牧的分工，第二次是农业中的手工业的专门化。于是交换就由共同体间的交换而进到共同体内部诸个人间的交换了。于是商业也成为一种寄生的分业而出现了。生产的个人化与个人的家族的分工的萌芽，虽是交换的先驱，但交换对于原始的自然发生的分工之改造，对于原始协业的崩坏，却是强有力的因子。交换也助长了共同体的人员间财产上的私有制。生产的个人化的结果，出现了个别经济，而这种个别经济，又成为私的占有的源泉，造出了动产集中于各家族长手中的地盘。这时的财产的内容，首先是家畜、货币及奴隶。于是同一氏族内部各家族的财产上的差别，引起了原始社会的经济平等的破坏。最富足的，经济上最强有力的家族，渐渐地占据了共同体所处理的生产手段的大部分，而其他比较贫弱的家族，就被夺去了生产手段的利用权了。于是，个人的生产与集团的占有的矛盾，发展到了最高阶段，就转化为它的反对物，就是发生质的飞跃，而成为社会的生产与个人的占有之矛盾了。于是在氏族组织的废墟之上，形成了新的阶段。

（四）原始社会之崩坏

原始社会之真实的历史的＝经济的基础，是主要的生产手段之共有。生产手段的这种共有，是由于劳动生产性的比较不发达，而个人不能离开血族团体而生存。在这种意义上，原始社会的生产方法，是共同的共有的劳动的原始形态。原始社会的组织，完全适应于这样的生产方法，当时还没有阶级贫富的区别，没有支配和隶属，没有政治组织，社会组织建立在原始德谟克拉西的原则之上。

如果人类的历史是五十万年，那就至少有四十九万余年是属于原始社会。这便是说明现代的阶级不平等，只是历史的暂时的性质，而没有阶级的社会确实是存在过的。因而所谓原始人是“天生的”个人主义者，是孤独的生活者的主张，所谓原始人所私有的渔猎器具即是“资本”的主张，都完全是荒唐无稽之谈。

原始社会的遗物，依据民俗学及其他辅助的历史科学所证明，在最近的世界中，却还是存在的。例如德国的“玛尔克”，俄国的“密尔”，都存有这样制度的遗迹。狩猎生活之原始共产的痕迹，在今日的美洲、澳洲及西伯利亚的低级发展阶段上的未开化种族中，也还是保存着。又如氏族的生活的遗物，在今日高加索的少数民族间，在中央亚细亚的游牧民族间，也可以看到。这些遗物，与封建制度的遗物相联系，形成着氏族长老的权力的基础。多少还停顿在这种状态上的民族，将来如何才能移到新的经济构造的轨道，是须要考虑到那种经济的特殊性的。但这不单是历史上的问题，并且是实际政治上的问题。

促进原始社会的发展及其崩坏的根本原因，是劳动生产性的增大。在劳动生产性没有达到一定水准以前，劳动者除了维持自己的生活以外，没有剩余的时间。劳动者没有剩余时间，就没有剩余劳动。没有剩余劳动，就没有剩余生产物，因此就没有私有财产，没有奴隶所有者，没有封建领主，做一句话说，就是没有任何大所有者的阶级。由原始社会到阶级社会的转变，只有随着劳动生产性的发达，才有可能。

劳动生产性的增大，以劳动在一定社会条件之下实行的一事为根本前提。为要使劳动者把剩余劳动支给他人，就必要有“外部的强制”。当农业与畜牧的最初的社会的分工发达起来以后，劳动生产性更加发展了。交换也随着逐渐发展起来了。由于这种种原因，除了维持生存所必要的生产物之外，剩余生产物也开始形成了。这剩余生产品，在氏族的长老或家族长的手中积蓄起来，就成为私有财产发展的源泉。私有财产与生产手段的原来的共有，是并行的存在着的。于是财产上的不平等就发展起来。随着私有财产的发展，就引起利用劳动力的可能性，以适合于个人的目的的要求。这种劳动力的供给者，是战争的俘虏及不能偿债的人们。于是在家内奴隶劳动的形态上，发生了社会的不平等。照这样，就造出了一个新社会条件，使得劳动者有过剩的时间，并强制他去从事剩余劳动了。同时，阶级的敌对关系的基础，也树立起来了。于是“从新形成了的社会诸阶级的冲突，把建筑在血统关系上的旧社会打破了”。新的财产关系，侵入于社会的共有制度之中，因而“由国家所表现的新社会”，就是建筑在生产手段私有的生产关系之上的。这种新社会的基础，就是阶级的不平等，以及生产手段所有者对于生产阶级的支配。于是原始社会告终，而最初的阶级社会出现了。

二、奴隶制社会的经济构造

（一）阶级社会之共通的特性

现在来说明各种阶级社会的经济构造。

阶级社会的经济构造，可分为奴隶制的、封建的及现代的三个顺序的阶段。这三种阶级构造，虽各有其特殊的质，但它们之间，却存有下述几种共通的特性：

第一，这三种经济构造，都是敌对的形态，其基础都是诸阶级的敌对关系，支配阶级都形成为一个阶级，榨取隶属的生产阶级所提供的剩余劳动。这种阶级支配之经济的基础，是对于生产手段私有的种种形态，即是奴隶主的所有形态、封建的所有形态，及布尔乔亚的所有形态。

第二，这三种社会中，阶级支配都各由特殊的政治组织所维持，而这些特殊的政治组织，都采取国家的形态。这些国家形态，都各由与它们相适应的法律所巩固。

第三，这三种社会的共通特征，是都市与农村的对立。都市与农村的分立，是在社会的分业过程中发生的。由于社会的分业之发展，手工业便在都市发展起来，离开农业活动而独立了。这种分离，随着交换的发达，随着都市的商业中心地之形成，便愈加固定。都市到处指导农村。都市集中了权力、科学及艺术的成果。因而都市人口大众的文化水准高出于农村，而农村人口便停滞于落后的劳动形态，而安于“愚暗的农村生活”。“都市与农村的对立，只在私有财产制的内部才能存在。这是个人被隶属于分业及强制的一定活动一事实之最露骨的表现。”这种现象，在非敌对社会中是不存在的。

第四，阶级社会的全部历史，是由肉体劳动与精神劳动之分离与对立所贯串的。由于剩余生产物的存在，精神的劳动，便离开物质的生产而独立，变为支配阶级及其附属者“思想家们”的特权了。精神劳动与肉体劳动的分工，在非敌对社会中也是存在。但这种分工，并不是意味着两者的截然分离。在非敌对社会中，从事肉体劳动的人也从事精神劳动，即是任何人都能兼做肉体劳动与精神劳动。

指出了阶级社会的共通特性之后，再进而分别考察各个敌对的经济构造。关于这些阶级社会的考察，包含着历史的理论与社会的实践之统一。即是说，研究这些阶级社会时，并不是单纯地纯粹地把它们作“历史的”考察，另一方面还含有社会的实践的意义。因为那些先资本主义的经济构造，是与现代社会相结合，为要改造现代社会，就必须理解这种结合的复杂性，才能够决定具体的改造方案。先资本主义的经济构造的遗物，在现代社会中所占的比重怎样？它对于社会的转变有怎样的意义？它对于殖民地反帝国主义运动有怎样的意义？这些都是关于社会的实践一方面的事情。所以，人们都应站在这种见地去考察敌对的经济构造的问题。

（二）奴隶制的经济构造之发生及发展

奴隶制的经济构造，是从先阶级社会的母胎中直接发展起来的最古的生产形态，它的萌芽是孕育于氏族社会的家内奴隶制之中。最古的阶级的生产关系，是奴隶所有者与奴隶的关系。古代希腊、罗马及中国（殷代），遗留了奴隶制生产关系的典型。奴隶制之手工业的技术，是极其幼稚的，所以需要支出多大的劳动力。这些劳动力的供给者，是战争时的俘虏，是没有偿债能力的债务者，是被掠夺被贩卖的异族人。这些人们都被迫而为奴隶，被当作商品买卖。由于奴隶的买卖，造出了廉价的劳动力的广大市场。奴隶被主人看做只能说话的工具，他们被剥夺了一切权利，完全变为主人的所有物——这是奴隶制生产体系的特殊性。奴隶完全依从于主人的命令，从事种种生产的劳动；奴隶所有者，完全从生产的劳动解放出来，专从事于政治、科学及艺术等“精神的”活动。

所以在生产力的一定发展阶段上发生了的奴隶制生产关系，决定了生产力的往后的发展。劳动力被集中于奴隶所有者手中的结果，经营的能力增大起来，生产的范围也扩张了。因此，劳动生产性增大起来，剩余生产物就越发地积蓄起来了。所以在古代世界中，奴隶制度发展到一定阶段时，一方面因为具备了取得廉价的剩余劳动的条件，一方面又助长了分工之更进的发达与劳动之更进的分化。于是交换显著地发达起来，商业资本就出现。造出了贩卖农产物于其他诸国的有利的条件。这一切事情，增大了奴隶所有者的所有，引起了奴隶数的增加。因此，在农村方面，小农的土地被剥夺，而为大土地所有者所吞并。在都市方面，自由的手工业者也次第减少了。于是农业与都市手工业，被集中于大奴隶所有者手中。他们利用多数奴隶的强制的劳动，在其庄园中与手工业作坊中，实行生产。这样，奴隶制社会的生产力，就成就了很大的发展。于是古代世界的物质基础发达起来，而在这物质基础之上，成就了精神文化的莫大的发展（如古希腊的哲学、艺术与科学，如罗马的罗马法等）。在这种广大的物质的及精神的文化的发展中，就显出了古代奴隶制之进步的历史的任务。

（三）奴隶制的经济构造之崩溃

奴隶制社会的生产力之发达，只是在其量的方面表现出来，而其质的方面，因为仍是无代价的奴隶劳动，并没有发生变化。商品生产的发展，“并不曾变化奴隶所有者的经济之一般的构造”。因为古代世界中商业的作用，仍“归结于奴隶经济”，至多也是“只把那以直接生活资料的生产为目的的家长制奴隶制度，转化为以剩余价值的生产为目的的家长制奴隶制度”而已。所以奴隶所有制度，在其自然的发展上，没有推移到更高级生产方法的可能性。

就古代世界的情形来说，奴隶制经济的生产力，一旦发展到它的顶点，就开始呈现崩溃的倾向。因为奴隶的劳动形态与奴隶的低级的生产能力，塞住了生产技术的进步，而奴隶所有者和自由民，又不直接参与于生产。这是障碍生产力发展的奴隶制生产关系之根本的内在的矛盾。这种矛盾发展起来，就至于演出奴隶的叛乱。然而奴隶不是更高级的生产方法的担负者，不能指导生产力对于障碍物（生产关系）的反抗。于是生产方法之必然地变革，就采取另一种转变法则，（即“斗争的两阶级并倒”）而推移到封建的形态了。

奴隶制度，不单是历史的研究之对象。奴隶制的遗物，在现今世界中，仍有一部分保存着。虽然奴隶制度已经公然“禁止”，虽然所谓文明人在“道德上”否定这个制度，可是在事实上，仍然在或隐或现的形态中继续存在。现今非洲及其他各国，还有几百万的奴隶。许多殖民地国家的“自由的”土著人民，被陷于奴隶状态，为帝国主义的强制者担负许多劳动义务。这种奴隶制之事实上的存在，对于帝国主义者，是有经济上的利益的。帝国主义者把殖民地人民当作奴隶来榨取，在生产技术极幼稚的处所，就利用他们从事奴隶的劳动。所以殖民地民族为要脱离帝国主义的羁绊，就必须认识这种若隐若现的奴隶制度，认识帝国主义者把殖民地人民当作奴隶榨取的事实——这是殖民地民族解放运动的紧急的任务。

三、封建社会的经济构造

（一）封建的生产关系之根本特征

历史上继承奴隶制的经济构造而起的，是封建的经济构造。封建社会与奴隶制社会不同。封建“社会的基本的分裂，是农奴所有者=地主与为农奴的农民”。在奴隶制社会中，“奴隶所有者，把奴隶看做财产，法律也固执这种偏见，把奴隶看做完全属于奴隶所有者所有的物品”。但是，在封建社会中，“对于为农奴的农民，阶级的压迫和隶属虽照旧存在，而为农奴所有者的地主，却不算是当作物品看的农民的所有者，他们只有对农民要求劳动的权利，强制农民履行一定的义务”。

封建的经济，对于奴隶制的经济，是比较进步的历史形态。因为奴隶制经济，是一种没有出路的经济，当发展到一定阶段时，就必然地转变到封建的经济。关于这种转变，可以把古罗马的历史事实，作为范例来说明。古代罗马的末期，主要的生产手段的土地，已为贵族的大地主所兼并，小所有者的平民已经没落，而变为靠国库赡养的寄生者，那不堪虐待和剥削的奴隶们，又因不断的背叛而横受主人所毒杀。结果，奴隶制的经济，因为奴隶的劳动力的缺乏，因为奴隶劳动阻碍了技术之进步，便大大地崩溃下去。在这种情形之下，就发生了农奴制度。大土地所有者把所有的领地，分发于所谓“科劳士”（Colonus）去耕种。这种“科劳士”，就是负债的小所有者及奴隶；他们对于领主担负义务的劳动并缴纳现物地租。这种制度，到三世纪中叶，已推行于罗马全境。往后，地主的政府，为抑制“科劳士”规避纳租等义务，禁止他们迁移他处或放弃耕地，使他们变成农奴。这种制度，不但适用于农民，并且对于都市的居民也同样适用。所以奴隶制度在这种过程中，已经转变为封建的农奴制度了。同时，要注意的，普及于中世纪欧洲各地的封建制度，在日尔曼人侵入罗马以前已经普遍地存在着，并不是日尔曼人用政治力量创造出来的，日尔曼人不过在这种制度之下，把所占领的罗马土地实行封建的分割而已。

封建的经济构造之特征，可分作如下的概括的说明：

第一，一切的土地，几全为封建领主所占领，形成大土地所有。

第二，直接生产者的农民，在人格上隶属于封建领主。他们从领主领受土地及其他生产手段，经营农业，向地主缴纳地租，终身被束缚于领主的土地之上，成为土地的附属物。

第三，农业经济，主要的是自然经济。农民的生活资料，大部分是自己的产业；领主的生活的大部分，也是由农民缴纳自然物去供给（有由领主自己的耕地上供给的）。但其他的生活资料，仍不能不仰给于外部，所以商业仍是存在的。

第四，农民所耕种的面积，是小块的土地。农民在小块的土地上，应用低级的、停滞的农耕技术，独立的经营小规模的农业。农民在人格上虽隶属于领主，而这种小经营，却归农民所有。这是所谓“大土地所有与小生产的结合”。

第五，领主的土地，大部分分发给农民，领主自己通常留存小部分的土地，用农民的义务劳动经营农业；所得的收入，用以赡养自己的家族及武士家臣之类。

第六，农民是半解放的奴隶，除对领主缴纳地租及履行一定义务劳动以外，其余的劳动时间，是从事于家内手工业。所以，在封建制之下，农业的家内手工业是互相结合的。

第七，农民对于地主所担负的主要义务，是缴纳劳役地租与现物地租。此外，农民还得要缴纳各种苛捐杂税，其名额任凭领主决定。

第八，地主的人物，最大的是国王，以下是公侯伯子男卿大夫等，等级非常复杂。其名称在欧洲与亚洲各不相同。大概地主的等级，与其所有土地的大小相适应。封建政治的等级制度，与地主的等级制度相适应。

第九，封建领主，对于农民厉行超经济的强制。“这种强制的形态与程度，从农奴状态起到农民权利的身份限制为止，能有许多复杂的种类。”

总起来说，在封建的剥削上演着重要作用的东西，是农民被束缚于土地，是人身的隶属关系，是直接的支配与隶属的关系及所谓超经济的强制。这是基本的封建的生产关系，阶级关系。

（二）封建的手工业、商业与商业资本

封建的生产关系之特征，不能离开封建的特殊阶级关系去考察。地主对农民的剥削，表现于种种地租形态——劳役地租、现物地租、货币地租——之中。同时，与封建的土地所有者适应的东西，又有“都市的集团的所有及封建的手工业组织”。

封建的手工业，是从农民经济分离出来的。当生产者把用自己的原料造成的生产物出卖于消费者之时，他便成为手工业者。这种手工业者，大都团聚于城市之中。封建的城市，是在领主的统治之下形成的，城市的所在地，大都是交通便利的地方。都市的居民，与农村的农民一样，最初也是在人格上隶属于领主的人们，领主向这种都市的居民，课征种种的税收。城市居民，多半是手工业者和商人，他们手中有货币，领主常常仰赖他们的经济上的援助。因而城市的居民能够向领主取得种种的特权，可以免除封建的义务，而建筑城堡以自卫。(并且，有些城市变成领主的居住地）这是城市居民优越于农民的地方。

随着城市经济的发展，城市的居民，发生了阶级的分化。城市的富裕的手工业者与商人，为了自身的商业的利益与特权，形成了所谓行会的组织。手工业的行会的宗旨，是规定关于同业的种种生产的规则（如生产物的生产与贩卖，生产物的品质与分量，价格的决定等，均有一定的规则)。对于保护本业的利益，对内厉行一定的秩序。关于客师的待遇以及徒弟的习艺的规则等项都有严格的限制，同业者均须确实遵守，不得违背。于是城市中的店东与客师徒弟之间，成为一种严重的等级关系。城市手工业的店东与商人的富裕阶层，是布尔乔亚的前身，而客师及徒弟等，又是普罗列达里亚的前身。(但是先布尔乔亚与先普罗列达里亚，并不就是现代社会的布尔乔亚与普罗列达里亚，这是要特别注意的。)

手工业的技术，建立在手工劳动之上；劳动手段是简单的器具，变化是很缓慢的。所以这种生产，是“以劳动者的生产手段私有为基础的小规模的经营”，并且这种经营规模，必然是狭小的。

手工业的生产，当然是商品的生产（单纯商品的生产)。在这种商品生产之中，生产者“使用自己所有的、大部分由他自造的原料，使用自己的劳动手段，用自己的或家属人员的手的劳动去造出商品”。“所以那商品当然是最初起就完全归他所有。虽然有时借助于他人的劳力，而在通例上，这也无关重要，大都除了给工钱以外，还用别种东西去补偿，行会的徒弟和客师，不是为着食费或工钱而劳动的，而是为了要学成一个职工才去劳动的。”这些，是封建的手工业生产的特征。

其次说到封建时代的商业。前面说过，封建的农业经济，是自然经济，大部分的生活资料，是由农民自己供给的。农民劳动的生产物，只在“除了满足自家的要求和缴纳于领主的贡物外还有剩余之时，他们才生产了商品。当这种剩余生产物被投进于社会的交换而提供为出卖品之时，它就变为商品了。至于都市的手工业者，从最初起就不能不为交换而生产”，这是上面刚才说过的。还有，领主们从领地之内的人民剥削得来的剩余生产物，除了供自己的消费的部分以外，多余的部分，不能不拿出交给商人，向商人换取货币或其他商品，以满足他们的欲望。所以领主们也是把生产物当作商品出卖的人们。由于这种种情形，封建时代的商品交换也是盛行的，虽然市场的范围是比较狭小。

由于商品交换的盛行，商业资本就与封建的诸关系相融合了。商业资本与其双生兄弟高利贷资本，在封建的秩序之下，成为一种寄生虫，附着于封建的生产方法，吸取封建的生产方法的膏血，使得封建的再生产陷于萎缩和惨淡的境地。所以这两种资本，在封建社会中，只演着消极的剥削的作用，而腐蚀封建的生产方法。

随着商业资本的发展，封建的障壁与市场的孤立就被打破，使封建领主的领地经济趋向于崩溃的途径，使农民经济商品化的程度加深。于是引起土地变成买卖的对象，引起农民阶级的富农层与贫农层的分化。同时，在城市经济方面，商业资本的发展，在封建的秩序下，使得城市富裕阶层的势力增高，而能够与封建贵族相颉颃。所以在增大的经济的商品性质上，封建政治之地方的分权消失，发生出统一的中央集权的国家，即土地所有者独裁的国家。

这是商业与商业资本对于封建的构造所演的作用，它本身并不曾造出特定的生产方法。

（三）农奴制与封建制的同一

以上说明了封建的经济构造的一般特征，现在再进而检讨所谓农奴制度的意义。

关于封建制与农奴制是不是同一的经济构造的问题，在讨论社会的经济构造的许多学者中，曾有一种异论。这种异论，主张封建制与农奴制是截然不同的两种经济构造，而各有其截然不同的生产方法。这种异论的根据是这样的："在封建制之下，农民占有生产的基本手段和基本农具的使用权。农民在自己的经济上，生产必要生产物与剩余生产物。农民把这些剩余生产物的大部分，用现物地租的形式缴纳于封建领主。在农奴制之下，以徭役的生产为基础，在这种徭役的生产下面，农民只是徭役经济的附属物。在封建制度及农奴制之下，有不同的生产方法及生产关系。"（以上是俄人杜布洛夫斯基的见解）依照这种见解说来，封建制的特征是土地所有者榨取现物地租，农奴制的特征是榨取劳役地租，因而把现物地租和劳役地租的形态看做区别封建制与农奴制的特征，并主张两者是截然不同的经济构造。这种见解，是大错而特错了。

劳役地租、现物地租与货币地租，是封建的基本的生产关系＝剥削关系之表现形式。这三种地租，都是封建的地租形态，表现出封建的经济构造的发展的阶级。这些地租形态的发展，适应于封建时代的生产力的发展状态而变化。一般的说来，在封建时代的初期阶段，农民的劳动生产性比较幼稚，土地所有者，为实行有效的剥削，不能不利用超经济的强制力，使农民紧密地隶属于地主，主要的强制农民提供剩余劳动，使在自己经营的土地上从事种种的劳动。所以在这个时期，土地所有者，主要地向农民榨取劳役地租。往后，农民劳动的生产性比较进步，农民独立经营农业的能力比较充分，因而土地所有者对于农民榨取现物地租也比较确实可靠。所以，这时的土地所有者，主要的向农民榨取现物地租了。这是表示出封建的生产力显然地进了一步。最后进到封建时代的后期，商品＝货币经济发展起来，农业经济趋向于商品化，而土地所有者又迫于货币的需要，于是在货币地租的形态上向农民榨取地租了。

从封建的生产力的发展状态说来，劳役地租、现物地租与货币地租，形成为封建的经济构造的三个阶段。但是这三种地租形态，也不是完全截然个别的形成为一个阶段。因为在劳役地租成为主要的剥削形态的时期，农民的剩余生产物，仍然是被土地所有者所剥削的。其次，在现物地租成为主要的剥削形态时，劳役地租也并不是完全没有。最后在货币地租时期，现物地租与劳役地租也是遗留着。如果严格地拿一种地租作为封建经济各个阶段的特征，要以封建的生产力发展的状态为前提。在这种前提之下，土地所有者所榨取的主要的地租的形态，能够区别封建经济内部的各个发展阶段。

从上面的说明看来，那种把农奴制看成与封建制截然不同的经济构造的主张，固然是重大的错误，并且把榨取劳役地租的制度看做农奴制的主张，也是一种错误。农奴制本身就是封建制。封建制的特征（在前面已经说明），对于农奴制是完全适合的。就农奴制的这种制度说，农奴所有者就是封建的地主，他们有向农民要求劳动的权利，强制农民履行一定的义务。“这所谓要求农民劳动和强制农民履行义务”，主要的是向农民榨取劳役地租和现物地租。所以那种主张把榨取劳役地租作为农奴制的基本标帜一层，显然是错误的。从生产方法和生产关系看来，封建制和农奴制并没有区别，农奴制实是封建的生产关系之特征。

（四）变相的封建的生产方法——“亚细亚的生产方法”

在叙述封建的经济构造时，还有一个在最近聚讼纷纭的问题，也应当提出来加以解释。这就是关于所谓“亚细亚的生产方法”的问题。

我们在前面列举的生产方法之历史的发展的顺序时，曾经列举了原始的、奴隶制的、封建的、现代的及过渡期的生产方法五种，而把“亚细亚的生产方法”叫做变相的封建的生产方法。为什么把“亚细亚的生产方法”叫做变相的封建的生产方法呢？这是这里所要说明的问题。

在七十余年以来，关于原始社会的历史研究还没有发达的时候，科学的社会学的创始者，曾经把“亚细亚的生产方法”当作由原始社会到奴隶制社会的过渡阶段假定过。但是到了现在，关于原始社会的历史的真相，已经有了科学的说明，从前的那种假定已经失却必要了。并且这位创始者是把“亚细亚的生产方法”当作敌对的生产方法来说明的。所以就创始者的这个假定的说明看来，“亚细亚的生产方法”，首先是敌对的生产方法。

其次，所谓“亚细亚的生产方法”之敌对的性质，依据科学的社会学创始者之古典的文献考察起来，更依据现今的许多先进的学者的共同研究考察起来，这是与封建社会及封建国家相结合的。“亚细亚的生产方法”，在其本质上，与封建的生产方法，并没有根本的区别。所不同的地方，就是亚细亚诸国的几个特殊经济条件。即是说，所谓

"亚细亚的生产方法"，就是附加几个特殊经济条件的封建的生产方法。

所谓特殊的经济条件，就亚细亚诸国说来，有下述几种：第一，对于土地的统治权，集中于最大的土地所有者国王之手。第二，关于农业方面的水利灌溉等社会的事业，是由国家组织的。第三，土地所有者的国家，干涉人民的经济生活。第四，土地所有者的国家，向农民征取的租税，与封建地租有同一的经济的内容。第五，亚细亚诸国，是土地所有者的独裁国家。以上这些条件，都是亚细亚的特殊经济条件。这些条件，明明是与封建社会及封建国家相关联的。但就基本的生产关系说来，亚细亚的生产方法，只是封建的生产方法之特殊的形象，即是封建的生产方法的变种。因而主张"亚细亚的生产方法"是与封建的生产方法截然不同的生产方法的异论，实是一种错误的见解。

（五）封建的经济构造之崩溃

随着商品生产与商品流通的发展，商业资本就发展为资本的典型的形态，使封建的生产方法发生解体的作用。它助长封建领主们增高对于农民的剥削。因为农产物转化为商品，而农民的现物贡纳和剩余劳动的大小，就不专受封建领主的消费所限制。在另一方面，有贸易来供给奢侈品，封建领主的消费，在质的方面也提高了。于是封建的土地关系渐渐解体，农民的富裕阶层，就能够利用货币赎回封建的义务而取得土地；至于贫苦的阶层，就因封建的剥削的加重而丧失土地，丧失经营农业的能力。这些被夺去土地的农民，即是自由劳动者的前身。

在城市方面，商业资本，逐渐支配着手工业者，并且也使都市手工业解体，手工业的行会的组织，就陷入于崩溃的过程。这封建的行会关系解体与农民的土地收夺，就是自由劳动者发生的历史。

封建时代末期发展了的商业资本与高利贷资本，是资本的原始蓄积的两个形态。这种原始蓄积的方法，是由商业和欺骗得来的很大的商业利润，是用重利盘剥农民手工业者及地主得来的利息，是由掠夺殖民地人民得来的金银财宝。因此，封建社会的末期，布尔乔亚手中，蓄积了大宗的货币。

在上面各种条件之下，"当作货币看的货币"，开始转变为"当作资本看的货币"。"这种新的资本，首先当作货币，当作由一定过程转化为资本的货币，登上市场——商品市场、劳动市场、金融市场——的舞台。"于是资本家因握有足够使用相当数目劳动者的资本，就能够占有劳动者的剩余劳动了。从这个时候起，原始蓄积形态上的资本的所有者，就从生产的参与转而从事于生产，集合分散着的生产手段，用工钱雇用较多的劳动者，在一个手工业的工场中，使他们从事于商品的生产；他们自己就脱离肉体劳动，而以资本的代表人资格，专尽指导者管理者的机能。资本家的这种机能，不单是从社会的劳动过程的性质发生的机能，并且是社会的劳动过程的剥削的机能。这种剥削的机能，就是从工钱劳动者榨取剩余价值。这样，资本主义的生产方法，就在封建社会母胎中发生，并成为封建的生产方法的后继者。

随着资本主义的生产方法之形成，封建的农村关系也适应于它而变化。封建的领主或者转变为近代的地主，或者转变为近代兼做农业资本家的地主。封建的农民的富裕层，转变为近代的农业资本家；贫苦层转变为近代的劳动者。

于是封建的经济构造为现代的经济构造所代替，更伴随着布尔乔亚的革命而完全转变为现代布尔乔亚社会了。

封建制度的研究，不单在理解资本主义的发展过程上有极重要的意义，并且对于现代社会改造以及落后国家的状态的理解，也是非常重要的。落后国家所存留着的封建关系的诸形态，常与帝国主义榨取殖民地的新形态杂然并存，并为后者所利用。土著的封建势力与外来的帝国主义之间的政治的经济的联系，是使农民大众停顿于奴隶状态的基础。所以殖民地或半殖民地的解放运动的原理，必须反映出殖民地或半殖民地的这种实际的状态，才能向着新社会的方向迈进。

第二节　资本主义的经济体系

一、资本主义的成立及发展的过程

（一）工场手工业时期

资本主义的经济构造，和从前的社会经济构造比较起来，是最复杂的构造。阶级社会的一切矛盾，例如生产力与生产关系的矛盾，阶级的对立，国家与法律的上层建筑之发达，都市与农村的对立，精神劳动与肉体劳动的分离等，在资本主义之下，都完成了最高的发展。

关于资本主义经济构造的叙述，应当分为下列三项：第一，资本主义的成立及发展的过程；第二，资本主义的内在矛盾及其发展倾向；第三，资本主义的最后阶段——帝国主义。现在先说明第一项。

资本主义生产与剩余价值占有的最初形态，是工场手工业。成为工场手工业及资本主义生产一般之历史的论理的出发点的东西，是劳动的协业。劳动的协业，即是在同一资本家指导之下、生产同种商品的相当数目的劳动者在同一房屋中同时操作的有计划的劳动。协业，在资本主义条件之下，比较同类的劳动者个别的操作的场合，却提供相对的剩余价值。

由协业造出的相对剩余价值，在其一切的形态上，是社会的劳动之社会的生产的结果。但在资本主义之下，这种结果，变成了为一般的劳动而结合劳动者的资本的所有物。资本主义生产方法之矛盾的性质，在这个原始阶段上即已显现；一方面，资本家组织着并指挥着利于创造使用价值的劳动过程；另一方面，劳动过程，同时又是决定剩余劳动的实行及其结果的占有的资本的增值过程。

由于分业，工场手工业便从协业发展起来。

“基于分业的协业，在工场手工业中，就造出那最古典的姿态。当作资本主义的生产过程的特征的形态看，它是专在十六世纪中叶到十八世纪最后三分之一时期间继续了的固有的工场手工业期中显现的。”

工场手工业，是依着二重的方法发生的。其一，制造同一产物时依次操作的种种色色的劳动者，在资本家的指挥之下，结合于一个工作场中，共同劳动。例如马车的制造，即是一例。其二，从前由一个手工工人制造的商品的生产，被分割为部分的作业，各个劳动者，只把这些作业中的一部分作为专门。

由于专门化的理由，就发展了工钱多少不同的劳动者的等级制度。在长期间专做某一部分工作的劳动者，固然提高了劳动者的技能，但他越发失掉了独立性，转变为这种工作的奴隶。因为他只能做这一部分的工作，同时就丧失了做别部分工作的能力。这样，他除了自己的专门以外，对于别部分的工作，就变为非熟练劳动者。因而他的劳动力的价值也降低了。工场手工业，把个别的劳动者结合起来，牺牲劳动者的独立能力，借以发展劳动之社会的生产力。手工业的劳动，是工场手工业的基础。

工场手工业之技术的性质，引起资本的最低范围之增大。

“各个资本家手中的资本的最低范围之增大，或社会的生活资料及生产手段向着资本的转化之增大，是由工场手工业的技术性质发生的一个法则。”

但是“工场手工业，不能在其全部范围中抓住社会的生产，也不能从根本上变革它。它当作经济上的产物耸立于都市手工业与农村的家内工业的广泛的基础之上。它自身的狭隘的技术的基础，在一定的发展阶段上，弄到与它自身所造出的生产的欲求相矛盾”。

这种矛盾，往后在最高阶段上再被生产出来，由于机械的出现而被解决了。

（二）机械的大工业

在工场手工业之下，劳动过程被分解为极单纯的部分的作业一件事，造出了作业机代替人类劳动的技术的可能性。要造一个机械去实行一切种类的手工业者的工作，当然是困难的。可是到了工场手工业把劳动过程放在极简单的作业上编制之时，到了部分的劳动者用同一器具继续实行同一机械的作业时，就已经显示了把器具的操纵委诸机械的可能性。在这种意义上，工场手工业，是机械的生产与大工业之历史的前提。

但机械的大工业，其直接的技术的基础，是与工场手工业联结着。因为机械本身，是由工场手工业的方法生产的。新发明的机械，也是由于工场手工业时期中所养成的多数熟练机械工人的存在，才能把它制造出来。直到十九世纪最初十年间，能用机械制造机械之时，大工业才开始发现它的技术基础，站住了自己的脚跟。

于是工场手工业的时期，就为产业资本主义时期所代替了。

（三）机械之资本主义的使用与劳动者阶级

“在工场手工业方面，社会劳动过程之编制，是纯粹主观的，是部分的劳动者之结合；在机械体制方面，大工业却具有着劳动者把它当作完成了的物质的生产条件发现的完全客观的生产机构。”

生产过程中劳动者的任务，由于这种结果，在根本上起了变化。

“在工场手工业及手工业方面，劳动者是使用工具的；在工场方面，劳动者却伺候机械。在那一方面，劳动器具的运用，是由他而起的；在这一方面，他要追随于它的运动。在工场手工业方面，死的机构，离劳动者而独立存在，而劳动者当作活的附属品，而合并于它。”

机械的移入，引起劳动者阶级之急速的增大。资本之使用机械，是为了要缩小生产费，当然不是为了要减少劳动者的劳动和苦痛的。由于机械的采用，熟练的男子劳动者，大批地被解雇，而更另用廉价的妇女与儿童的劳动者去代替他们，并且劳动时间也无限制地延长了。这是为了要更巧妙地利用高价的机械并免除道德的消耗的原故。于是资本提高了劳动的强度，并能在一定时间内榨取较多的劳动量。其次，机械更大量地“解放”了劳动者，使成为产业预备军，创造了相对的过剩人口，结果，工钱就低落了。

机械的使用，在一切发达了的国家中，有些生产部门，非常地产出劳动者的过剩。使工钱低落到劳动力的价值以下，劳动日被延长起来。这些事实，由资本的见地看来，觉得如再使用比这种状态更多的机械，那是不可能的。因此，一般的机械之资本主义的使用，是有一定的界限的。

机械之资本主义的使用，不但不减少劳动时间，改良劳动者地位，反而使劳动者及其家属的全部的光阴转化为替资本家增值资本的劳动时间，并使劳动大众陷于最深刻的贫困。因此，在产业资本主义初期时代，发生了劳动者反对机械的骚扰，发生了劳动者与手工业者破坏机械与工场的运动。往后，劳动者知识的发展，能够辨别机械与机械之资本主义的使用方法，不向着死的劳动手段斗争，而向着机械之资本主义使用方法斗争了。

（四）当作生产关系看的资本，占据支配地位

采取商业资本或高利贷资本的形式而存在于一切先资本主义的阶级社会中的资本，随着机械体制的移入，结局转变为产业资本。(产业资本，是分为货币资本、生产资本及商业资本的诸形态的。从前的旧形态上的资本，就转变为这些新形态的资本的全部或一部，而发挥其相当的机能。)

产业资本，对于其他一切形态的资本及先资本主义生产关系的遗物，是占据支配地位的。其最重要的动因，可分为下列七项：

第一，一切生产物都采取商品形态。资本主义生产方法支配着的社会的财富，显现为商品的庞大集积。

第二，劳动力变为商品。自由工钱劳动者的剩余劳动之占有，成为榨取之决定的形态。被占有的剩余劳动即剩余价值，在表面上采取利润的形态。

第三，独占化了的布尔乔亚的生产手段，变成了具有提供利润的自己增值其价值的那种奇怪能力的资本。资本是适应于一定历史的社会构成的生产关系；它以创造利润为前提，而这种利润之创造，表现得好像是由于生产手段的自然性质而来的。

第四，产业资本的平均利润率，对于其他各种资本的利润分配，是决定的东西。其他各种资本的机能，隶属于产业资本的循环。

第五，商业资本，采取商业的 = 商品的资本的形态，而在流通界又代表产业资本的地位去完成产业资本通过流通界的机能，因此能把产业资本的流通期间缩短。商业资本的利润之大小，由产业资本的平均利润之大小所限制。

第六，高利贷资本出现为产业资本的补充物，以取得利息或平均利润为满足。

第七，由土地独占而得的收入，转化为近代地租。先资本主义的地租，转化为以资本主义关系为基础的土地私有的实现形态，即转化为资本主义的货币地租。资本主义的货币地租，只是剩余价值的一部分；这一部分，是由资本主义的生产方法所规定的。地价本身，带有利率的机能，一般是由平均利润率决定的。

先资本主义的生产方法还被保存着的一切遗物，都隶属于产业资本。从前的奴隶制，变为资本主义的奴隶制。封建制的遗物即农民对于地主的隶属，变为资本主义的剥削的激化的源泉。手工业者与小商人，在形式上虽是独立的，而在其生活上，不但完全依存于产业资本，并且不断地陷于普罗列达里亚的水准。科学不能不为资本服役。资本关系，变为全人类社会关系的支配形态。

二、资本主义的内在矛盾及其发展倾向

（一）资本主义的基本矛盾

“资本，只能当作运动的东西去把握，不能当作静止的东西去把握。”当作价值的资本的增值，是在产业资本的运动中显现的，在 C—W…P…W—G 的循环中显现的。但随

着资本的发展，同时决定其发展倾向并引导到不可避免的没落的许多矛盾，也发展起来。

构成资本主义社会制度的基本矛盾的东西，是生产的社会性质与占有的个人形式之间的矛盾。

先说明这种矛盾的内容。

资本主义的生产，是社会的生产。其理由如下：

第一，生产手段，是只有靠全体社会才能使用的社会的生产手段；

第二，生产过程本身，表示着由各个有计划的被组织了的许多社会的行为。

然而占有，是在布尔乔亚独占生产手段一事的基础上实行的。在生产手段归直接生产者所私有的社会构成中，上述的矛盾是没有的。生产物归谁占有，在这里并不成问题。生产物的占有，是以自己的劳动为基础的。至于资本主义，它虽然使劳动者脱离生产手段而把生产手段转化为社会的东西，而生产物的私人占有的形式，却依旧保存着。生产手段的所有者即资本家，把那些不由他自己的劳动所生产而由他人的劳动所生产的生产物，据为己有。

所以在今日，社会的造成出来的生产物，不归属于实际运动生产机关并实际造出那生产物的人们所领有，而为资本家所领有了。生产机关及生产，在本质上虽已经是社会的，但它仍旧被放置于以个人的私有财产为前提，因而各个人运售其所有的生产物于市场的那种领有形式之下。生产方法虽然废除这种领有形式的前提，却仍旧被放置于那种形式之下。这种矛盾，即是在新生产方法上加添了资本家的性质的东西。现时的一切反目冲突的萌芽，就已经孕育于它的当中。这种新生产方法，对于一切重要的生产部门，对于一切在经济上占重要的各国，越发取得了支配权，随着个人生产被驱逐而变成微弱的残余，社会的生产与资本家的领有的冲突，就不得不明了地显现出来。

（二）普罗列达里亚与布尔乔亚的对立

“最初的资本家，如前所述，发现了已经存在的工钱劳动的形式。但那种工钱劳动，是例外的、补助的、一时的东西。农村的劳动者有时虽也做雇工，而他们自己总还有几亩土地，还能维持拮据的生活，又如在同业组合的制度之下，今日做帮工的人，明日还可以进到店东的地位。但生产机关一经社会化，一经集中于资本家之手，上述的事实就变化了。个人的小生产者之生产机关及生产物，渐渐变成没有价值，他们不能不在资本家之下做工钱劳动者。以前是例外的补充的工钱劳动，如今却变为全生产界的通例，变为基本形态了。以前是副业的东西，如今变为劳动者的专一的活动了。一时的工钱劳动者，变为终身的工钱劳动者了。又，这种终身工钱劳动者之数，由于与上述事实同时发生的封建制度的崩溃，诸侯的家臣的解体，以及农民之被逐出于田庄等事实，更增加到了可惊的程度。于是一方面的集中于资本家之手的生产机关，与另一方面的除自己的劳动力以外别无长物的生产者，这两者之间是完全分离了。社会的生产与资本家的领有之矛盾，就显现为普罗列达里亚与布尔乔亚的对立了。”

这种对立，愈加带有激化的倾向。资本的集积与集中发展的结果，资本家之数越是相对地减少，而劳动者之数却越是相对地增加。资本主义的生产，把无数的劳动者团结起来，终至于造出了自己的掘墓人。

（三）工场的有计划组织与生产的无政府状态

社会全体的生产的无政府状态，是以商品生产为基础的生产方法之特征。但是只有资本主义的生产方法，由于把一切生产物和劳动力都转化为商品，才达到了社会生产的无计划性的最高阶段。因此，生产的社会性质与占有的个人形式之矛盾，就表现为各个工场中计划的生产组织与社会全体生产的无政府状态之对立。

资本要完结由商品形态到货币形态的过程，才能实现它在生产过程中占有的剩余价值。可是只有依靠一般等价的货币，才能测定资本主义生产的目的能否达到，才能测定资本能否自行增值。只有依靠商品市场的流通，依靠货币的援助，资本家才能知道他所投出的商品是否包含着社会的必要劳动时间，才能知道全部生产者投出于市场的商品总量中的所占的部分是否与社会的需要相适合。

每个资本家，依照自己经验，都知道除了好景气的时候，供给有超过需要的倾向。他不知道这现象的原因。他和他的俗流经济学者，都不能理解这种现象是从资本主义生产方法的本质而来的，也不能知道资本的蓄积与相对的过剩生产是一致的。他只努力卖出自己的商品，增值自己的资本。资本主义生产方法之内的关联，采取外的强制的竞争法则之形态。竞争引导到资本的集积。竞争驱使着资本家不断地减低商品的生产费。竞争要求生产技术之不断地革命。近代大工业之技术的基础虽是革命的，而在一切从来的生产方法之上，基础实是保守的。

技术的变革，要求投出于各种生产的资本之增加，要求资本的集积。集积是在两个基本的形态上完成的，即是由蓄积和集中完成的。

竞争促使资本的蓄积与集中。在这个过程中，社会的生产之无政府状态，越发地露骨地表现出来。“可是资本家的生产方法增大了这社会的生产之无政府状态的那种主要手段，却是无政府状态的正反对。即这种主要手段，在各种生产场中，越发使生产变为社会的组织化了。”

“大工业与世界市场的开拓，把这类战争弄成世界的，同时，还添加了前代未闻的猛烈性。在各个资本家之间，在产业与产业、国家与国家之间，自然的或人工的生产条件的便宜，都是决定各自的存在的东西。一次跌翻了的人，就无假借地被排斥。这便是把达尔文式个体的生存竞争从自然界移到人类社会而使其激烈化的东西。动物的自然状态，好像是人类发达的绝顶似的，社会的生产与资本家的领有之矛盾，如今完全成为各个工场中的生产组织与全社会中生产的无政府状态之对立，显现出来了。”

（四）都市与农村的对立

“由商品交换所媒介了的一切发达了的分业之基础，是都市与农村的分离。可以说，社会的全部经济史，被包括在这种对立的运动中。”资本主义的生产方法，“与合理的农业，不能并立”。第一，它把农业从一切工业的活动中解放出来，在都市中形成资本主义组织的独立产业部门，借以造出自己的商品的国内市场。其结果，农民一方面为土地的耕种所限制，并且变为“农村生活的愚笨”的俘虏。

第二，农民中发生了分化。一部分农民失掉土地而被农村所驱逐；他部分农民转化为农业商品的生产者，而受他部分所剥削。

都市资本，用种种方法剥削农民。都市与农村、产业资本与农业间的交换，不是等价交换。地主所剥削的地租，用之于都市；抵押的利息，也流入于都市；国家所收的租税，也消费于都市。这样，农村成了都市的营养地。

在资本家的生产方法之下，积集于大都会的人口，愈占优势，因此，一方面，社会之历史的动力蓄积起来，他方面，人类和土地的代谢机能，即人类作为衣食资料而消费的土地成分复归于土地的机能，遂被破坏，于是永久维持土地的肥沃所必要的自然条件，也被破坏了。并且都会劳动者身体的健康，和农村劳动者精神的生活，也破坏了。但上述原有的形成了的代谢状态，一被破坏，同时代谢机能，又必成为社会的生产之统制的法则，而在适合于人类的完全发展的形态上，不得不有组织地恢复起来。

（五）恐慌的必然性

生产的社会性质与占有的个人形式之矛盾，又表现为占有的条件与剩余价值实现条件之矛盾。

由于社会的生产之无政府状态，劳动者之直接地榨取与占有了的剩余价值实现的条件，是不一致的。

劳动生产性的增进——这是资本蓄积不可避免的结果——引起剩余价值率的不断的增进，使社会的生产物中属于劳动者的部分日益减少。直接榨取的条件，随着资本的自己发展，对于资本愈益有利。

但是在生产过程中被占有的剩余价值之实现条件，由于同一原因，对于资本也越是不利。因为被占有的剩余价值，是受社会的消费力所限制的。在商品经济中，资本所注意的消费力是有支付能力的消费力，是以分配的对立关系为基础的消费能力。劳动者的购买能力，是随着劳动生产性的发展而日益降低的。由于提高榨取的目的，把劳动者的工钱降低下去，资本就把所占有的剩余价值量的增大的实现条件，变为复杂。

所以蓄积过程，与不断的相对的过剩生产相一致。

社会的被限制了的生产力，大众的普罗化的地位，不能不把那与蓄积相一致的不断的相对的过剩生产提高到周期的激烈的不平衡，提高到过剩生产恐慌。

所以生产的社会性质与占有的个人形式之矛盾，就在周期的反复的经济恐慌中暴露出来。

“从一八二五年的恐慌起，开始了近代生活之定期的循环。”

"经济的冲突，达到顶点，即生产方法背叛交换方法，生产力反抗它自己所由发生了的生产方法。"

在资本主义社会史上，循环追逐循环。但这一联的循环，在其质的方面，不是一种类的单位之单纯的总和。资本主义的生产方法，不是圆运动的，而是螺旋运动的。各个恐慌，把从来独立着的无数资本主义企业消灭下去，把残存者的东西结合起来。于是自由竞争就转化为独占。

不可避免的信用恐慌，即各个现实的恐慌，加强了大银行的地位，助长了产业资本与银行资本的融合。

各个恐慌，使得资本家们在世界市场中追求新的贩卖市场，为保障贩卖市场，就实行征服他国。

一连串的恐慌，是产业资本主义到帝国主义的转化的阶段。

三、帝国主义

（一）生产的集积与独占

产业资本主义，在二十世纪开始，进到了帝国主义的阶段。帝国主义是产业资本主义的继续，是资本主义的新阶段，决不是与资本主义不同的生产方法。资本主义的一切矛盾，在帝国主义之下，依然是以更激化的形态存续着。

帝国主义是独占的资本主义。独占——托拉斯、卡迭尔[①]、新迪加[②]、孔瑾恩[③]等等，是从自由竞争发生的；由它所引起的竞争的作用，达到极高的阶段，各部门的自由竞争，转化为特定的部门的一企业（或一企业群）的独占的支配。在十九世纪六十年代开始发生了的独占，一到二十世纪，就变成了一切经济生活的基础。

产业资本主义的自由竞争期，转化为金融资本的独占。但独占并不排除自由竞争，并且与自由竞争一同存在（卡迭尔与局外者的竞争，卡迭尔内部的竞争等等）。它的结果，就发生了一系列的特别重大而深刻的矛盾、轧轹与冲突，从前由于减低价格而实行的竞争，如今由独占来作有计划地利用，借以达到其破坏局外者的目的，即是最初减低价格，等到取得胜利之后，又来抬高价格，与减低价格的竞争相并行，暴力的竞争方法（如妨碍原料的输运、拒绝购买等等）就获得了特殊意义。

独占意味着生产社会化的大进步。差不多全世界材料的源泉，都被结合起来了。数千里之间的运输，都变为有组织的东西。从采取原料起到预备消费的生产物之提供为

---

① 卡迭尔，今译卡特尔。——编者注
② 新迪加，今译辛迪加。——编者注
③ 孔瑾恩，今译康采恩。——编者注

止，生产物制造的全部过程，都是有计划地被组织着。

然而这种社会化，并不是“组织化的资本主义”；独占的形成，并不能排除恐慌。因为私的占有，仍然存在。生产的社会性质越是强有力地展开出来，社会的生产与私的占有之间的矛盾，就越是激烈。这种激烈化的最重要的动因如下。

独占的资本主义，是把关于生产手段的事实上的支配集中于少数资本家团的手中，这就是所谓财阀政治（如美国经济生活的主权者只握在四十八人的手中）。一方面，生产组织的计划性，不仅限于各个工场，并且推行于工场制度与贩卖组织；另一方面，社会全体的生产无政府状态，却是更形发展。这两者间的冲突，越发激烈，因为无计划性，在全体上仍然保存着。

独占牺牲未组织的资本家，牺牲农民，攘夺总利润中的大部分。未组织的资本家，是由于把工钱减低到劳动力价值以下而增加其利润的。所以未经独占化的资本之平均利润率就急速地低落。社会的消费力，由于这些动因，受到人工的限制。于是消费的界限的缩小与生产的无限制的扩大之间的矛盾，也激化起来，所以在独占的资本主义之下，周期的过剩生产恐慌，不但不能避免，而且所谓繁荣期的继续也有缩短的倾向。恐慌的周期，随着蓄积的进行而缩短，并且在大规模上爆发出来。

（二）银行的新作用与金融资本

随着产业上的独占之形成，而银行资本的集积与威力就同时发展。几个最大的银行，在世界各处开设分店，成立大动脉的系统，由此掌握全世界的货币资本的支配权。社会的货币资本之独占，向着一切工业及商业的企业的公司关系之侵入，定期重演的信用恐慌中的银行的地位——这些事情，把银行转化为资本主义社会的事实上的主权者。大银行利用这种支配力，集中银行的资本，激励独占的形成，把独占的利润一部分作为“创业利润”预先占有。

对于受大银行融通资金的企业的统制，是在大银行与产业企业的指导者之个人的联合形态上实现的。生产资本的相当的部分，早已不是以直接榨取劳动者为目的而经营的资本家的财产，而是“匿名资本”，是各个“不能知道的人们”的资本。这些“不能知道的人们”，是处理着大银行的人，是利用大银行形成独占以吞没全人口的人。银行资本与产业资本相融合，形成金融资本。

（三）资本之输出

独占资本的特征，是资本之输出。资本之输出，在产业资本之下，是为了助长商品的贩卖，为了在落后民族占有较高的利润率。但在帝国主义之下，资本的输出，却变成布尔乔亚世界各个国家间的关系之本质的特殊形态。这种独占资本的主权者，与国家机构相融合，并且支配着国家的经济政策，凭借保护关税，自行确保其较高的价格。独占资本用倾销的价格把过剩的生产投到世界市场，使国内市场不发生过剩的供给。因此，要把由独占利润蓄积而成的巨额资本，投资于国内，就变得非常困难。所以有好些个发达了的国家的资本主义，就显现得“太过于成熟了”。资本在国内已缺乏投资的可能性。所以资本不能不向着外国、向着落后国家投资。在这种落后国家，土地容易得到，工钱低廉，并且原料也贱，因而所得的利润也很多。于是落后国家，就屈服于独占资本权力之下。这种落后国家，大都是保存着封建的剥削方法（许多是奴隶制），这种剥削方法，在其资本主义的利用之下，使得土著人口不能忍受。独占资本，为要确保其在落后国家所投的资本，就不能不使落后国家服从其政治的统治，转化为殖民地。就是形式上有政治的“自由的”国家，也被陷入于金融资本的事实上的支配之下。

（四）国际的独占与世界分割

都市与农村的对立，取得国际的意义。先进资本主义国家，变成榨取数亿殖民地农民人口——“世界农村”的“世界都市”。

更进而形成更高发展阶段的东西，是互相分割全世界市场的国际的独占。为着世界市场的销路而实行的国民的独占之斗争，逼着资本家不能不缔结国际的协定。世界市场的分割，必然是“依靠资本”、“依靠力量”而行的。但经济的政治的领域中不平衡的发展，急速地变更独占者之间的势力关系。所以国际的独占是没有永久性的。因此财阀政治，为着投出资本、取得原料和输出商品，就努力在地理的意义上去设定所谓“势力范围”。但是资本主义发展的不平衡性，使得国际帝国主义者对于世界的分割与再分割，就由和平而转到战争——帝国主义战争。布尔乔亚世界，事实上已为帝国主义者所分割。所以为世界的再分割而实行的战争，在帝国主义时代，是不能避免的。不平衡的发展，是资本主义的一般法则。构成这一般法则的东西，是生产的无政府状态与资本主义固有的不断的技术革命。在各个个别资本的种种力量之下，产生出各个企业的飞跃之发展的可能性。技术上的发明，引起一系列的新产业部门之飞跃的发展，技术的进步，成为变化散处各地的原料的重要性的原因，并且造出国内各地方的飞跃的发展之基础。（他方面，为资本服役的自然科学的任务，是造出种种把现有原料在工业上利用的条件，它越发广泛地解决这种任务。)

在帝国主义之下，不平衡的发展，更趋于尖锐化，强力具有决定的意义。战争以及他国领土的隶属化。牺牲他国以助长本国之飞跃的发展。不平衡的发展，决定着冲破帝国主义战线的脆弱的一环（例如俄国）的可能性。它也决定一国的社会主义胜利的可能性。资本主义的颓废，是帝国主义之本质的特征。生产力，一般的在资本之下，决不能得到完全的发展。

（五）生产力与生产关系冲突的尖锐化

“资本不是对于所使用的劳动支付（报酬）的，而且是对于所使用的劳动力的价值支付（报酬）的，所以就资本说来，机械的使用，由机械的价值与机械所代替的劳动力价值之差额所限制。”

采用新机械之时，如果所减省的工钱超过新机械的价格，资本才能使用这新机械，并且这新机械会提高劳动的生产力。

“在这种情形，资本主义的生产方法，陷入于一种新的矛盾。其历史的任务，是在于不顾虑劳动的生产性，而使它循等比级数前进而展开出来。资本主义的生产方法，和在这种情形的一样，一到障碍生产性的展开时，它就不忠实于这种任务了。因此，资本主义的生产方法，只是从新证明它老衰下去而苟延残喘。”

产业资本主义，在全体上是助长生产力的发展的，而独占资本主义，却阻碍这种发展。只因为竞争与独占一同存在，所以技术的进步，在任何情形都不停滞。但这种技术的进步，因各种产业部门和各个国家的情形不同，表现得非常地不平衡，而技术的发展的现阶段上之事实的进步与可能的进步，其差异越是增大。

资本主义的颓废，在别的方面也是有的。股份公司的形成，把资本的所有及其对于生产过程的指导机能，截然分划，指导的机能是由使用人实行的。所以，布尔乔亚，当作生产要素看，是多余的，这是由事实本身所指示的。他们的任务，只限于消费他们所分受的利润。此外，蓄积的机能是由股份公司实行的。布尔乔亚的大部分，转化为怠惰的金利生活者。由国债制度而来的，特别是由外国投资及殖民地剥削而来的，帝国主义诸国布尔乔亚的收入，大大地把金利生活者阶层增加了。布尔乔亚转化为不劳而食的寄生虫阶级。

劳动者阶级上层的收买，是帝国主义本质的特性之一。各个产业部门或落后国家产业的超越的独占利润，给资本家以一种可能性，去收买劳动者的某一阶层，作为自己的爪牙。帝国主义有分裂劳动者阶级为“上层”与“普罗下层”的倾向。帝国主义，把在国内外获得的独占利润的残滓，收买这个“上层”——特别是改良主义的劳动指导者。布尔乔亚收买这个“上层”的必要，第一是由于各帝国主义者间相互的斗争发生的。这种斗争，使得他们不能不去唤起劳动阶级的一部分对于“祖国”的注意，借以保障布尔乔亚的胜利。第二是由于急速发展着的集中而发生的。集中的结果，使得那些与私产有关系的“中间层”（小布尔乔亚、商人、手工业者及农民），在数量上减少下去，而转变为普罗列达里亚。所以财阀政治，为对付普罗大众起见，不能不收买这个“上层”，作为自己的爪牙。

“帝国主义，是独占与金融资本的支配成立、资本输出取得显著意义、国际托拉斯分划世界开始、并且最大的资本主义诸国所实行的地球上全领土的分划完竣的那样阶段上的资本主义。”

帝国主义是资本主义最高阶段，同时是最后的阶段。它在大规模上提高生产力的发展，并且因此以终结资本主义之历史的使命。它彻底地促进生产之一般的社会化，同时证明布尔乔亚已成为寄生虫的无用的长物，他们已被驱逐于生产过程之外。

帝国主义越发在大规模上发展着布尔乔亚的颓败及崩溃的要素，并诱导到新的变革。

“所以，帝国主义是垂死的资本主义。它是资本主义发展的最后阶段。”

第三节　社会主义的经济体系

一、过渡期经济的特征

（一）过渡期经济的一般特征

过渡期经济，既不是资本主义，也不是完全的社会主义。在这种经济中，存在着许多不同的形态的生产关系（由旧社会经济构成中遗留下来的及在新政治机构下从新发生的），即在这种经济中，存在着资本主义与社会主义的“诸要素、小部分、小片”。革命初期的苏联经济，存在着下列各种经济形态的要素：

第一，家长制的、自然的农民经济。

第二，小商品生产——即自己买卖生产品的农业经济。

第三，私人经营的资本主义——主要的是小工业者、小商人以及农村中的富农。

第四，国家资本主义——即在国家监督之下的特许业、租赁业、合办公司等。

第五，社会主义——国营企业和合作企业。

在革命初期的苏联，这些不同形态的社会经济制度相互交错地存续着，其范围广大而复杂。过渡期经济状态的特殊性，就在这种地方。

我们知道，在各种社会中都存有前一时期的经济残余。例如在资本主义社会中保有封建社会和奴隶社会的残余，不过这后面两种社会和资本主义社会是同一形态，即它们都以生产手段私有为基础。但过渡期经济却完全不然。在过渡期中，旧的经济形态（资本主义的、小商品生产的、家族经济的）以生产手段的私有为基础，而新的社会主义经济形态以生产手段的公有为基础，这就是过渡期经济的多样性的特点。

在过渡期经济中，不仅有上述种种经济要素同时混合存在，而且在资本主义要素与社会主义要素之间，必然要发生不断的激烈的斗争。

“在理论上，在资本主义与社会主义之间，无疑地存在着一定的过渡期，这个时代，必然兼有两种社会经济制度的特征或属性。这个过渡期，是垂死的资本主义与新生的社会主义的斗争时期，换句话说，即是被打败而未消灭的资本主义与新发生而未巩固的社会主义的斗争时代。”

伊里奇曾经指示出过渡期经济的发展之特征的三个根本的经济形态及三个根本的阶级力量。

“这三个新的社会经济形态，是资本主义、小商品生产及社会主义。三个根本的势力，是布尔乔亚、小布尔乔亚（农民也在内）及普罗列达里亚。普罗列达里亚专政的俄国的经济，是社会主义的结合起来的——在全国的、统一的规模上——劳动的初步组织与在小商品生产的基础之上复活起来的资本主义的斗争。”过渡期的几个阶段中的小商品生产的存在，是决定资本主义与社会主义的斗争的形态与条件的最重要的契机。

过渡期经济的特殊性，不仅是在这种经济中存在着经济制度的种种形态及相互的斗争，并且在于这些经济制度的相互关系在过渡期的种种阶段中发生变化一点。换句话说，过渡期经济的特殊性，在经济构造的改革过程中，在克服并驱逐其他各种经济制度的过程中，展开了最高度的生产方法的建设，即社会主义的发展。做一句话说，过渡期经济的最大特征，是社会主义要素对于资本主义要素的克服。

在普罗列达里亚获得政权以前，任何社会主义的生产关系都不存在，在革命的变革过程中，“社会主义的经济构成的要素、小片、部分”，才发生出来。这就是普罗列达里亚革命的特殊性。俄国的普罗列达里亚，利用创设的权力去消灭资本主义的生产关系，根本改造小商品关系的秩序，“组织社会主义的生产”，“建设新的社会主义经济”。在这种变革中，必然地引起尖锐的斗争，同时解决了“谁战胜谁”的问题。

所以，过渡期决不是“平和的进化”、现存秩序的“固定”、“市民的平和”，而是新形态的普罗列达里亚的斗争的继续。同时，过渡期也就是社会主义的发展、建设和生成的时代。社会主义制度，渐渐征服其他一切的经济制度，然而这件事必须要普罗列达里亚在社会主义建设的种种阶段上，对于代表各种经济制度的根本的阶级势力，设定种种相互关系，才有可能。因此，在过渡期中，就出现了异于资本主义的完全新的斗争形态。在过渡期中，普罗列达里亚对于以前的榨取阶级及勤劳大众的态度，和以前是完全不同。这种特有的斗争形态，就是普罗列达里亚与中农大众的同盟，是普罗列达里亚对于广泛的勤劳大众之系统的指导的影响。现在获得特别重要意义的新社会主义规律的创造与涵养，也是这种新的斗争的形态。在激烈的斗争过程中，苏维埃经济的多样性被肃清了。

（二）过渡期经济的根本法则

关于过渡期经济的运动法则，有普列奥布拉仁斯基的社会主义原始蓄积法则与布哈林的劳动支出法则这两种错误的见解。

普列奥布拉仁斯基以为“国家经济内的经济生活的一切根本过程，都依从于社会主义原始蓄积的法则”。据普氏的意见，无论资本主义或社会主义，它们的发展，都要从“原始蓄积”开始，并且这种“蓄积”，无论在资本主义之下，或在社会主义之下，必然是由于榨取小农民生产的物质资源而完成的。普氏以为这个命题对于落后的农民国家具有特别重要的意义。他说：“转变为社会主义的生产组织的国家，经济上越落后，越是小布尔乔亚的或农民的，社会主义的蓄积，越要依存于先社会主义的经济形态的榨取。”

这种理论之方法论的谬误的根源，在于它的机械论的与形而上学的性质。据普氏的见解，过渡期的经济，是在两个法则——即价值法则与社会主义的蓄积法则——之上构成的。这两个法则，代表着两个经济体系——“社会主义体系”与“私经济的商品体系”（主要是农民生产）。普氏使社会主义的蓄积法则与“价值法则”抽象地对立起来，以为前者由于对后者的斗争，而“变化并部分地废除后者”。他以为在社会主义体系与私经济的商品体系之间，“不能存有长期的均衡，因为一个体系必然要蚕食他一体系”。

普氏这种见解混同了中农经济之特征的“私经济的商品”生产及单纯商品生产与资本主义的商品生产，抹杀了两者本质的区别。他忽视普罗列达里亚与中农的同盟，忽视社会主义之通过协同组合而影响农民经济发展的可能性，所以他想求“均衡”，使“被蚕食的农民商品生产”与蚕食它的“社会主义体系”抽象地对立起来。他使“社会主义的体系”与“私经济的商品经济”及两个“法则”完全孤立起来，因而分裂了经济的现实的统一性。

关于过渡期经济的根本法则的问题，布哈林采取了与普氏不同的立场。布哈林以为“劳动支出的法则”，是过渡期经济的根本法则。“劳动支出的法则”，在商品＝资本主义社会穿过价值法则之物神的外衣而显现，在过渡期经济，脱去了“价值的”外衣而显现。即在过渡期经济，随着社会主义原理的胜利，发生了“劳动支出的法则”与其价值的“外衣”的合体过程，“劳动支出的法则”，脱去了物化的神秘性，而变为过渡期经济发展之特征的“单纯的”劳动支出的法则。换句话说，布哈林以为这个法则的物质内容是不变的，只是它所表现的历史形态，随着社会构成的变动而不同。

在布哈林看来，“单纯的”劳动支出的法则与穿上“价值法则”之外衣的同法则的差异，只在于后者的劳动比例是自然发生的、自动的确立的，而前者是有意识的确立的。所以，他认为过渡期的经济，是资本主义与社会主义的均衡。

布哈林的这种“法则”，和普列奥布拉仁斯基的“法则”一样，不能说明过渡期经济的本质。劳动支出的法则，是空虚的超历史的抽象，完全不能说明过渡期的现实的、可变的规律性。他忘记了社会的劳动分配的比例是由于社会关系的性质及一定阶级的支配之如何而变化的。在资本主义之下，社会劳动的分配比例，由于资本主义的生产和分配关系而决定，在社会主义制度之下，社会劳动的分配比例，完全带有不同的性质。布哈林从某种一般的超历史的前提出发，不能正确的理解过渡期经济的统一性。

然则对于过渡期经济的根本运动法则之正确的解决，究竟怎样呢？

社会主义是人们建设起来的东西，不是自然发生的东西。资本主义的生产关系，在封建社会的胎内，已经自然地生长并成熟了，但是，在资本主义社会里面，只造出了社会主义的物质前提，而社会主义的生产关系，在资本主义社会中既未发生也未成熟。因为社会主义的生产关系，是有计划的有组织的生产关系。从它发生的瞬间起，就是要在普罗列达里亚有意识地实现的经济政策的推动之下才能向前发展。

新经济政策的主要内容，是社会主义建设的过程，即是社会主义生产关系的发展过程或社会主义的社会化的过程。这种社会主义的社会化，是由三个重要方向——社会主义部分的扩大再生产、小商品生产之社会主义的改造及资本主义要素的限制和消灭——来实现的。

这样，由上面三个方向来实现的社会主义社会化的法则，就是过渡期经济的根本运动法则。这个法则的内容，是过渡期全部经济的根本法则，不仅是社会主义部分的根本法则。如果没有这个法则，就不能建设社会主义，也就不会有过渡期经济。

社会主义社会化的法则，是通过新经济政策的计划而实现的。苏俄国家的经济计划，是实现社会主义社会化的法则的形式。在这种意义上，计划就是过渡期经济的根本运动法则。

资本主义社会的发展法则，是以一种盲目的必然性和自然性而活动。例如反映商品生产者社会关系的价值法则，是在生产者背后发生作用，而成为一种盲目的必然性，因而体现价值的东西反而支配了价值的创造者。

苏维埃过渡期经济，却完全不然。在过渡期经济中，绝没有独立于人类意志和工作以外的自然的发展法则。苏俄国家，是依据劳动大众所了解的预定计划，去指导生产方向工业化和集体化的道路发展，应用新的技术，分配劳动力于国民经济的各部门，分配劳动成果，以及准备新的干部人才等等。在这里是以一种理智的集团意志去完成一切的。所以苏俄的，是苏维埃经济发展的基础，是苏维埃经济的生产关系之必要的一个因素。

苏俄的政治机构，与其政治或政治斗争密切地结合着。因为这种政治机构，不仅是政治的组织，同时是国家的经济机构，是直接推动巨大的生产手段的经济机构。

当作政治组织的普罗列达里亚政权，是解决普罗列达里亚革命的经济任务的基础。而经济问题之解决，即苏联社会主义建设的经济组织任务的解决，因而又扩大并加强普罗列达里亚政权的基础。所以政治一方面是经济的一种表现，同时又是推动经济的推动力。这就是过渡期的政治和经济的相互关系之辩证法的理解。

（三）资本主义经济的范畴不适用于过渡期经济

资本主义的范畴，是资本主义经济所固有的东西，自然不能适用于过渡期经济。现在就过渡期经济中的几种重要的范畴，加以简单的说明。

首先说明商品和货币。苏俄“国营的生产，即与农民粮食相交换的社会主义工场的生产品，决不是资本主义的意义上的商品”。苏联的商品与货币，与资本主义的商品和货币，尽了完全不同的作用。

苏联的商业和货币的根本特征在于：它们不是体现商品＝资本主义经济运动之盲目的法则——价值法则，不是统治人们的力量，而是新政治机构之下的社会主义建设的工具。

新政治形态下的商业，是发展社会主义工业的工具，是为社会主义蓄积而动员内在的资源的手段，是计算苏联劳动大众的消费和需要以及刺激新商品之生产的手段。苏联的商业，是克服资本主义成分的工农团结的工具之一。

苏联的货币，在建设社会主义的过程中，也尽了极重要的作用。它首先是计算社会劳动的工具。在苏联社会劳动的计算，采取了货币的形式，然而这是有计划的计算，所以它不是盲目的价值法则的表现形态，而是计划领导的工具。

当作社会主义建设的工具的苏联货币之主要机能，在于“卢布管理”。即利用货币去控制工业计划之执行，供给企业以资源，实现对商品流通之管理，使供给的事业合理化。利用它作为联络并指导小商品生产的手段，作为社会主义的改造小商品生产的手段，作为发展并巩固集体农场的手段，作为实现社会主义工业化而重分资源于各部门的手段。

苏联的商品货币形态之存在，是由于社会主义生产关系本质中发生出来的。只有在高度社会主义社会的条件之下，才能消除货币的必需性，才能直接以生产品交换，实行分配，直接以劳动时间计算。

其次，资本主义社会的基本范畴——资本和剩余价值，在过渡期是否存在？自然在过渡期经济中，有资本主义的分子（富农、耐普曼[①]）和小商品生产存在，所以在资本主义的经济要素中，即在富农经济、个人工场及国家资本主义的企业中，存在着资本主义的生产关系，劳动力被榨取，因而有资本和剩余价值。但是，我们要知道，这些企业中劳动者的资本主义的榨取，由于普罗列达里亚的国家，通过租税工资的取缔、劳动日的缩短等等，而受了种种的限制。并且随着集体化的普及与富农的肃清，这种榨取必然消灭。

在单纯的商品经济要素中，生产手段属于生产者所有，他们的劳动力不是商品。所以在这种经营中，资本主义的生产关系不存在，因而没有资本和剩余价值。

---

① 耐普曼，指新经济政策实施后产生的新兴小资产阶级，通常为企业主或小商人。——编者注

在社会主义的企业中，资本和剩余价值当然更不能存在了。国营企业（国营工业和国营农业），是彻底的社会主义形态的企业，在这里，生产手段不是资本家私有，而是属于国家，属于劳动者阶级全体。劳动者与生产手段既不分离，劳动力便不是商品，劳动者没有把劳动力卖给资本家。所以在国家企业中，没有两个阶级，没有榨取，只有新的社会主义的生产关系——这是种种阶级间的生产关系，是同一阶级内部的生产关系。至于集体农业，虽不是彻底的社会主义的企业，而它的生产关系也带着社会主义的性质了。

所以，在国营企业或集体农业中，资本主义的生产关系是不存在的，因而不能适用资本和剩余价值的范畴。

根据上面的说明，在苏联的社会主义企业中，劳动力已经不是商品，那么，苏联的工资，本质上根本与资本主义的不同，工资的水准，不是由劳动力的价值去决定，而是由别的因素去决定。

苏联的工资，以适应于劳动之质和量的分配的社会主义原则为基础。它首先是体现着个人消费的基金与社会主义蓄积的基金间的关系，它不外是劳动阶级因满足个人需要而领得的社会劳动证券。

工资的主要的水准，是根据两种因素决定的：一方面，必须保证社会主义建设之应有的速度，于最短期间，在经济＝技术关系上，“赶上并超过”最先进的资本主义国家；他方面，必须有系统地提高劳动阶级的生活水准。这一点，与在资本主义之下，工资盲目地被价值法则所规定的事实，是根本不同的。

（四）过渡期的扩大再生产的意义

苏联过渡期经济的再生产过程，与资本主义的再生产根本不同。我们知道，资本主义的再生产，是资本主义生产关系的再生产，它渐次再生产出奴使工资劳动者及保证资本家之榨取作用的条件。扩大再生产的结果，增大了资本对于劳动的统治权力，使小生产者破产，使劳动阶级更加穷困了。

苏联的扩大再生产，是社会主义生产关系的扩大再生产，它足以消灭剥削的一切原因，提高劳动者的生产力及劳动者物质的和文化的生活水准。

社会主义关系的扩大再生产，首先表现出苏联经济中社会主义部分的绝对的与相对的增加和巩固。譬如社会主义的工业在全工业中的比重，在一九二六——一九二七年为百分之九七点七，在一九三三年为百分之九九点九三。由此看来，可以知道因为第一个五年计划成功的结果，使“社会主义的经济体系，在苏联工业中，已经成为唯一的独占的体系了”。

在农业方面，因为小农经营之大批的集体化与国营农场的增大，农村经济的社会主义成分，到一九三四年初，已占全部耕地的百分之八四点五，而农村中个人的农业经济，已“降为次要的地位了”。

所以社会主义关系的再生产，变化了苏联经济中的成分，现在，国家资本主义与私人资本主义的成分已经没有了，小商品生产的成分，已降居次要的地位了，而“社会主义的成分，在苏联全部国民经济中，是统治的与唯一领导的力量”。

社会主义关系的扩大再生产，不仅根本上改变了各种经济体系的关系，而且根本改变了各部门的关系。即创设了许多新的工业部门，如纺织机器厂、汽车工厂、耕种机器厂、化学工业、飞机制造厂等，这都是旧俄时代所不知道的东西。

社会主义生产关系之伟大的增长，是在提高生产力的基础之上来完成的。而苏联工业发展的速度所以能超出于资本主义的发展速度，正在于社会主义经济的优点与社会主义的蓄积及资本主义的根本上的差异。

我们知道，在苏联社会主义的经济中，生产手段不是和劳动者相对立，而是全体的公有物。这一点可以说明劳动者对于劳动的关系和在资本主义社会中原则上是不同的。所以，大众劳动的活跃、社会主义的竞赛与突击队等等，给社会主义的蓄积造成新的资源，促进生产力之空前的发展，这是在资本主义生产方法之下梦想不到的事情。

同时，苏联经济是有计划的经济，政府自觉地使它走上社会主义关系的扩大再生产的路线。而且苏联经济没有生产社会性与私的占有之间的矛盾，所以在它的增长与发展上，不会发生生产过剩的经济恐慌。所有这些优点，给予苏联以飞跃发展的可能性。

二、过渡期经济的发展

（一）战时共产主义

关于过渡期经济及其发展，不能抽象的、“普遍的”去考察，必须顾虑到社会主义经济体系发展中的各个阶段，不能忽视种种经济制度相互关系的变化，顾虑到社会主义建设各阶段的生产力的状态。以下试就苏联过渡期经济的发展，加以简单分析。

十月革命以来，苏联便走上了社会主义发展的道路。从普罗列达里亚获得政权之日起，就宣布把一切有全国意义的企业，如大工业、银行、铁路、航业、矿山等等，收归国有。无条件地没收地主、皇室、教会的私有地，由国家分给农民耕种，严禁私人间的土地贷借及雇佣劳动的耕作。这就是所谓战时共产主义时代。

这时代的苏俄国家的经济政策的任务，必然地只限于社会主义工业的主力之强化及重要生产力的劳动阶级之维持。战时共产主义，表面上是社会主义的、集中化的、计划的生产与分配之整然的制度，实际上，这个制度的全体，是顺应内乱之必要的新政治形态。

但当时，一方面由于不断的内乱和外患，他方面由于新政权尚未臻于巩固，所以，虽然严重地适用社会主义的原则，把大产业和土地收归国有，但是并未能促进生产力的增大。尤其农民的怠耕。在农业国的俄国，尤其革命后的俄国，正困处于资本主义各国的经济封锁之中，再加以农民的怠耕，那真是致命伤了。

所以，“在小农国中，由于普罗列达里亚国家直接的命令来共产主义的统制生产物之国家的生产和国家的分配”的企图失败了。“在俄国实现社会主义的前提条件，尚未具备，苏维埃政府过去所采的战时共产主义政策，是应付难关的非常手段，现在非退一步先把实现社会主义的前提条件造出来不可了。”于是在内乱停止后，就放弃了直接的社会主义的攻击方法，而采取了创造实现社会主义的前提条件的途径。

（二）新经济政策时代——复兴期

苏俄国家，首先要保证谷物、原料、燃料的运输和工业的发展，因而要用断然的应急手段，促进农业的发达。

于是苏联政府，就施行现物税，代替谷物征收制，允许商品交换的一定的自由——这是数百万小商品生产者经济发展的必要手段。

但是，中农经济发达的自由，是资本主义发达的自由，“交换的自由，是商业的自由，是资本主义的自由”。所以苏俄政府当征收现物税，允许商业的自由时，第一要限制资本主义的成长，第二要准备把农业加以社会主义的改造。

所以“新经济政策，是普罗列达里亚国家的特殊的政策，这个政策，是在普罗列达里亚国家掌握支配的地位之下，允许资本主义的存在；是资本主义要素与社会主义要素的斗争，是资本主义要素的减少与社会主义要素的作用的增大，是社会主义要素对于资本主义要素的胜利”。

新经济政策之基本的决定的任务，是要在社会主义经济与农民经济之间设定联合——主要的是联合中农。

国营商业、合作社及小信用制度，是结合小农经济与社会主义的大工业的经济纽带。它给予普罗列达里亚以指导中农使他们脱离耐普曼的影响的可能性。普罗列达里亚利用合作社相当地克服了农民经济的分散性、无政府性、无组织性。在新政治形态之下，农民合作社，是结合农民经济与社会主义经济的结合体。

复兴期的本质，是基于社会主义诸关系之发展的工业的复兴，是基于商品关系之发展的农业的复兴。这就是充分地表现着复兴期经济的二重性。所以驱逐和限制资本主义要素的政策，是同时与资本主义要素并存的，因为那时根本消灭资本主义的充分的经济基础，尚未存在。

在社会主义要素的质与量的生长发展之下，在加强对于中农的联合之下，允许普罗列达里亚去开始攻击都市和农村的资本主义的分子。

大工业的复兴，尤其是重工业的生长与电气化的发达，是这种攻击的准备条件。农业上技术变革的基础之创设，决定了农民经济之大量的社会主义改造之实在的可能性。

（三）第一个五年计划——改造期

复兴期经济的成功，造出了变更国民经济的技术的基础。于是在第十五次党大会上，提出了集团经营化的口号，指示出国民经济发展的五年计划的根本原则。改造期的新任务是：社会主义的工业化，由农业国向生产生产手段的工业国的转化，国民经济全体的改造及社会主义经济基础的建设。

但是，社会主义的工业化，紧密地依存于原料资源的增大及农业的发展。因为“无论到什么时候，即无论经过多长期间，决不能使苏维埃的权力与社会主义的建设立脚于两个不同的基础——结合起来的最大的社会主义的工业与分散的落后的小商品的农民经济——之上。必须有系统地坚决地将农业树立在新的技术基础之上、于大生产的基础之上，使它接近于社会主义工业”。

但是，农业上技术的变革，必然需要农民经济的社会关系之经济的变革，而后者的变革，只在农民经济的改造之下才有可能。

所以，社会主义的工业化，必然地要求农村关系的变革——分散的小农民生产向大集团的农业形态的转化。于是通过农业的集体化，而生出普罗列达里亚与农民结合的新的生产形态。

农业技术的改造，在数百万小农经营的集体化的过程中实现了。技术的改造，在农村中，扫荡了资本主义的要素，消灭了资本主义的主要基础——个人的小农经营。

在改造期中，所谓“谁战胜谁”的问题，在农村已得到根本的解决了。社会主义的诸关系，变成了全国民经济的支配关系。

三、苏联经济的现阶段

（一）社会主义经济基础的建设之完成

上面说过，过渡期是社会主义的生长、发展的时期，我们不能认为它是和社会主义时代绝对隔离的时代。从过渡期的开始，社会主义经济形态的生长和发展就开始了。在上述五种经济制度中，社会主义的制度，是处在主导的形态。社会主义的这种主导作用，影响于新经济政策的一切生产关系，而给予它的生产力以新的社会主义的质。新的社会主义的构成，在它的发展上，经过了几个阶段，这些阶段，反映着社会主义的制度在激烈的阶级斗争之下逐渐驱逐了其他一切制度的过程。只有在经济基础的建设成功以后，才能保证社会主义的胜利。

所谓社会主义经济的本质或经济基础，不外是使农业和社会主义的工业结合为一个全体的经济，使农业服从社会主义的工业的指导，基于农业和工业的生产物之直接的交换而设定都市与农村的关系，断绝或排除资本和阶级所由发生的道路，造出消灭阶级的生产和分配的条件。

这种社会主义的经济基础，在第一个五年计划完成后，已经建设起来了。第一个五年计划的成功，造出了“完成国民经济全体的改造的根本基础”，造成了社会主义的大机械工业的基础，引起农业上根本的变革，使苏联变为一个“基于集体农场与国营农场的展开及机械技术之广泛的应用的世界中最大的农业国”。第一个五年计划的社会主义胜利的建设，彻底断绝了农村中资本主义的根源，肃清资本主义的要素，完全地消灭了阶级。

所以，现在苏联，已经达到了社会主义建设的转向点，扬弃了新经济政策的最初阶段，克服了社会主义的改造的困难与敌对阶级的抵抗，脱离了旧意义的过渡期，走入了社会主义的时代。

苏联由过渡期转向到社会主义时代，是在坚忍斗争的过程中完成的。在工业方面，最后地驱逐了资本主义的残存物，以空前的速度赶上资本主义国家，将农业国转化为工业国，完成了社会主义形态对于小商品生产形态以及资本主义形态占据优势的工业化。在农业方面，由于集体农场的成功，肃清了富农分子。小农经营之社会主义的改造，空前地提高了农业生产力。国营农场与集体农场的建设之显著的成功，农业的机械化，农业设施的计划与实际的指导，以及谷物畜产等问题的解决等等，证明了农业与社会主义的工业逐渐结合为一个全体的经济，农业越加依从于社会主义工业之计划的指导了。苏维埃商业的组织，及勤劳大众物质的文化的生活水准的向上，显示着社会主义经济基础的建设已经完成，阶级消灭的经济前提已经造出了。

（二）社会主义经济建设的前提条件

根据上面的说明，现在苏联已经完成了社会主义经济基础的建设工作，而走上了社会主义建设的途程。在这个社会主义建设的工作上，必须从下面几个前提出发。

第一，生产的机械化与国民经济技术的改造。劳动过程的机械化，对于社会主义的建设，是新的决定的力量。没有它就不能维持生产的速度与新的生产规模。这里所说的技术的改造，并不是现存的社会主义的国营企业借用先进的资本主义的技术，而是要创造在经济上 = 技术上结合工业与农业的新的社会主义形态。即要求新产业部门与社会主义国家之完全的技术独立。按照地域有计划地分配生产力，在社会主义条件之下，创造新形态的技术，并且使资本主义的最进步的技术与社会主义的劳动组织结合起来。

第二，失业的消灭。由于农民经济之社会主义的改造，而停止了农村的分化过程及农民的流入都市，因而消灭了利用劳动市场以“自然放任的”取得劳动力的可能性。利用集体农场的契约及劳动组合的动员，代替市场上劳动力的买卖，树立召集劳动力的社会主义的新组织。

第三，劳动支付的变化。在社会主义的条件之下，劳动者没有创造出剩余价值，而是生产出失去从来敌对形态的社会主义的生产物。劳动力已不是商品。劳动者的工资，不依存于资本主义的价值法则，而依存于社会主义建设之一般的成功。但是，在社会主义经济体系中，劳动的支付，也并不是不分劳动的性质和资格而一律“平等”的。

第四，生产过程的正确的组织、企业中劳动力之正当的分配以及各劳动者对于自己应作的劳动严格的负责。在社会主义的条件之下，劳动者对于劳动质和量要切实负责，从劳动阶级本身中养成社会主义发展上所必要的生产上＝技术上的人才，全面地利用旧技术的知识和经验于社会主义建设的事业中，把社会主义的劳动组织，置于科学的基础之上。

第五，社会主义生产基础之长足的发展与社会主义对于其他经济制度残存物之完全的胜利。这是要以社会主义的生产力与生产关系的扩大再生产作前提的。社会主义的再生产，只在社会主义的蓄积存在时才有可能。所以在社会主义经济体系之下，必须加强经济计算的原理，消灭放浪经营，为减低原价而斗争，动员工业内的资源，保持严格的节约制度，以保证社会主义的蓄积和再生产。

（三）第二个五年计划的任务

第一个五年计划之社会主义建设的成功，准备了苏联社会主义今后强大发展的基础，于是更树立了第二个五年计划，以争取社会主义经济之最后的胜利。

第二个五年计划的根本任务，第一，在于最后的肃清资本主义要素与阶级一般，完全地消灭产生阶级差异与榨取的原因，克服经济上及人类意识上资本主义的残滓，将国内全体勤劳人口转化为无阶级的社会主义社会之意识的能动的建设者。第二，提高劳动者及参加集体农场的大众的生活水准。第三，完成工业、运输及农业之技术的改造。

第一个五年计划的完成，即社会主义经济的基础工事的完竣，最后地扫除了阶级榨取的经济基础，然而这只是完全的社会主义改造的开始，只是保证了在都市和农村中社会主义经济最后的前进的胜利，而经济上及劳动者意识上资本主义一切残滓之最后的肃清，必须以彻底地废除生产手段的私有为前提。这种私有之最终的废除，只有在社会主义新技术基础及技术改造的展开之下才有可能。所以第二个五年计划之根本的决定的经济的任务，就是要在国民经济的各部门造出最新的技术基础。实现了这个任务，才能保证苏联经济在技术方面脱离资本主义世界而独立。

技术的改造，是勤劳者意识中资本主义残滓之决定的肃清与他们文化水准之决定的向上的必要条件。但同时，如果大众的文化没有提高，国民教育没有普及，经济干部未能学得必要的技术，新的普罗列达里亚的技术人才未能养成，以及各种民族经济上文化上的落后状态未能扫除，那么，技术改造的任务，便不能完成。所以技术改造与文化革命之辩证法的相互作用，才能保证苏联全体勤劳者转化为有意识的能动的社会主义建设者。

（四）社会主义经济的将来

社会主义在它的发展上，可以分为两个阶段，即低级的社会主义阶段与高级的社会主义阶段。现在苏联便是走上了低级的社会主义阶段。低级的社会主义社会，是刚从资本主义社会脱化出来，实际上，在新组织中还遗留着旧社会的残存物。所以在这个阶段中，无论在经济上、在道德上、在精神上、在其他一切关系上，都还没有脱除旧社会的熏染，因此，生产机关虽然国有，阶级的区别与阶级的榨取虽然消灭，但在分配上，还只能实行“各尽所能，各取所值”的原则。

在这种社会里，一切人都成为社会的劳动者而劳动，各人都是按照他提供于社会的劳动而从社会领受一定的报酬。在这种场合之下，自然要发生许多不公平的事情。因为把劳动当作尺度使用，这就于不知不觉之中，把不平等的个人的天分和劳动能力，认做“自然的特权”了。

然而这些弊害，在低级的社会主义社会中，是不可避免的现象。只有“在社会主义的高级形态中，在由于人类受制于分工的原则而造成奴役人类的隶属消灭之后，精神劳动和肉体劳动的对立废除之后，在劳动不仅为维持生活的手段而成为第一个生活要求之后，在生产力随着各个人全面的发展一同增加而社会财富的一切源泉都十分流出了之后，到了这个时候，社会才能完全克服了布尔乔亚权利的狭隘的界限，而在旗帜上写着：各尽所能，各取所需”。

第三篇 | 社会的政治建筑

第一章 阶级

第一节 科学的阶级观

一、阶级的概念

（一）当作生产力与生产关系的矛盾的表现看的阶级对立

在研究了社会的经济构造以后，我们就更进一层去研究政治的上层建筑了。

一切政治现象，都是阶级现象。所以，为要理解政治的上层建筑，必先理解阶级的全部理论。

基于前篇的研究，我们知道，社会发展的自己运动的源泉，是生产力与生产关系的矛盾。这是社会发展的一般法则。但是生产力与生产关系的矛盾，因具体的历史发展阶段的特殊性，表现出各种不同的形态。大体上说来，这个矛盾，在人类社会的全部历史中，有非敌对的矛盾与敌对的矛盾两种不同的表现。在表现为非敌对的矛盾的阶段上，社会是无阶级的；在表现为敌对的矛盾的阶段上，社会是有阶级的。所以，当生产力与生产关系的矛盾发展为敌对的矛盾时，社会就分裂为阶级，而阶级的矛盾或对立，就成为社会自己发展的特别的内的矛盾，因而分裂为阶级以后的社会，就成为阶级矛盾的历史了。从分裂为阶级之时开始，社会就运动于阶级的矛盾之中；特定的生产方法，由于内的矛盾而转变为进步的新的生产方法，而这种转变，是通过阶级的拮抗而实现的。所以阶级拮抗，是阶级社会发展的原动力。

生产关系，在一切社会关系之中，是根本的决定的东西，所以阶级关系，浸透于一切社会关系。尤其是政治关系，完全是由阶级关系产生出来的。阶级关系在政治关系上的表现，即是支配与被支配的关系。经济上的榨取阶级，是政治上的治者阶级，而被榨取的阶级（如奴隶与农奴），在政治上是绝无权利的被治阶级，这是很显然的历史的事实。又如现代资本主义社会中，劳动阶级，在表面上好像与资产阶级享受同等的政治上的权利，但实际上一切政治上的支配权完全属于资产阶级的政党或金融贵族的集团，这也是很显然的事实。表面上虽然没有法律上的特权或身份上的差别，而国家的一切政事，完全由经济上的权威者发号施令。但是在另一方面，被榨取的阶级的运动，也集中于政治的权力。奴隶制社会中奴隶的暴动，封建社会中农民的暴动，在其本质上都是政治斗争。现代社会中普罗列达里亚的运动，其中心的目标也是夺取政治权力，并且也都组织政党，从事于这个目的的运动。

所以，一切阶级矛盾都是政治斗争，阶级的社会，即是政治的社会的。阶级是什么？这可以由下述一个古典的定义来说明。

（二）阶级的定义

“阶级是由于人们在历史的特定社会生产体系中所处的地位，由于他们对于生产手段的关系（其大部分经法律制定并赋以形式），由于他们在社会的劳动组织中的任务，由于他们依怎样方法并在什么程度去领受社会财富中所能处理的部分等，而互相区别的人类的大集团。阶级是人类的大集团，是由于他们在特定社会经济制度中的地位的差别，而其一方能独占他方的劳动的人类集团。”

就上述定义，分为五项来考察，即：

第一，在历史的特定社会生产体系中所处的地位；

第二，对于生产手段的关系（其大部分经法律规定并赋以形式）；

第三，在社会的劳动组织中的任务；

第四，依怎样方法并在什么程度去领受社会财富中所能处理的部分；

第五，由于在特定社会经济制度中的地位的差别而其一方能独占他方的劳动。

以上五项，是规定阶级的必然的标帜。这五项标帜，是不可分离地结合着。但这五项标帜之中，第一、第二、第三三项，是基本的，主要的，指导的，第一义的标帜。“阶级间的差异之根本特征，是社会生产中的阶级的地位，因而是对于生产手段的阶级关系。”至于其他二项，虽是必然的，却是第二义的，不能单独地成为阶级差别的基础。

科学的阶级观，是由历史主义所贯串的。阶级决不是永久不变的范畴，阶级只是在社会的一定历史的发展阶段上才发生的。并且，阶级的发生，既是一定历史的发展阶段上必然的产物，必然不是由于外在的原因，如政治的强权与军事的征服等，而是起源于社会本身之内的发展，起源于经济的发展。

科学的阶级观，把阶级社会的经济构造——历史上特定社会的生产体系，一定社会经济制度中社会集团所占的差别地位，作为阶级差别的基础。随着生产方法的变动，生产关系的体系也起变化；即是说，随着新的敌对的社会构造之发生，那种和这构造密切结合而又随同它一同消灭的新的主要阶级就发生出来。社会的生产体系中各阶级的地位，首先表现于特定社会的生产手段的这种阶级关系之中。换句话说，这种阶级的地位，由各阶级间的生产手段分配的差别所规定；而在经济上占据支配地位的阶级，是生产手段的所有者；其他的阶级，或完全脱离生产手段（如劳动者阶级），或成为单纯的工具而附着于生产手段（如奴隶或农奴）。

可是，生产手段有无的差别，不单是各阶级间的财产上的差别。人们间不同的生产手段的分配，同时是人们在一定生产关系之下的配列。各阶级对于生产手段不同的关系，是由特定生产方法发生的。因此，它产生了各阶级在社会的劳动组织中的不同的任务。生产方法，规定各阶级间生产手段不同的分配，规定由这种分配发生的各阶级在生产过程中不同的任务（如劳动者的直接的劳动和资本家的命令权等等）。劳动组织中各阶级的任务，又固定着生产手段的特定分配形态。

在现代社会中，资本主义的生产方法，预定着资本家占有劳动者的剩余劳动，同时又伴随着资本家对于企业的命令，资本家把关于生产管理的命令的机能委托特别雇员（经理技师等）去实行。在这种情形，资本家所以成为资本的所有者，并不是因为他直接或间接去管理产业；反之，资本家之所以成产业的指导者，是因为他是生产手段的所有者。所以“产业上的最高权是资本的属性，这与封建时代的军事上及裁判上的最高权是土地所有的属性，正是相同”。

历史上特定经济构造中各阶级不同的地位，他们对于生产手段的关系以及在社会的劳动组织中的任务，产生出一方独占他方的劳动的可能性，规定阶级的剥削及这种剥削的历史形态。各种历史形态中独占生产手段的支配阶级，靠剥削被压迫阶级来生活，因而攫取社会财富中的大部分。

以上是社会阶级的最重要的基本的标帜。但是除了这些标帜以外，还有补足的标帜。这些补足的标帜，必须拿来和那些基本的标帜（生产体系中的阶级地位，对于生产手段的关系及其在劳动组织中的作用）关联起来，才能正确地理解它。所谓补足的标帜，首先是政治的标帜。这就是用政治权力制定财产上的差别，并赋以形式，借法律的力量来保障它。这个政治的标帜是必须考虑到的，否则就容易转落到“经济主义”的立场。

还有，取得收入的方法，以及领受社会财富中所能处理的部分，是由特定的生产与分配方法所规定的。如果单只采取收入的源泉以及收入的多少两个标帜，就不能正确地理解阶级这个概念，并且容易混淆基本的阶级差别。但是把这些补足的标帜拿来和上述基本的标帜一同考察之时，补足的标帜，在规定阶级的概念上，也有同样的意义。这些补足的标帜，指出阶级间的根本差别是采取何种形态显现的：即指出阶级的根本差别，在阶级间的社会财富之分配方法，以及社会的生产物之消费领域中是怎样显现的。所以阶级的补足的标帜，说明生产物之差别的分配，把生产手段不平等的分配再生产出来，并且加强这种不平等的程度。

然而阶级的榨取，引起阶级冲突。在各种敌对的生产方法之中，总是实行着为自己的利害而起的阶级冲突。支配阶级，势必要维持要保障自己的独占的地位。而经济上政治上被压迫的阶级，却与前者的利害不相容。总是想打破特定榨取形态，随着要废除那种生产关系的总体，而代以新生产关系。这种阶级的矛盾，不是在特定生产方法的范围之中所能解决的，因为这种生产方法，是建立在特定阶级的榨取形态之上的。这阶级的矛盾之解决，只有废除旧生产方法及旧阶级的生产关系，而代以新生产方法及新生产关系，才有可能。

以上是科学的阶级观的要点。

科学的阶级观，有下述三个最主要的特殊性。

第一，科学的阶级观是由历史主义所贯串的。阶级及阶级社会之存在，与历史上特定的生产形态相结合。阶级是在历史上变化并推移的范畴。阶级社会不是永久存在的东西。阶级是在社会的生产之一定发展阶段上才发生的，随着无阶级分裂的社会制度之成立而消灭。

第二，社会分裂为阶级的根据（即基本的阶级标帜）是横在生产方法本身之中，必须就其在历史的特定社会生产体系中所处地位的差异去说明。各阶级对于生产手段的关系及其所负的任务，虽受各阶级间生产手段分配上的差别与特定阶级的剥削形态所规定，但另一方面却又使生产手段分配上的差别与特定阶级的剥削形态更趋巩固。这些，是社会阶级的基本标帜；经济上、政治上及意识形态上的标帜之总体，都是从这里发生的。

第三，阶级的榨取与阶级利害的对立，必然引起阶级的冲突。这阶级的冲突，是历史的发展之起动力。一切阶级的社会，都建筑在两个主要的阶级对立之上。这两个主要阶级之中，一个是被榨取的阶级，一个是榨取阶级。两者在经济上政治上及意识形态上，实行着种种的斗争。

（三）关于阶级的错误观点之辨正

旧来社会科学家，对于阶级的概念，有种种错误的见解。第一种错误的见解，根本否认现代社会的阶级的差异，说现代“民主主义”制度是以平等为原则，根本上无所谓阶级的不平等；因此把一切阶级的不平等，都归属于过去的历史的现象。这种见解，或用人种的斗争的主张，或用政治强力的主张（例如把阶级看做单是奴隶制度或封建制度的特征），或用过去历史上身份之法律的区别，去说明一切阶级的不平等。这种见解的错误，是很明显的。人类的斗争和政治的强力，不能成为阶级分裂的原因，并且单只采取政治的标帜去说阶级的差别而切离其与经济的联系，这是单用第二义的标帜去区别阶级的错误。

至于法律上的身份关系，虽然和经济上的阶级关系相适应，但阶级关系决定身份关系，而身份关系不能决定阶级关系。身份的成立，发源于阶级关系。因为独占生产手段的阶级对于无所有者的阶级，必须在法律上设定不同的身份，以巩固其榨取的方法。并且这种身份关系，因其在生产关系上有无需要为断，不必与阶级关系相适应。例如在奴隶制或封建制的社会中，奴隶所有者或土地所有者，为要强制奴隶或农奴供其剥削不能不设定与权威关系相同的身份关系，以统治奴隶或农奴。到了现代社会，资本阶级对于劳动阶级的榨取，已无利用超经济的强制之必要，因而法律上身份的区别也失其必要。所以身份与阶级的差异，完全是历史的性质。身份是拥护一定阶级的榨取之法的组织，阶级却是直接由这种阶级的榨取之社会的机能而演成的自然的组织；身份以适合特殊阶级利益为法律的特权，而阶级不是法律的特权所能维持，乃是生产关系与剥削关系所形成所维持的。所以法律上的身份关系，在现代社会中，虽由于生产关系的性质而失其必要，可是阶级的对立却是仍旧。由此可知，法律上的身份区别之存在与否，不能成为否定阶级差异的根据。

第二种错误的见解，虽不否认阶级的存在，却是采用第二义的、表面的，或补足的阶级标帜之一，来说明阶级的差别，并证明阶级的差别与对立是一切社会所通有的，是万古长存的。

例如，有人这样说，人类的禀赋有“自然的差别”，因而在“生存竞争”中就有优胜劣汰的差别，因此特定社会的差别是必然发生的；这种差别，结局可从“社会有机体”中人类各集团的机能之自然的差别去说明。这种主张，是把“生存竞争，优胜劣败”的生物学的法则移用于社会，想证明社会的阶级分裂实是自然的法则。人类禀赋上的自然的差别，在任何时代原是不可避免的事情，但这种差别决不能成为阶级分裂的根据。在生产手段属社会公有的社会中，个人禀赋的优劣或强弱，在社会上所表现的差别，只是在其所担任的工作上的差别，这种差别，根本上就不是一个集团独占他一集团的劳动的差别，即不是阶级的差别。

又如，有人这样说，阶级的差别，是由职业的区别而发生的，任何社会都有分业，有分业便有职业上的区别，因而任何社会都有阶级的差别。这种主张，是故意采用暧昧的标帜去粉饰阶级间的根本矛盾的。职业之分类，与分业有密切关系。关于分业，在第三编之中，已经详细的说过。分业原是社会的劳动组织的一个方面，因而职业上的区别，可说是各个人在社会的劳动组织中的任务上的区别。但是社会劳动组织中的任务上的区别，还不能单独地成立为阶级分裂的根据。例如现在的机器工人和纺织工，建筑工程师与建筑工人，银行业者与制造业者的区别，决不是资本家与劳动者的区别。至于属于一种企业中的经理人与工人之间的职业上的区别，如果就其技术的生产关系方面说，还不是阶级的区别。两者之所以能成为阶级的区别，其根源还是存在于生产方法之中，存在于生产关系之社会的方面。即是说，这种职业上的区别之所以成为划分社会阶级的标准，是与“人们在特定生产体系中所处的地位”

及“对于生产手段的关系”两个基本标帜相关联的。这两个基本标帜如不存在，人们在社会的劳动组织中的任务的差别，决不能构成阶级的差别。

又如有人主张阶级的差别由各个人收入的多少而定，因而现代社会的阶级是千差万别的。这种主张，是用生产物的分配一个标帜（即前段所列的第四项）划分社会的阶级的。前面说过，这个标帜是补足的标帜，它与上述的基本的标帜（即前段所列的第一第二两项），有不可分离的关系，不能单独的划分社会的阶级。譬如用土地、资本和工资劳动作为三大系统观察现代社会的阶级时，说地主之所得是地租，资本家的所得是利润，劳动者的所得是工钱。这好像是用收入方法和收入量来区分阶级的。但这种生产物的分配的前提，在资本主义的生产方法中，地租以土地所有权为前提，利润与利息以资本剥削劳动为前提，工资以劳动力的商品化为前提。这就是说，生产物的分配，以生产手段的分配与生产体系中的位置为前提。

此外还有单用“政治的强力”或“法律上的特征”，作为区分阶级的标准的主张，其错误的根源，是在于专用补足的标帜说明阶级的差别，后面有机会时再作批判。

社会上既然有了阶级的分裂，各阶级的利害必然不能调和，而至于引起阶级的冲突。这种对立物的斗争，是阶级社会发展的起动力，是由现代到未来社会的转变的根本要素。这一点，在否认社会有阶级分裂的人们看来，当然是否认阶级冲突的。但在上述各种对于阶级没有正确理解的人们说来，他们虽然事实上承认阶级的存在，而在另一方面却承认阶级的利害可以调和，而否认阶级冲突的必然性。这是与上述科学的阶级观相矛盾的。

二、阶级的发生及其发展

（一）阶级的发生

原始时代，社会的生产力极其幼稚。这种幼稚的劳动生产性，在其与自然环境和社会环境的斗争上，只能得到极贫弱的酬报。因为社会的生产全体处在这样的状态，所以产出人对人的剥削的经济基础还不存在。因而原始社会中，任何的阶级，都不存在。

如我们所知，人类所以能脱离动物的境界，是由于劳动及劳动手段的生产。随着劳动手段的分化，同一社会的各种人员之间，就发生了分业。在原始共同体及家族之中，这种分业，是建筑在“纯粹的生理的地盘”之上的。家族及氏族的内部的男女老幼，都各有其不同的体力、经济与劳动技能，因而在劳动过程中，各个分任不同的工作。这种最初形态的分业，完全依据于自然的原因即生理的原因。但各种共同体是各自在不同的自然条件之下生活的。他们的生活形态和生产物的性质都各不相同。这种自然发生的各共同体间的差异，包含着社会的分业的可能性。各共同团体及各种族相互间的接触，在许多情形，常带有武力袭击的性质。不过武力的袭击，不一定能生效果。这种袭击，或以败北而告终，或以妥协而结束。于是一方面的掠夺不能发生，而萌芽的交换形态就发生了。

这样由分业而引起的交换，最初是在共同体相互之间，即在一种族和别种族相接触的境界上发生的。这些共同体间的交换，建立了他们相互间的联络和统一。于是社会的分业，最初是在各个共同体的生产部门之间发生的，往后又在互相统一的生产部门之间发生了。照这样，就发生了以生产被交换的剩余生产物为目的的事实，而剩余劳动变成了有利的条件。所以私有财产那东西，就随着交换的发生而被确立了。

同时，在共同体本身之中，社会的分业也发生了。因为共同体中有一定的共同事务（如争议的裁判，个人跋扈行为的禁压，河川沼泽的管理等等）存在，而这些共同事务，必须在全社会的监督之下，委托一部分个人去处理。而这一部分个人为完全其职务起见，又必须设有一定的权力。随着生产力的增大，各个共同体之间，就发生了共同的或抗争的利害关系，因而以这种利害关系为中心的共同体，就被造成一个较大的全体。于是一种新的分业就成为必要，因而保障共同的利益，调剂抗争的利益的机关就自然地发生了。于是站在公共机关的人们，因为由偶然变为世袭的原故，因为需要增大的原故，便渐渐地特殊化而成为特殊阶级。他们由社会的公仆转变为社会的主人，但社会的分业，在生产手段私有出现以后，才带有阶级的性质。

社会的机能之分化过程，与剩余劳动及私有财产的发达过程，两者互相补充，互相结合，产出了阶级社会。

分业是阶级发生的基础。单只有分业，还不能发生阶级，例如古代印度的共同体，分业虽已发生，而阶级还不存在。后来因为剩余劳动和生产手段的私有已经出现，商品经济的萌芽已经发生，劳动力已取得市场价值时，这时候才开始出现了人对人剥削的经济基础，这时候，被委托实行社会的机能之一集团，才开始独占其他社会人员的劳动。于是社会便分裂为不同的阶级。

（二）奴隶制社会的阶级

奴隶制度，是人对人剥削的最初期的形态。家长制的自然经济，是奴隶制经济的低级形态。生产力的主要要素，仍然是人类的物理力的支出。随着劳动生产性的发达，剩余生产物的出现，就有了可以维持较多劳动力的生活资料，又有可以使用这些劳动力的工具了。而这种过剩的劳动力的来源，便是战争。战争所得的俘虏，在以前是被屠杀或烹食的，到这时便被当作生产的奴隶了。所以奴隶制度就是这样形成的。这奴隶制度，引起了农业与工业之更进步的分业。古代（例如希腊时代）之以历史条件下的阶级对立为基础的社会的进步，就是在这种奴隶制度之下成就的。

奴隶制度是生产力发达之必然的结果，是在历史上特定的阶段发生的。在一定历史的阶段上，奴隶制度的实施，是经济的进步之必然的前提，甚至对于为奴隶的人们也都是进步的。因为在种族斗争的从前的阶段上，被战败的人们横被屠杀，如今他们的生命却被保存了。当经济还是主要的停顿在自然经济的时期，榨取奴隶的可能性，还受那种经济的需要所限制。因为那种生产的特性，对于剩余劳动的需要不是无限制的。但是，往后随着生产力的发达，而许多民族都发生经常的交换关系时，使用奴隶劳动的主要目的就变为取得交换价值了。于是奴隶制社会的生产力大见进步，而奴隶的劳动被剥削的程度也更加强烈了。

奴隶制度，在一定的时期，虽然促进了生产力的发达，但往后却变为生产力发达的桎梏。例如罗马帝国之所以灭亡，是由于奴隶劳动已达到最高的发展形态而不能促进生产力的更进的发展。奴隶制已经失掉了它存在的本来的条件。奴隶对于奴隶所有者虽然起过多少次的叛乱，可是因为不能代表新的进步的生产方法，也不能指导社会的生产之改造。同时，奴隶所有者的阶级，也不能并且不愿改造社会。因此，斗争着的两阶级，因野蛮民族的侵入而终于共同倒坏了。

（三）封建社会的阶级

代替奴隶制经济而起的，是封建制度。封建社会，建立在封建地主对于农民的阶级的榨取之上。封建制度下阶级的榨取的形态，随着生产力的发达而变化而发展。最初的榨取形态是劳役地租。往后生产力发达起来，地主榨取现物地租比较榨取劳役地租更为有利。所以“现物地租，以直接生产者的较高级的文化水准为前提，因而是以他们的劳动及社会一般之较高级的发展阶段为前提”。

在劳役地租之下，农民受地主的监视人的直接强制而劳动；在现物地租之下，农民受法律所制定的一定社会关系的强制而劳动。这时候，农民为地主而实行的劳动，和为自己而实行的劳动，在时间与空间上都没有区别。农民的劳动时间，包含着必要劳动（为自己实行的）和剩余劳动（为地主实行的）两部分。在这种新的榨取形态之下，农民和他的家族，除了生产必要生产物与剩余生产物以外，还可以有多余的东西存留着。于是农民们有了积蓄的可能性，而形成为农民阶级内部分化的前提条件。富农与贫农的分化，就是这样发生的。

往后，更因为商品及货币流通的发达，使封建的自然经济趋于崩溃，而现物地租转变为货币地租了，封建的形态把一切可能性都发展了。于是封建形态的内部，产生出新的资本主义的榨取形态，富农榨取雇农的形态。地主也由自然经济而转变到资本主义的耕作了。

封建诸关系的特殊性，是政治的国家权力与各领主所行的直接的经济的强制之结合。领主也是政治上的权力者。包摄了政治上法律上及身份上的一切等级制度的封建社会组织，完全从上述特殊性发生。

阶级对立与阶级冲突，在封建制度之下，主要的是农民对地主的斗争。农民因为陷在绝望的境地，常常起来反抗地主。农奴的农民之基本大众，因为到处分散的原故，所以农民的暴动，常带有地方的性质。

因此，土地所有者的阶级能够利用这种弱点把农民暴动镇压下去。并且农民的反抗运动，缺乏明了的目的，所以容易为其他的阶级所利用，而不能得到胜利。

第二节　现代社会的各阶级

一、现代社会的主要阶级及其历史的发展

（一）两个主要阶级的发生

前面研究奴隶制社会与封建社会时，已经说明了：奴隶所有者与奴隶是奴隶制社会的主要阶级，地主与农民是封建社会的主要阶级；这两者的阶级的相互关系和剩余劳动占有的形式，规定着奴隶制经济与封建的经济。这里所说的主要阶级，就是说：这种阶级的存在，由特定生产方法所规定；这种阶级社会的生产关系的特性，由这种阶级关系所规定。

就资本主义社会说，无产阶级与资产阶级，是主要阶级。这两个阶级如不存在，生产过程中的他们的结合以及后者对前者的剥削如不存在，资本主义的生产方法是不能想象的。

资本主义社会的主要阶级，是在封建社会的母胎中发达起来的。以农业为基础的封建制度，其内部发生了手工业的生产。封建制内部行会的手工业之发达，同时引起了商业及商业资本的发达。集合一定数目的雇佣劳动者在一

个工场中劳动的资本家，造出了协业的资本主义的形态。这资本主义的协业形态，发展为农业经济和独立手工业生产的对立物了。

这样，封建制度的母胎中，产生了雇佣劳动者阶级与资本家阶级。资本主义，主要的是在都市发达起来的。随着大工业的发达，这两个主要阶级就成长起来了。资产阶级，逐渐争取经济的地位，同时又驱逐封建的支配阶级。资产阶级在其发展过程中，不但实行经济的征服，并且还实行政治的征服。资产阶级，在其最初的发展阶段上，出现为被贵族所压迫的特别身份，主要集中于都市之中。随着行会式的手工业之发达，自由的手工业者们（如意大利和法国），造出都市的自治的共同体。这种权利，或是依据于对封建诸侯的斗争，或是依据于对领主纳贡的代价，才得到的。在工场手工业生产时代，资产阶级与贵族及僧侣有别，成为“第三身份”即所谓“布尔乔亚”。工场手工业的生产越是发达，这第三身份也越是成长，而布尔乔亚与普罗列达里亚也越是分化了。

最后，大工业发达起来，布尔乔亚反抗封建贵族，推翻了他们的权势。资本主义的生产力之发达以及与它相适应的资本主义的诸关系，就与封建的生产关系、封建的特权、封建的国家相冲突。结果，布尔乔亚就掌握了国家权力，使适应于资本主义经济。

（二）两个主要阶级的发展

布尔乔亚掌握权力以后，就以普罗列达里亚为压迫的对象。所以布尔乔亚只改组旧的国家机关，使适应于自己的利益。布尔乔亚的思想家，常常把布尔乔亚的革命描写为争取自由、平等、博爱的斗争。但实际上布尔乔亚只曾努力废除妨害他们的支配的封建特权，破坏一切封建的及家长的诸关系。他们所承认的特权，只有一个，这是所有者的特权。布尔乔亚虽曾努力废除封建的特权而宣言了“平等”。但布尔乔亚的平等，却是事实上的不平等，有产者与无产者，榨取者与被榨取者，布尔乔亚与普罗列达里亚的阶级，仍旧是存在着。布尔乔亚曾努力废除阻害工商业发达的一切封建的轨道而宣言了“自由”。但布尔乔亚的自由，却只是财产上的自由，而对于雇佣劳动者却是不自由。

布尔乔亚，借助劳动者与农民的力量，推翻了封建领主的支配，把自己一阶级的利害宣言为社会全体的利害，把布尔乔亚的德谟克拉西宣言为全体国民的民主政治。但实际上，现代的国家只是布尔乔亚的国家。

可是在布尔乔亚的社会中，两个主要阶级间的矛盾却大大地发展起来了。普罗列达里亚，在其与布尔乔亚的斗争中，通过了种种发展阶段。

普罗列达里亚，在资本主义的初期虽已存在，但当时还是“自在的阶级”，还没有达到能够自己觉察他们自身是与对方对立的一个特别的独立阶级。即是说，他们还没有阶级意识，还没有转变为“自为的阶级”。

普罗列达里亚对于布尔乔亚的斗争，在最初期的阶段即已开始。最初，他们是个别的和资本家相冲突，其次是一工场全体的劳动者，一产业部门或一地方的地方劳动者参加这斗争。当然，在这初期的阶段上，他们的对象，不是资本主义的生产方法本身，而是它的外的表现。所谓破坏机器，烧毁工场等的运动，就属于这个时期。这时他们的目的，是在于回复到过去手工业者的地位。他们还没有理解资本主义的生产方法之阶级的本质。

但是，随着产业的发达，普罗列达里亚的力量也成长起来了。大产业集中了成千累万的劳动者。集团劳动的训练，在劳动者之间，造出阶级的纽带。他们就意识到自己是与资本的利害完全相反的社会集团。加以铁路邮电等交通机关的发达，更加速了他们联合的方法。在斗争的过程中，他们由“自在的阶级”转变为“自为的阶级”了。随着资本主义的世界经济之成立与发展，普罗列达里亚之国际的团结也随着成立并发展了。同时，劳动者各种组织（如劳动组合与党）也一样的发展起来，国际规模上的劳动阶级的统一出现了。

二、现代社会中的过渡阶级

（一）大地主

在现实上，单只两个主要阶级存在的“纯粹”抽象的社会，是不曾有过的。例如，在封建制之下，不单是地主和农民两阶级存在，此外还有手工业者、商业资本家和知识分子。

同样，在现代社会之中，也不单是资本家与劳动者两阶级存在，同时还有农民、地主、都市小布尔乔亚、知识分子及浮浪无产者。以下分别考察这各个社会集团，说明他们在资本主义下的作用。先说大地主。

地主，在封建制度之下，是支配的阶级。他们各人的品位与意义，是按照所有土地的大小而估评的。到了资本主义时代，在地主成为封建的残余而存在的处所，地主在其成为土地所有者的范围内，还具有社会的意义。他们在现代社会中所以还被重视，就因为他们是收取资本主义地租的土地所有者。从前一部分贵族，到了资本主义时代，不能不把自己的土地，作为工场的地址或佃租地，贷给他人使用，而收取地租来生活。有些地主，自己变为资本家。所以在资本主义之下，大地主虽被当作一个阶级维持着，却越发失掉独立的意义，变为资本家化的地主了。

地主所以还能维持为一个阶级，是因为他们的特殊利害所决定的。工场主或农业资本家，不能不把剩余价值的一部分，作为地租缴给地主，在这一点，他们是与地主相对立的。这是两个榨取者阶级之间的矛盾。榨取者阶级内部的各种政党，就是这种矛盾的表现。

但大地主与资本家之间的一切矛盾，在现代社会的界限中，早已不是根本的决定的矛盾。资本家与地主，都以维持现有的生产方法为利益。他们之间虽有某种程度的不一致，而在维持现制度一点却是一致。所以每逢普罗列达里亚的运动高涨时，两个阶级却总是站在同一的立场。

资本主义越是发达，地主与资本家的结合也越是巩固。从来的地主之中，也有自行组织产业企业的，也有做资本家企业的股东的，即地主同样是资本家。另一方面，资本家从没落了的地主买进许多土地，兼充地主。

所以地主在资本主义之下，是逐渐失掉特殊阶级的意义的过渡阶级。

（二）小所有者阶级，农民的分化

过渡阶级，除大地主以外，还有小所有者阶级，即小农、中农及手工业者。此外，农村中布尔乔亚上层，从其地位看来，构成为特别的集团——农民布尔乔亚（剥削他人劳动的农民）。

小所有者阶级，是相当多数的阶级，其人数在资本主义的特定发展阶段上，甚至超过普罗列达里亚。他们都有生产手段（不论是一片土地，或小的机器，或其他别的生产工具）。在资本主义之下，这些小生产者，是为贩卖而生产的，所以他们和资本主义生产方法的存在，有密切的关系。但他们虽然和布尔乔亚相似，而本质上却不相同。因为资本家单靠从劳动者的劳动取得剩余价值而生活，并且使他的生产继续发展，而小生产者却不能不和他的家属一同劳动。

资本主义，在工业和农业方面，都采用提高劳动生产的新技术。但小生产者（手工业者及农民），都使用幼稚的劳动手段，技术非常落后，因此他们不能不加强他们的劳动。

资本主义的竞争，给小生产者以重大的压迫，使他们内部发生经济的分化，他们的大部分没落下去，只有一小部分转变为资本家。

农民，在封建社会中，本是基本的被剥削阶级，但到了资本主义时代，在社会的构成上，他们已不是单一的阶级了。农民阶级的分化，在封建社会后期即已开始，到了资本主义时代，这种分化就更加迅速而普遍。曾经是单一阶级的农民，现在却分化为对立的两极。一极是农业劳动者与贫农，另一极是富农。而介在这个中间的阶层是中农。

农业劳动者，是专靠出卖劳动力而维持生活的人们（季节工、日工、杂役、建筑工）。

贫农是半无产者，他们的生活，一部分靠工钱劳动的收入来维持，一部分靠耕作一小块土地（自己的或佃租的）的收获物来维持。他们虽有极可怜的一点小财产，而在其阶级的利害上，却与农业劳动者相一致，同样反对榨取者。

富农普通都是雇用多少工钱劳动者以经营农业的资本家式的企业家，并经营商业的农业。他们是农业布尔乔亚，也可以叫做平民地主，和那些不经营农业而专靠收取地租生活的大地主不同。

中农是不雇用他人的劳动力而恰恰可以满足家属及经营的必要的农业者。他们之中，一小部分经营自然经济，大部分经营单纯商品经济（把自己劳动生产物一部分出卖于市场）。中农之中，也不断的起分化，有的没落为贫农或雇农，有的转化为富农。中农具有两种性格，即一方面是所有者，是商人；另一方面是勤劳者，是生产者。在其为所有者为商人的性格上，他们与布尔乔亚相接近；在其为勤劳者为生产者的性格上，他们因受资本主义所压迫，并担负租税及其他义务，又与贫农及雇农相接近。所以中农是中间的动摇不定的分子。

至于都市小所有者阶级，主要的是手工业者。他们是封建时代遗留下来的阶级。到了资本主义的时代，也发生分化，一部分没落为劳动者，也有极少数转变为资本家。他们固执于私有财产，却又害怕变为劳动者。他们的生活水准有时不如劳动者，而劳动条件却是比较的恶劣。恐慌，战争，高利贷及其他资本主义的压迫，不断地袭击他们。同时，却使他们复活起来，变为大产业的补助的手段。这一切是都市小所有者的极端激烈的动摇性的基础。所谓极左派和极右派的思想家，都是从小所有者的这种动摇性产生出来的。

（三）知识分子及其他社会集团

还有一个过渡的阶级，这是知识分子。知识分子，不是独立的、特别的社会阶级。知识分子，从其所属的阶级关系说来，决不是一样的。

技师、技术家、农政学者、医士等，都是知识分子，他们在各种生产体系中的地位和阶级的任务，有种种的不同。知识分子的一切集团之一般特征，是他们所实行的“精神劳动”，“精神的生产”。但这一般的特征，并不是说明知识分子是同属于一阶级的集团。他们在社会的生产体系中，并不占有一定的地位。资本主义，使精神劳动与肉体劳动的对立，特别的显著的发展起来。在资本主义之下，劳动者得不到发达智力的机能，终生不能不从事筋肉的劳动，但在另一方面，资本主义却又造出专做精神劳动的特别人们的集团。

所以，知识分子，在社会的分业体系中，不占有严格区别的一定地位，而是只站在精神劳动与筋肉劳动的对立的一极。这种特殊状态，决定着当作社会集团看的知识分子的特殊性。

知识分子对于生产手段的关系，究竟怎样呢？他们的大部分是没有生产手段的。例如所谓技术家即与生产过程有直接关系的知识分子，在资本主义社会中，与劳动者站在同样的地位。但知识分子（技术家）在资本主义生产体系中的任务，与劳动者的任务，根本上却是对立的。劳动者是造出剩余价值的直接生产者，而技师与技术家却是生产上的指导者。技师与管理人的生产指导的机能，和他们强制并监视劳动者的机能是打成一片的。资本家委托技师或管理人代表自己去实行监视的机能。在这种情形，知识分子是与劳动者相对立。技术家一方面与劳动者对立，一方面又与劳动者一致的这种特别地位，就是说明他们并不是特别的单一的阶级。

知识分子的各种不同的地位，在“领受社会财富的部分的方法及其量的大小”一点，也决定他们的各层的特殊性。

下级知识分子的一部分，是受资本所剥削的。这部分知识分子，为资本创造剩余价值，例如资本家医院的护士、医士、新闻托拉斯的记者、私立学校的教员之类。这种知识分子所领受的薪给，虽比劳动者的工钱较高，而领受社会财富的部分的方法，在其经济的本质上，却与劳动者相同。他们的薪给的源泉，是精神上或肉体上的劳动力的贩卖。其他高级的（薪给较多的）知识分子，虽也一样没有生产手段，但在生产上，在社会生活上占据指导地位，受资本家所委托而代行资本的机能。因而高级知识分子，不但领受薪给，而且还分沾剩余价值的余沥。所以资本家在种种社会事业上，直接或间接支给知识分子以高级薪给。

知识分子之中，还有所谓自由职业者（例如个人经营的医士、律师、文学家、艺术家等）的集团。这些人，在社会的生产上是手工业者。他们自己担任一个作业，从顾主领受一定的报酬。在资本主义之下，这个集团，占有与小所有者相似的地位。因而他们也和小所有者一样的发生分化。他们中有的扩张自己的营业（或雇用医生和药剂师，自己开设医院；或创设公证事务所或出版业），而变为资本家式的事业家；有的不能不出卖自己的劳动力。

这是资本主义社会中知识分子特有的状态，这是他们所以不能构成独立的特别的阶级的原因。

其次，就知识分子的政治的立场，简单地说明一下。

知识分子“不是独立的经济的阶级，因而也不是什么独立的政治的势力”。但阶级社会中的知识分子，却不是阶级以外的或非阶级的集团。阶级社会中的知识分子，在政治的立场并不是超阶级的。他们在政治上的立场，恰与在经济上的立场相适应。他们在社会的生产上占有怎样的地位，在生产过程或社会的生活上演着怎样的任务，和什么阶级相结合——这几点，是他们在政治上加入于那一阶级的条件。

知识分子的运命，与他们所服务的阶级的运命相联系。从这一点说来，知识分子可以区分为布尔乔亚的知识分子、小所有者的知识分子与社会主义的知识分子三大类。布尔乔亚的知识分子，与布尔乔亚相结合，为他们服役。但他们中也有一部分人理解了历史发展的路线而转化为社会主义的知识分子，不过这是例外。其次，小所有者的知识分子，与小所有者相结合，为他们服务。他们的阶级的本性是二重的性质，常常动摇不定。再次，社会主义的知识分子，与普罗列达里亚相结合，为他们服役。这种知识分子，在资本主义之下，直接由劳动者阶级出身的，却是极少数，并且也有被对方所收买的事情。

除了以上的阶级或集团之外，资本主义社会中，还有一个社会集团。这个集团，从其经济的地位说，也不是独立的阶级。例如阶级落伍分子，即所谓浮浪无产者（乞丐、犯罪者、娼妓、流氓等等），就是这种社会集团。这些分子失掉了生产手段，不能不在生产生活之外去寻觅生活，而离开了劳动关系。这些分子，是资本主义经济的必然的产物。这些分子在政治上大都是反动的势力。

（四）过渡期社会的诸阶级

在说明了资本主义社会的诸阶级以后，还有说明过渡期社会的阶级状况的必要。这里特就苏联的诸阶级加以分析。

苏联从一九一七年十月革命以后，到国民经济的复兴期为止，这时代中的阶级关系，可分为以下四项：一是无产阶级；二是中农；三是贫农（农村半无产者）；四是残余的布尔乔亚、耐布曼、豪农。

苏联在成立的当初，并不曾消灭旧时代的阶级，而旧时代的阶级仍能残留着。但阶级间的相互关系，却与旧时代完全相反。苏联是过渡期的国家，普罗列达里亚专政的根本的任务，是建设社会主义，绝灭一切人对人的剥削，因而扬弃普罗列达里亚自身。

在苏联，普罗列达里亚是第一的主要阶级，他们与贫农相提携，指导中农，对资本主义要素（残余的布尔乔亚、耐布曼、农业布尔乔亚即豪农），作继续的斗争。所以，阶级的拮抗，只存在于普罗列达里亚加贫农与资本主义要素之间，并不存在于他们与中农之间。

中农这一阶层，在农业已经高度资本主义化的国家，分化为少数农业布尔乔亚与多数农村普罗列达里亚及半普罗列达里亚（其生活一部分靠自己经营农业，一部分靠从事于农业劳动的收入）。但在苏联，中农是在普罗列达里亚的次位（数字上占第一位）的主要阶级。中农在苏联所以成为主要阶级的原因，第一是由于俄国的农业，在十月革命以前，含有农奴制的遗物，资本主义的发展是低级的，所以阶级的分化很迟缓；第二，在十月革命以后，苏维埃制度又抑制农民的分化，所以中农并不消灭，反而成为主要的阶级。直到农业集体化的时代，中农仍是农村的台柱。中农的富裕的部分化为豪农，其贫困部分化为半无产者的倾向，固然是不能完全避免的，但苏维埃制度，却尽可能地阻止这种分化的倾向，一面使中农自动地加入集体农场，提携他们，指导他们；一面又依据贫农，制止豪农，杜绝中农的豪农化的影响，并进行对于豪农的清算。同时，又力图农业技术的发展，使集体农场脱离手工农业的境界而进到机械化、电气化的领域，成为社会主义的农业。

苏联自从实行第一次五年计划以后，农业的集体化，进行非常迅速而顺利，同时又厉行对于豪农的清算，使阶级关系发生了重大的变动。第一，集体农场的农民，已不是小生产者的中农或贫农，而是已经变质的新的农民，是社会主义社会的构成分子了。所以集体农场的农民，已经不单是普罗列达里亚的提携者，而是苏联的农村的台柱了。至于豪农的清算，随着第一个五年计划的完成，差不多已经终结。

农业的社会主义化的过程，要通过工业的社会主义化才能实现。随着普罗列达里亚的比重的增大，都市的资本主义要素逐渐肃清。从一九三〇年以来，已经进到社会主义时代，社会主义经济构造的基础工事已经完成了。在第二个五年计划的进行过程中，苏维埃制度，更进而厉行对于资本主义要素一般的清算，造出都市与农村的新的融合的前提，促进技术的发展，促进勤劳大众的幸福与文化的向上，使普罗列达里亚的力量更趋于发展。

以上是苏联的阶级关系的略图。

三、现代社会中的阶级颉颃

（一）经济斗争

创造历史的是人类，解决矛盾的也是人类。生产力与生产关系间的矛盾，是由人类所解决的人类间的矛盾。所谓“生产关系变为生产力发展的桎梏”，这便是说：社会的某一阶级代表旧生产关系，妨害新生产关系的发生，使已经发展起来的生产力不能往上发展。但其他社会的阶级，因为是直接的生产者，是生产力的一部分，就站在反抗旧生产关系的立场，结局破坏这旧生产关系以及和它相适应的政治制度。所以阶级社会中生产力与生产关系的矛盾，表现于阶级的矛盾之中。换句话说，阶级斗争，是生产力与生产关系的矛盾之历史的过渡的表现。

阶级颉颃，在现代已经历了两种形式：最初是资产阶级对于封建领主的斗争，其目的只在变更榨取的形式，变更封建的生产方法为资本主义的生产方法。其次是劳动阶级对于资产阶级的斗争，其目的在绝灭一切的榨取的可能性，变更敌对的生产方法为非敌对的生产方法。

这里来说劳动阶级所实行的阶级颉颃。这有下述三种形态，即经济的、政治的及理论的形态。这三个形态的枢纽是政治的形态。这因为“政治是经济之集中的表现”。

先说经济的形态。劳动者的这种斗争，是为了取得贩卖劳动力的有利条件而对企业家实行的集团的斗争，是为了改良劳动及劳动条件而实行的斗争。可是劳动条件，因生产部门的差别而不同，所以经济斗争，通常是依照职业的区别而实行的。最初是在一工场内的个别工作地点，其次在工场的规模上、往后才在职业的规模上实行。所以经济的斗争，是在国家的特定制度的范围内，要求生活及劳动条件的改良。因此，劳动者对于资本家的国家，要求经济的改良，如要求废除童工劳动，承认劳动组合及罢工自由等条件。这一切要求，并不能消灭资本主义的生产方法，只是在这种制度的范围内设定能够劳动的条件，保障所已得的条件，并助长这种斗争的发展。

（二）政治斗争

政治斗争，是以国家权力为中心而实行的斗争。但为权利而行的斗争，不是目的，只是建设新经济秩序、新劳动条件及新生产方法的手段。所以这种斗争的根柢，是为建立新生产方法而实行的。因而政治斗争，是经济斗争（即为新经济而实行的）之集中的表现。

在经济斗争中，劳动阶级组成了各种职业的部队和许多职业的集合体。在政治斗争中，阶级便组成一个团体。阶级的这种全体性的表现，是政党。党直接地指导政治斗争。党是斗争的司令部。

阶级是在斗争的过程中组成的。在这过程中，劳动阶级由“自在的阶级”转变为“自为的阶级”。资本的支配，造出了这些大众的地位的同一性，利害的同一性。这些大众，在对于资本的关系上，变成一个阶级。但在这时还是“自在的阶级”。随着斗争的发展，他们就有了阶级意识，觉悟到自己的利害的共通性，明白自己的历史的任务及其解决方法，而转变为真正的阶级即“自为的阶级”了。这种意识，是在他们的政党中集中并发展的。

从上面看来，劳动阶级，由萌芽的斗争发展起来，进到阶级全体的斗争，进到政治斗争；同时他们在这种过程中，组织起来，发展起来，成熟起来，而担负起把社会推进到前方的使命。所以“阶级是在阶级颉颃的地盘生长的”。助长这阶级的成熟的，就是阶级政党。所以政治斗争是比经济斗争更高级的斗争形态。在政治斗争上，劳动者提出整个阶级的要求。在为这些要求而实行的斗争中，指导阶级的已不是劳动组合（阶级统一的萌芽），而是党(阶级统一的最高形态)。

简括起来，经济斗争隶属于政治斗争，为一部分利益的斗争隶属于为全体利益的斗争，为目前利益的斗争隶属于为永久利益的斗争。于是，发生了指导阶级的全部组织的党的必要，一切劳动组合运动，合作组合运动以及文化运动，都由党所指导。

（三）理论斗争

理论斗争，隶属于政治斗争的目的，并解决政治斗争的任务。所谓理论的党派性，是在这一点发生的。在最初的阶段上，劳动运动与社会主义（理论），是个别的存在。但在当时，劳动运动是自然发生的，社会主义是空想的。

科学的社会主义，是在它与劳动运动的统一上生长并发展的。科学的社会主义，是劳动运动的灯塔；往后，这科学的社会主义，又因劳动运动的数十年的经验而发展为帝国主义时代的科学的社会主义了。理论的任务，是给予斗争的真正的标语。这种标语，是在详细地研究了这斗争的种种形态之后产生的。理论探求斗争的来踪去迹及其一般的性质，一般的目的，而以消灭一切压迫与剥削为目的。

理论是斗争的精神的武器，党只有用进步的正确的理论武装起来，才能指导劳动阶级，使劳动阶级得到解放。

以上三种形态，是不可分离地结合着，并且是互相隶属的。理论与实践的真正统一的意义，正在这一点。

第二章　国家

第一节　国家的理论

一、科学的国家观

（一）当作社会发展产物看的国家

敌对的社会，建筑在阶级的生产关系之上。在一切敌对的社会中，生产手段所有者，总是占有直接生产者的剩余生产物。各种敌对社会的形态的区别，就包含在这种占有形态的差异之中。

但是，在这些敌对的社会中，少数生产手段所有者为什么能够榨取多数直接生产者呢？多数者为什么忍受少数者的榨取呢？多数者为什么在其斗争中不能驱逐少数者呢？这完全是由于少数生产手段所有者的有组织、有权力，由于他们集中了强力手段，而成为支配阶级的原故。这种在支配阶级手中的强力手段，即是国家。所以阶级的社会是政治的社会，即是有国家的社会。国家是在社会分裂为阶级以后才出现的东西，是在社会发展过程中，由社会本身发生出来的东西。

“国家决不是由外部强制于社会的权力。同样，它也不像黑格尔所主张，是‘伦理的观念之现实’、‘理性的影像及现实’。它不过是一定发展阶段上的社会的产物。它是这个社会陷于不可解决的自相矛盾、分裂为不可融合的对立而又无力排除这个对立的一种宣告。然而为使这个对立、经济利害相反的两阶级，不把自身和社会消灭于无益的斗争之中，那防止轧轹、保持于‘秩序’的界限以内、表面上超出社会之上的权力，就成为必要。这种从社会发生，却又超出社会之上而离社会愈远的权力，即是国家。”（恩格斯）

所以，国家是社会分裂为阶级以后才发生的。阶级分裂，是国家成立的根本条件。当社会分裂为阶级时，阶级间必然因利害关系而引起阶级冲突。阶级冲突发生以后，无生产手段的阶级，势必侵犯生产手段的独占，因而有破坏社会已成秩序的危险。于是在这种斗争中，那独占着生产手段的少数特殊阶级，为维持并扩张经济的剥削的可能性起见，不能不利用特殊势力，设法保持自己的地位，而其当作镇压多数无生产手段者的阶级的最有力的武器，即是国家。

所以，国家是从社会本身产生出来的东西，它与社会是不同的。国家秩序，是用权力把阶级社会的秩序铸入于国法的组织之中的东西。社会秩序，比较国家秩序，早已存在，并且是根本的东西。但是国家一旦发生以后，就逐渐离社会而独立，而自然的社会秩序就处于强制的秩序之下了。

国家权力的独立化的过程，不但在社会最初分裂为阶级的过程中显现出来，并且在其他的阶级社会中，在现代的社会中，也显现得非常明了；不但在君主国中可以看出，并且在民主国中也可以看出。关于这一层，恩格斯在一八九一年曾就北美合众国举例说明。他说：

“从来国家的主要特征，究竟存在于什么地方呢？社会为处理其共同的利益，最初由单纯的分业，创造了自己的机关。但以国家权利为顶点的机关，随着时间的进行，就变成服役于他们自身的特殊利益，由社会的仆婢变成站在社会之上的主人了。这种事实，不但在世袭君主国可以看到，并且在民主共和国也可看到。如在北美，‘政治家’形成为国民之中的一个分离了的、有势力的部门。这里有两个大政党，轮流地掌握政权。这些政党本身，又是由下述一类人支配的，他们以政治为职业，在联邦或各州立法会议争夺议席，或为自己政党的煽动，借谋生活，本党胜利之后，就取得官职做报酬。美国人在过去三十年以来，虽然要想怎样地免掉这种难堪的桎梏，可是他们却仍是深深地堕入于腐败的泥沼之中，这是一般人所知道的。国家权力原是被规定为社会的单纯的工具，却对于社会而独立，这种理由，在合众国很可以看出来。这里没有王朝，没有贵族，除了警戒印第安人的少数军人外，也没有常备军，可是有两个由政治的骗子组成的大集团，他们交替地执掌国家权力，为着最腐败的目的，用最腐败的手段肆行榨取。政治家的这两个卡迭尔，名义上是为国民服役，事实上却对国民实行支配和掠夺，而国民对于它们却是无可奈何。”

上面一段话，是指十九世纪末叶的美国说的，可是到了现在，美国已放弃自由主义的传统，成为最强大的帝国主义国家，在政治上最露骨地表现着金融资本的经济的利害，最积极地表现着近代国家是金融资本家的国家了。

国家权力，从社会发生，又超出于社会之上，由社会的仆婢而变为社会的主人。可是所谓社会的主人，却对于特殊的阶级服务，而与大众的利益是对立的。

（二）当作社会上层建筑看的国家

成为社会发展的产物而出现的国家，是阶级社会之政治的上层建筑，国家的基础，是社会的经济构造，即是生产关系的总体。这些生产关系，在一定发展阶段上，是当作阶级的诸关系而存在的。所以国家的内容，是阶级间的诸关系。这些阶级关系的性质，在于下述诸点。这些关系，第一是阶级颉颃的诸关系；第二是到达于阶级矛盾的非和解性的诸关系；第三是榨取的诸关系。所以特定的阶级，以榨取为目的，利用国家权力，镇压被榨取者的阶级。所以成为国家的基础的生产诸关系，即是不能和解的诸阶级间之政治的关系。

社会是一个发展过程。社会的发展，由于生产力与生产关系的矛盾。在阶级社会中，生产力与生产关系的矛盾，出现为阶级的矛盾。所以阶级社会变革的原动力，是阶级矛盾。随着生产力的发展，就引起生产关系的变动，引起阶级关系的变动。由于经济基础的变动，那包括国家形态的巨大的上层建筑，也就发生变化。因为拥护新生产力的阶级，要求改造于自己不利的旧生产关系，以促进生产力的发展；在另一方面，以旧生产关系为有利的阶级，却妨碍新生产关系的发生，妨碍新生产力的发展。于是利害相反的两个阶级，演出阶级颉颃。这种斗争，结局是政治斗争，其目标是夺取政权。由历史上看来，任何被支配阶级，为实现其经济利益以得到解放，总是爆发革命，推翻支配阶级的权势，握掌国家的权力，自己爬上支配阶级的地位，以建立与新生产关系相适应的新国家。随着社会的阶级关系的改变，而国家的支配者与被支配者的关系，也因而改变了。所以国家的或政治的变革，只有依据社会的或经济的变革去说明。

“一切政治的上层建筑（在阶级未完全消灭的期间，在无阶级社会未经创造的期间，是不可避免的），结局总服役于生产，结局由当时社会的生产关系所决定。”所以，“从直接生产者榨取无代价的剩余劳动的特殊经济形态，规定支配及隶属的关系。这种关系，虽然直接地从生产成长起来，而其自身又决定的反作用于生产。可是由生产关系本身发生的经济的共同体的全形态，以及与它同时的特殊政治的形态，都建立在这种支配及隶属的关系之上。全社会构造，因而主权对隶属关系的政治形态，要而言之，各种场合的特殊国家形态的最深奥的秘密，及其隐藏着的根柢，我们常在生产条件所有者对直接生产者的直接关系——这关系的形态，在任何场合，都与劳动的种类及方法，社会的生产力之一定发达阶段相适应——中发现出来”。（资本论）

阶级的社会，在其各个发展阶段上，显现出各种特殊的生产关系的体系，因而就产出与它相适应的各种特殊的政治的上层建筑。这政治的上层建筑，结局虽服役于生产并受生产所规定，但它在自己的基础上决不是受动的、静止的东西。它是积极的能动的力。它为支配阶级的利益，极力地影响于经济过程。例如战胜以后的战胜者阶级所决定的宪法及其他法制等，都是对他们的利益有积极影响的东西。又如资本之原始的蓄积的时代，支配阶级利用国家权力，在国内对农民的土地实行大规模的收夺，在国外以武力夺取殖民地，残杀异种民族，掠取其金银财宝。这可以看出国家对于资本的原始蓄积，是非常伟大的工具。

“国家权力对于经济的发展的反作用，可以分为三种：第一，它能进到同一的方向。在那种场合，进行比较迅速。第二，它能作用于反对的方向。在那种场合，它如果是在今日的大国家中，是不能长久继续的。第三，它也可以遮断经济发展的一定方向，向它指定另一种方向。在这种场合，结局归着于前两种场合中的一种。但在第二及第三的场合，政治权力给经济发展以大障碍，引起能力及物质的大浪费，这是很明白的。上述三者之外，还有经济资源的掠夺及扑灭的场合。在这种场合，由于事情的如何，过去曾经有过引起经济上的地方的及国民的发展的全灭的事

情。”（恩格斯）

（三）当作阶级统治机关看的国家

社会分裂为阶级的结果，阶级的轧轹，能使他们自身和社会陷入灭亡的危机。国家即是为着排除这种危机而造出的机关。这种事实，在另一方面看来，国家实是阶级冲突不可调和的结果，并不是阶级调和的机关。就历史上说来，防止社会灭亡的手段，不是阶级的互相调和，而是一阶级对于他阶级的镇压。过去社会的平和，是建筑在阶级的支配之上的。这种镇压，必要有特殊的镇压力。这种镇压力即是国家。国家是一阶级统治其他阶级的机关。

“国家是因为抑制阶级对立而发生的东西，它同时又是在这些阶级斗争当中发生的东西，所以它通常是最有力的、经济上的支配阶级的国家。这样的阶级，由于国家变为政治上的支配阶级，因而得到对于被压迫阶级实行抑压和榨取的新手段。所以，古代国家，首先是奴隶所有者抑压奴隶的国家；又，封建国家，是贵族抑压农奴及隶农的机关；近代代议制国家，是资本榨取工钱劳动的工具。”（恩格斯）

历史上的各时代的特殊阶级，都自行创造适合于那个时代的国家权力形态。例如，奴隶所有者的国家，在不同的时期或不同的国家中，或者采取共和国的形态，或者采取专制国的形态。但是，“虽然有这些差异，而奴隶所有时代的国家，仍是奴隶所有者的国家”。形态的差异，在封建经济的资本主义化过程中转化为布尔乔亚君主制的封建国家中，也是存在的。但这些国家形态，无论是怎么样的东西，不管它是身份的或绝对的君主制，或是议会主义的君主制，或是议会主义的民主制，或是法西斯的协同国家，但国家依然是阶级支配的工具，是少数榨取者的独裁形态。这因为各种国家形态，只是表现榨取形态的变化，而榨取的本身仍是不变。所以从前的各种革命的变革，只是各种榨取者阶级改造了当作榨取工具看的国家的形态罢了（唯有过渡期的国家，才算绝灭榨取的工具）。

历史上一切的国家，都是阶级统治的机关。这种机关，是由从事于支配的人们的集团组成的。属于这个集团中的人们，有的是专门从事于支配的，有的是大部分从事于支配的，有的是主要地从事于支配的。自从国家出现以后，人类便分裂为支配的专门家与被支配的人们了。“在许多历史的国家中，给予国民的各种权利，以财产为等差，这是露骨地表明着国家是所有者阶级防卫无所有者阶级的组织。例如雅典人与罗马人按财产以分类。例如中世的封建国家按土地所有以区别政治的权力。例如近代代议制国家的限制选举。但财产的差别之政治的承认，并不是本质的东西。反之，它却表示国家发展的低级阶段。最高国家形态的民主共和国，……公然不知道有所谓财产的差别。在这种国家中，财富之运用它的权力，是间接的，却是更确实的。即，一方面是直接的官僚腐败的形式，其典型的样本是美国。另一方面，是政府与交易所联合的形式。……美国和法兰西共和国，都是显著的例子。”（恩格斯）现代帝国主义国家的支配者，只是极少数的金融贵族了。

国家决不是超阶级的东西。如恩格斯所说：“在某种时期，也有例外的事情，如互相斗争的两阶级保持均势的结果，国家权力，成为外观上的调停人，暂时对于两者获得某种程度的独立性。例如十七、十八世纪的绝对主权，使贵族与市民阶级互相保持均势；又如第一及第二波那巴尔特政府，使普罗列达里亚为布尔乔亚竞争，使布尔乔亚与普罗列达里亚竞争，坐收渔人之利。支配者与被支配者共同出现于喜剧的最近的演剧，是最近俾士麦[①]式国民的新德意志帝国，在那里，资本家与劳动者互相保持均势，又为了普鲁士的农村贵族而同样操纵。”像上述那些特殊的例子，好像说明国家是超阶级的，但是实际上并不是超阶级

① 俾士麦，今译俾斯麦。——编者注

的。这样的国家，仍是受社会经济发展的特殊性所规定的。在绝对王权的时代，布尔乔亚刚从被支配的身份抬头起来，羽毛尚未丰满，所以不能不暂时在绝对王权之下与贵族分庭抗礼，但等到势力强大之时，就破坏这个均势，破坏绝对王权了。至于波那巴尔特的法国及俾士麦时代的德国，也和这种情形相似，表明着普罗列达里亚的无力。实际上，这一类的国家仍不是超阶级的。绝对王权的国家，不是强烈地反映贵族的要求么？波那巴尔特法国与俾士麦时代的德国，不是强烈地拥护着布尔乔亚及农村贵族的利益么？

（四）当作公权力的组织看的国家

一个阶级为要统治别的阶级，必须有一定的强制装置，即物理的暴力的装置。这种强制装置，即是公权力。这公权力的组织，是国家的一个特征。国家的公权力的内容，是赤裸裸的武力，即是军队、警察、宪兵、法庭、监狱一类的东西。在社会没有分裂为阶级以前，即是在氏族社会的时代，当与社会外部相战斗之时，全人民都是武装着。这是人民的自动的武装组织。但是进到了阶级的社会，人民自动的武装组织，已经成为不可能的事情，人民武装变为阶级武装了。权力的独立化的真实背景，就在于武装性质的阶级化。古代雅典共和国的“民主主义国民军，是贵族的公权力，用以压迫奴隶的”。中世封建国家的武士军队，是封建领主的公权力，用以压迫农奴的。近代布尔乔亚国家的海陆军，是布尔乔亚的公权力，用以压迫普罗列达里亚与农民的。

这种公权力，随着阶级对立的激化及国家对立的激化而愈益增大。恩格斯在一八九〇年这样写着：“国家内部的阶级对立越是激化，互相毗连的国家越是增大，并且人口越是增加，公权力就越趋强大。例如就今日的欧洲来看，由于阶级斗争及征服战争，公权力已是非常庞大，甚至要吞灭全社会及国家。”

一八九〇年以来，资本主义已发展为帝国主义，国家的公权力之武力的性质，越发增大，各国军备竞争愈益激烈，及到一九一四年最初的世界战争爆发以后，有许多国家确实地被那些强大的公权力吞灭掉了。二十世纪二十年代以后，直到现在，帝国主义列强无限制地扩张海陆空军，用空前的大规模实行武力比赛。预料最近要爆发的第二次世界大战，又必有许多资本主义社会与布尔乔亚国家，被那些庞大的公权力吞灭的。

公权力的本身，是随着社会经济的发展而发展的。同时，构成公权力的武力本身，也是随着社会的生产力的发展而发展的。例如，战术、战略、枪炮、飞机、军舰、军粮、军事组织等等，一切都依据于经济条件，随着经济条件的变化而变化。

掌握公权力的人的机关，是官吏。官吏享有特权，站在社会之上，与民众相隔绝。官吏的任务，在于行使公权力，实行阶级的支配。官吏的上层，与支配阶级有密切的联系。官吏的组织及机能，在布尔乔亚国家，特别强烈。官吏具有无上的权威，表示其神圣不可侵犯，并利用“特别法”强使人民尊敬他们。“文明国家中最低级的警吏，具有比氏族社会的一切机关的总和还要大的‘权威’。但文明时代最有势力的王侯及最伟大的政治家或将军，也许要羡慕最微弱的氏族长所得到的自发的无可争的尊敬。”（恩格斯）

近代的国家，官吏的队伍越发增多。政府的各种机关的增加以及军队的无限制的扩张，使得官吏的数目也无限制地增加起来了。

有了公权力的机关，必须有维持公权力的物质手段。“为维持这个公权力，就有国民负担的必要——租税。”国家向人民征取租税的方法，以及租税的种类、分量等，都受社会经济发展的特殊性所规定。近代国家的公权力机关特别庞大，财政上的支出也达到空前的巨额，单靠向人民征取租税是不够的。于是政府大举借款，并发行公债。而借款与公债的担负，仍是直接地或间接地转嫁于民众。在财政的收入与支出方面，官吏的中饱以及其对于人民的剥削等营私舞弊之事，又是一切国家的通病。

“在亚细亚的专制国家中，一切人民都是国家的奴隶。在经济上，国家的企业榨取私人的企业，征收大宗的贡物和租税。在法律上，个人的权利被蔑视，对于征收贡物与租税的行政机关的任何无理行为，都不能不俯首忍受。”就这一方面的现象说来，国家的本身，也是榨取的机关。

基于前面各段的说明，我们可以知道，国家是一个阶级支配其他阶级的机关，是一个阶级巩固其榨取形态的工具。从前的许多政治革命，只不过完成了当作榨取工具看的支配机关而已。至于过渡期的国家，性质完全不同。这是建筑在社会主义经济基础之上的国家。它虽然也是强有力的阶级统治的机关，却已不是榨取的工具，反而是绝灭榨取的工具，并且是消灭阶级一般的工具。

二、超越的国家观的批判

（一）布尔乔亚的超越的国家观之批判

科学的国家观，在其本质上，是阶级的国家观。反之，布尔乔亚的国家理论，在其本质上，是超阶级的国家观，即所谓超越的国家观。

布尔乔亚的最初的国家学说，是绝对主义的国家观。那刚从封建社会抬头起来的布尔乔亚，势力还很微弱，他们不能不仰仗于封建君主，使国家脱离教会而独立，使王权升高到教会权力以上，并把当时分立的封建诸侯的领土并合起来，建立一个统一的强有力的国家。这样的国家，比较中世纪的神权的国家，是能够适合于当时布尔乔亚的要求的。初期资本主义时代的政治思想家，如马凯维利，首先主张国家离教会而独立，并为当时君主筹划统一封建领土的统治的策略，这是绝对主义国家观的端绪。其次，宗教改革派的路得和加尔文，也提倡这样政治学说，并且在事实上做了使国家脱离天主教会的改革运动。再次，布丹主张“国家是由多数家族及其共通的所有物组成，而依最高权力和理性所支配的团体”。他主张君主国体是最好的国体，“臣民遵从君主的法则，君主遵从自然法则，这样，臣民的本来的自由与财产就得到保护”。这样的主张，正是反映十六世纪法国布尔乔亚的要求，而期望法国那样世袭的国王变为保护其自由与财产的国王。浩布思说：“国家是由一社会中各人相互间的契约而集结他们的意志为一体的一个人格，这个人格为了社会的秩序与和平得自由行使社会中一切的权力。”他所说的国家人格，即是旧学说中“绝对化机械化的君主人格”。像这类主张绝对君主制的国家学说，把国家看做是全民的国家，是一个人格，而这人格的化身即是君主。法国国王路易十四所说的“朕即国家”，实是绝对主义国家观的具体化。

随着资本主义的发展，布尔乔亚的势力日益增长，已经可以单独地执掌政权了。从此，绝对主义的国家渐趋崩溃，而代表革命的布尔乔亚的国家观出现了。这就是所谓德谟克拉西的国家观。这种国家观，以卢梭的“民约论”为代表。“民约论”的主旨，是从假定观念的社会契约出发，解决下述的问题。他说：“想要发现这样一种社会形式，‘一方面得由社会全体的势力以保障全体人员的生命及财产，同时在另一方面，团体各人员一面与其他人们相结合，却仍服从于自己，并得如从前一样享有自由’，这件事是个人和社会的关系上的根本问题，我所要论述的民约论，正是想解决这种难问题的。”所以“民约论”中所主张的国家的构成，是由人民互相同意缔结契约而来的。所谓国家权力，即是在人民的直接政治之中发现的普遍意志，因此他主张主权在于人民的主义，主张一切立法权力属于人民。“任何政府机关的制定，只是实行真正立法机关种种立法命令的途径。”这便是说，立法权属于全体人民，执行权由全体人民委托于政府。在他看来，只有这样的国家才是理想的国家，才能保障人民的生命、财产与自由。

卢梭的这种国家观，是所谓全民政治的学说，是完成了的所谓超越的国家论。在这种纯粹观念的构成的国家论之中，一切阶级的对立及斗争的本质都完全解消了。

布尔乔亚国家观的最高阶段，是黑格尔的国家观。黑格尔否认由孤立的个人缔结契约组成国家的社会契约说，另行建立了理想主义的国家观。他认定历史必须通过家族、市民社会及国家这三个顺次发展的阶段，而这三个阶段都是世界理性或伦理观念的显现。所以他的国家观，由单一家族出发。他认为这种单一家族，是伦理观念的最初的发现，这家族人员的意识，由爱的精神贯串着。单一家族发展起来，就发生分化，产出多数家族，于是由多数家族，形成社会。社会是家族的反对物，是伦理观念的较高级的发现的阶段。在市民社会中，各个人的意识，由利己心所支配，各人各自追求自己的幸福，因而各人的行动互相反拨。但各人的意欲及行为，由一般的意欲及行为所媒介，各人就变为一般的关系的连锁的一个肢体，因而由“我欲的集结”发生一般的规定（即社会规范）。所以市民社会，是社会的各种欲求的形态，是“万人对于万人的利害的战场”。这市民社会，虽是伦理观念的发现的较高阶段，却是道德形态的反对物。至于国家，却是另一种东西，是以一般的合理的意思为基础而建立的宪法组织，是一个结合；

国家以个人的“我意、意见及任意表明的同意”为基础。然而国家的建设中，单只一般的意思还不充分，这个意思，其本身必须是合理的东西（即善良的东西）。所以，他把国家定义为“道德的全体、自由的实现”。因此，他认为国家的目的，在维持一般的利害（其实质是特别的利害），即认定把个人利害包括于其特殊性保护之下的所谓一般利害——国家利害。而这个目的，要靠结合自由与必然于其中的法律制度的实行，才能达到。这法律制度，是在全体上造成宪法的“发展了实现了的合理法”。只有这样的国家，才是最高的道德，是伦理观念发现的最高阶段。

黑格尔所论的国家，是哲学上的国家，不是理想上的现实国家。哲学上的国家是完成了的国家，历史上的国家，不是完成了的国家。所以他在所著的《法律哲学》之中，这样说：“国家是存在的，其基础是当作自己的意思实现了的理解之力，即是世界中的神的过程。在观念到国家时，不可浮现特别的国家，特别的制度，反而要观察这实际的神的本身。”这话的意思，是表明他所说的国家，是理想上的国家，不是历史上的国家，因为在历史上的国家中“国家的观念还被隐蔽着”。

黑格尔的国家观的要点，约如上述。他的国家观虽然是很神秘的东西，但是他所说的哲学上的国家，实际上只是暗射着当时德国布尔乔亚所要求的普鲁士立宪君主国(说明见第二篇第二章)。而阶级观念,却在所谓伦理观念及一般意思之中完全消解了。

以上各种国家观,是布尔乔亚国家理论之典型。现在的布尔乔亚政治学者们,虽然也有各种不同的流派,但就其国家学说的实际内容看来,不过就当时布尔乔亚的利害,加上新的注释,反刍了上述各种布尔乔亚的典型的国家观。譬如现代法西斯主义的国家观,即是黑格尔的国家观的新妆,即是一例。

关于布尔乔亚的国家观的总批判,大约可分为以下三点:第一,这些国家观,都是超阶级的,即是把国家看做是超出阶级之上的无偏无党的全民的国家。第二,这些国家观,根本上不能辨别国家与社会的差异,把国家看做社会,并与社会同是万古长存的东西(黑格尔虽然指明市民社会与国家的区别,却仍然没有分别社会与国家的界限)。第三,这些国家观,都以观念论为基础,完全站在布尔乔亚利害的立场,在主观的假想上说明国家的构成,并没有客观的科学的根据。

(二)关于科学的国家观的曲解之批判

布尔乔亚的超阶级的国家观,在社会民主主义者方面,发生很强烈的影响。社会民主主义者，对于国家问题的见解、完全堕入布尔乔亚的立场。布尔乔亚学者，固守着国家之超阶级的作用，力说国家是一般国民防卫的工具。社会民主主义者普列哈诺夫说明国家的原理时，却转到了这样的观点。他主张国家对内是阶级统治的工具，对外是一般国民防卫的工具。这就是说，国家对内是阶级的，对外是超阶级的。这种主张，变成了第二国际在帝国主义战争时主张普罗列达里亚为祖国而参战的理论根据。这种理论，完全曲解了科学的国家观。在科学的国家观说来，国家原是阶级统治的工具，国家权力原是特定阶级的权力，其在对外的防卫上，也是当作特定阶级的权力而发挥其作用的。特定阶级的国家在其对外的防卫上，或者保障自己的榨取的工具，或者与敌方的榨取者争夺榨取的领域。在所谓国际斗争上，国家所得的胜利，总是属于支配者的阶级，这是历史的通例。所以国家在对外的防卫上，也是阶级的。普列哈诺夫的上述的见解，与社会排外主义的见解相一致。

其次，社会民主主义者的布尔乔亚国家的利用论或议会主义，也明明是一种曲解。柏伦斯泰因、考茨基、古诺等，都属于这一派。柏伦斯泰因用伦理的社会主义代替科学的社会主义，主张普罗列达里亚应利用布尔乔亚国会谋社会的渐进的平和的改良，以实现社会主义。这完全是社会改良主义的主张。古诺说国家是“合理的有机体”，这已经是回到黑格尔的国家观。至于考茨基，也承认国家是国民的防卫的工具，支持了普罗列达里亚应为祖国的防卫而参加帝国主义战争的见解。考茨基并且否定“国家是阶级支配机关”的根本命题，反对普罗列达里亚的狄克推多，而主张社会主义应与布尔乔亚的民主主义相结合。他主张要实现社会主义，应利用布尔乔亚的国家机关，不能另创新的国家机关。所以当苏维埃的新国家建立之时，他曾做过猛烈的反对，说是不合乎民主主义（其实是布尔乔亚的民主主义）。这完全是机会主义的见解。

再次，布尔乔亚的超阶级的国家观，与无政府主义者的国家观，也有许多共通之点。无政府主义者，主张一切的国家权力（连社会主义国家也在其内），都是对于社会全体的强力装置。所以国家权力，是与社会全体相敌对的。国家是附着于国民的身体上的寄生虫，吸取国民的膏血。国家是政客官僚弄权的处所。官僚的安宁幸福，便成了国家活动的目的，国家是历史的偶然性，并不是社会发展过程中的必然的产物。所以民众应当毁坏这种官僚的组织，扫荡一切国家的施设，立即建立共同体的无国家的共同生活。——以上是无政府主义者的国家观。无政府主义者的这种理论，完全是小布尔乔亚的性质。因为小布尔乔亚，在资本主义之下，反抗大资本及其政治组织，而其自身又微弱无力，不能组织独立的政治组织。所以，他们只能怀抱立即消灭国家的空想。历史唯物论也是主张破坏现成的旧国家机关的，但是和无政府主义不同的地方，是主张普罗列达里亚革命时必须利用国家机关，以铲除旧制度及反动势力，建设社会主义，充分发展生产力，以期由阶级的消灭而使国家走到自然死的途径。普罗列达里亚的国家权力之利用，“这是对于实践上的极重要的事项”。

上述无政府主义与布尔乔亚的超阶级的国家观，在布哈林的国家理论之中，也有不少的影响。布哈林虽然也承认国家是在阶级矛盾的非和解性的基础上生长起来的东西，可是他又主张这种非和解性是诱致社会的均势的破坏的东西。于是，在他看来，国家变成束紧一切斗争着的阶级的“甲壳”，演着不许这些阶级再有分裂的作用的“甲壳”了。所以，他说国家是“均势的附加的条件”。布哈林这种把国家看做束紧阶级关系的甲壳的理论，显然地杂有无政府主义和布尔乔亚的超阶级的国家观的成分。这明明是曲解。

关于科学的国家观的另一种曲解，是托洛兹基的国家论。托洛兹基的国家论，简直是观念论的。他的国家论的本质，可归着于下面几句话。即，国家之发生与发展，并不是不可调和的阶级冲突的产物，而是对于比较强大的邻近国家的国民自卫的必要的结果。他主张国家本身是站在社会之上的自足的组织。这种超阶级的国家论，在他所著的《一九〇五年》一书中，展开了出来。他也和普列哈诺夫一样，接受了地理史观的见解。他说明俄国专制政治的发达，除了地理环境的影响以外，还受了另一种外力——俄国与他国的外交关系——的影响。西欧的比较发达的社会关系与国家关系，“压迫了”俄罗斯的社会生活。他说，“在比较的贫弱的发达着的国际贸易之下，国家间的军事关系，演着规定的作用。欧洲的社会影响，首先是以军事技术为媒介而显现的”。在他看来，俄罗斯的国家，是在俄罗斯和欧洲先进诸国的斗争过程之中创成的。他还说，俄国为了自求富强，不能不兴办新式工业，而举办新式工业的资力，不但单向农民征集，并且还向支配阶级征集。即国家“以制定的特权阶级为牺牲而生活，因此使他穷困了。否则是不会迟迟发达的”。这样说来，国家是防止外国侵入的某种外在的阶级的国防力，是一样的榨取支配阶级与被支配阶级的东西了。所以他说：“国家是愈益急速地变为站在社会之上的自足的组织体。”他认为这样的国家观，不但适合于俄罗斯的国家，并且“这种见解，在某种程度上，也通用于其他一切欧洲的国家”。

托洛兹基的上述的国家观，也是超阶级的，是观念论的，是主观主义的，它与科学的国家观全无关系。

第二节　国家之起源及其发展

一、国家之起源

（一）无国家社会的氏族组织

国家是社会发展过程中必然的产物，是社会分裂为阶级以后的阶级冲突不可调和的结果。在阶级没有发生以前的人类社会，是无阶级的社会，即是无国家的社会。依据许多关于远古的人类社会之研究（如莫尔甘的《古代社会》，恩格斯的《家族、私有财产与国家之起源》，以及其他各种的著作），我们知道，无国家的社会，存在了很长久的年月（假定人类社会存在了五十万年，无国家社会就存在了四十九万余年）。我们在前面已把原始社会分别为前氏族社会与氏族社会，在前氏族社会的时代，人类过着漂泊无常的采集经济的生活，这时决不能有处理共同事务的经常的组织。往后由于生产力的发展，逐渐地从采集经济移到生产经济，从漂泊生活移到定居生活，于是由于社会生活上的需要，逐渐地形成了处理生产上的共同事务的经常的组织。这种组织，就是氏族的组织。

按照氏族组织发达的顺序说来，最初为母系氏族，往后转变为父系氏族。氏族的构成人员，同出于一个血统（至少也必相信共同属于一个血统），建立一定的图腾，作为标帜，表示他们的血统和其他氏族的血统有分别。氏族禁止族内通婚，主要的生产手段（如土地等），归全体所公有。氏族设有氏族会议与族长。氏族会议由壮年男女组成，族长由氏族会议选举。氏族内部一切生产上、宗教上以及公共安宁的保障上的共同事务，都由氏族会议与族长处理。

氏族与氏族间的联合，其初级是宗族（有的氏族组织缺乏这一级）。宗族由多数氏族构成，设置宗族会议及宗族长，处理所属氏族间的社会的及宗教的共同事务。宗族会议由氏族长或氏族代表组织，宗族长由宗族会议选举。

氏族组织的更高的一级，是种族。种族由多数宗族或直接由氏族组成。种族设种族会议及种族长，处理各宗族或各氏族的共同事务。种族会议由各氏族长组成，种族长由种族会议选举。种族有一定的土地，有共通的语言，有特殊的宗教仪式，有武装的自卫组织，担任攻守的军事行动，对于与其他种族的宣战媾和或其他经济的关系，都由种族会议规定，交由种族长执行。

氏族组织的最高一级，是种族联合。种族联合，由各个血统相接近的多数种族组合而成。种族联合，设置联合会议与多头执政，处理各种族间的共同事务。联合会议由所属种族中的各氏族长组成，选出执政。这样的种族联合，是氏族社会发展的最高的阶段，这已经具备民族的形式，历史上所记述的古代国家建立以前的民族，就是这种种族联合。

氏族制度，虽然很单纯而幼稚，却可算是一种可惊的组织。社会上没有阶级的分裂，没有贫富的区别，财产归家族共有，土地归氏族公有，男性与女性平等，老弱残废都归氏族赡养。在这里，只有武装的自治组织，没有军队、宪兵、警察、监狱、法庭等的强力装置；只有原始民主主义的公共会议和公选的酋长，并没有国王、贵族、官吏等统治者的集团。像这样的无国家的社会状态，是现代一切国民、一切民族在其发展上都已经历过的阶段。这种社会生活的痕迹，在现存的许多野蛮人的社会中都充分明了地残留着。

（二）氏族组织之崩溃与国家之发生

在氏族组织中，没有什么阶级或身份、权利和义务的区别。就它的机能说，对内是处理种族内部的事务，对外是保护种族的存在。后来由于畜牧、农业及家内手工业等生产部门的生产的增加，便发生了添加新劳动力的需要。而供给这种新劳动力的，便是战争，即是把在战争时所得的俘虏，充作奴隶使用。于是社会便开始分裂为主人与奴隶的阶级，即榨取者与被榨取者。随着时间的进行，家族中也起了革命的变化，即父权代替母权，父系氏族也代替母系氏族而出现了。

一切的文化民族，都经过了英雄时代的。这样的时代，即是“铁剑的时代”，“又是铁犁、铁釜的时代”。从这时以后，生产力更加往前发展，手工业从农业分化出来，而生产物的商品化，也就从这时开始，于是土地的公有制，开始崩溃，而土地开始变为私产了。于是除了自由人与奴隶的差别之外，又发生了贫富的差别。

社会状态的这种变化，使氏族组织发生了变化。各种族的联合，逐渐把个别的种族的领域融合于民族全领域。由于事实上的需要，军帅、民会、评议会等，便成为民族社会的机关。由于民族间的财富的区别，使得各民族间，发生了掠夺战争。掠夺战争，能提高最高军帅及部将等的权力。于是身份或地位的观念发生，最高军帅等的后任，向例虽由同一家族选出，但到父权制成立以后，就逐渐由选举制变为世袭制。所谓世袭贵族，就是在这种基础上成立的。于是各种氏族组织的机关的作用变更，从前处理种族自身的事务的组织，这时变为掠夺邻族的组织，从前发表公共意思的机关，这时变为压迫族内人民的机关了。这完全是社会中发生了私有财产上的区别，主人与奴隶的区别的结果。

社会进化到这个境地，就踏入了文明时代。文明由新的分业而成，这新的分业，即是商业。商业发达，货币出现。于是息借成立，土地所有权及抵押也都盛行起来。这种新的经济现象发生的必然的结果，使得财富迅速地集聚于少数人方面，而贫困集聚于多数人的方面。贫人负债而不能偿还，不能不沦为奴隶。于是奴隶的人数日益增加，而强制的奴隶劳动制度就成立了。

从此，氏族组织，开始走上崩溃的道路。因为氏族组织，以种族的人员团聚于同一地域而生活一事为前提。但这个前提，到这时已经消失了。由于经济上的变化，这时各氏族、各种族互相交错，自由人、奴隶和异族之人，互相杂处。个人与个人的社会关系，已经变化，氏族团体的人员，除了岁时腊社举行宗教祭祀以外，已经不能像从前那样集合起来，处理他们自己的共同事务了。他们的财产关系，职业状态，已经发生变化，社会的编制也随着起了变化。各个人发生了和从前相反的新需要与新利益，这新需要与新利益，是从前血统关系的氏族组织所不能满足的。

贫富阶级的区别，扯断了血统关系的纽带；利害关系的冲突，削弱了亲属关系的情谊。于是，氏族组织的团结力，松懈下去；各个人的自谋私利的团结力，紧张起来。各个人的地位悬殊，利益的冲突日益加大，所以氏族组织，决不能拉拢他们，因为社会已经显然地分裂为自由人与奴隶，有产者与无产者互相对立的社会了。这种对立的倾向，不但不能融合，反而是逐渐扩大的。像这样的社会，要想继续维持其存在，只有两个途径，即，只有任凭这些阶级互相继续着公然的斗争；否则就要有第三权力超出于斗争的阶级之上，镇压这公然的斗争，把阶级斗争固定于经济的领域，即所谓合法的形态。在这两个途径中，社会自己必然要拣择一个走。于是氏族组织消灭，国家代之而生。

（三）国家发生的几个实例

国家的发生，并不像布尔乔亚学者所说的那样，是氏族组织的延长，也不是家族的扩大，也不是最高的社会。国家是在氏族组织崩溃之后从新发生的东西，是在氏族组织的废墟之上建立起来的东西。关于这方面的理论，是从现实的历史的事实抽离出来的，这里可以举出两个历史上的国家发生的实例来说明（参看《家族、私有财产与国家之起源》）。

第一个实例，是古希腊时代的雅典国家的发生。雅典在英雄时代，阿替喀四种族，由十二宗族三百六十氏族组织而成。四种族的联合，已具有小民族的形式，一切公共事务，都是由议会、民会及军帅处理，还存留着氏族制度的痕迹。往后由于财富的差别、阶级的分化，当时的氏族组织开始发生破绽，就发生了变革的必要。据口碑所传，提西欧做了阿替喀王之后，首先废止各种族的行政与议会及地方团体，把一切种族的行政事宜，都交与雅典议会处理，在雅典设置中央政府，并制定法律行使支配。同时，提西欧又依据职业的标准，把四种族的人员分为贵族、农民与工人三个阶级。于是旧日的氏族组织的精神已经大大地改变了。往后由于海洋贸易的发达，土地的买卖和抵押都流行起来；由于债务的关系，自由人也多有降为奴隶的。社会的编制大生变化，特权阶级，为了支配日益变化的经济关系，要求新的统治机关。这种新统治机关，就是国家。在梭伦时代以前，雅典人已把四种族划分为四十八区，这是以土地区分人民的国家的特征。往后，在纪元前五九四年，梭伦的宪法改革，规定雅典议会议员，由各种族各选一百人组织，又按照财产的多少，把四种族的人员划为四个阶级。到纪元前五〇九年，克里斯特尼把古时氏族制度完全废除，划分阿替喀全境为一百个自治的地方行政区，每区设立行政机关，每区各选议员一百名，组织雅典议会，雅典国家的政府，就是由这个议会和一般民会组织而成的。这是雅典国家成立与氏族制度消灭的实例。

第二个实例，是罗马国家的发生。古代罗马民族，最初由三个种族结合而成，每一种族分为十个苛列（即宗族），每一苛列分为十个氏族。这种氏族组织，与古代阿替喀的相像，公共的事务，是由各氏族长组成的元老院及民会（即苛列会议）议决处理的。但当时罗马民族中已经产生一种的种族或家族的贵族，氏族长或元老院议员，依照惯例，是由氏族内部的同一氏族选举出来的，所以特定的家族已经取得特别的权威，于是产生了所谓元老院的家族。这种家族人员，叫做贵族，垄断着做元老院议员的权利及其他一切职务。

后来，真正罗马人之外，又产生了被征服者及移住民的阶级。这个阶级，没有参与行政的权利。往后，罗马的势力，因为征服了拉丁人的地方和附近的区域，就逐渐扩大起来，那些被征服者和移住民，都变成罗马的人民，不过不归属于老罗马的种类或氏族，也不能享有特权。他们是自由人，可以私有土地，并负担纳税当兵的义务，只是不能做官，不能参加于苛列会议，也不能分受老罗马人征服得来的土地。他们原是不能享受公权的被支配阶级，即所谓平民阶级。平民阶级人数，逐渐增多，他们的教育和军事知识也逐渐进步，于是由于利害的关系，就和老罗马人的贵族斗争起来，因而平民阶级的权利，也逐渐伸张了。平民与贵族的斗争的结果，到了纪元前五七〇年，塞维斯王出来撤除贵族与平民的差别，废除旧日的氏族组织，另就服军役的全体人民，按照财产的多少，分为六个阶级，又依照各阶级服兵役的人数，编成百人队。同时，又废除旧日的苛列会议，另外创置百人队为人民会议，把有财产的各阶级的公民，均容纳在这个会议中。由此更进一步，罗马国家，又把旧日三种族的分割法完全破坏，另外裂为四个租税区域，各区都有政治的支配权，同时又成为军事上的募兵区域。到了这个阶段，罗马旧日氏族制度就完全消灭，从新创成了以土地的区划与财产的差别为基础的国家。这时的公权力，是服兵役的公民所组成的军队，不仅用以支配奴隶阶级，并用以支配免除纳税与当兵的义务的无产的人民。这是罗马国家成立与氏族制度消灭的实例。

二、奴隶制社会的国家与封建国家

（一）奴隶所有者的国家

历史上最初出现的阶级社会，是奴隶所有者与奴隶对立的社会，所以建筑在这种对立之上的历史上最初的国家，是奴隶所有者的国家。“奴隶所有者的国家，是奴隶所有者掌握着支配一切奴隶的权力与可能性的一种装置。”

在奴隶制的社会中，“奴隶是彻底的被剥削者”，是“自己的劳动力也不能自有的完全的无所有者”，甚至是“自己的身体也不能自有的完全的无所有者”。正因为“奴隶是完全的无所有者，是彻底的被剥削者”，所以他们被主人看做是仅能说话的牲口，能够说话的工具，即看做是一个生产手段。例如古代希腊和罗马的社会中，这样的奴隶们，在操着完全的生杀予夺之权的主人们的鞭笞之下，被强制着从事于农业、手工业、商业及其他一切生产上的劳动，并且还为主人执行种种下贱的劳役。至于他们的生活，却仰着主人的恩赐，维持着动物一般的存在。可是在奴隶制的社会中，奴隶一阶级的人数，占据绝对的多数。就古代雅典的事实来说，“最盛时期的雅典的全部自由民，合计妇女与儿童，约有九万人，此外却有三十六万人的男女奴隶和四万五千人的无权被护民——外国人及被解放者。所以每一个成年的男市民，至少有十八个奴隶和两个无权被护民”。这样多数的奴隶，大部分都是被强迫着做生产上的劳动的。再次，古代罗马，也是奴隶们占据绝对的多数。罗马的贵族以至平民，也和雅典自由民一样，强制奴隶做种种生产的劳动的。不过，罗马的奴隶，也有很多在贵族的邸宅服役，罗马贵族们常常利用战争，征夺邻近民族的领土，俘虏别地人民为奴隶，一方面使这些奴隶耕种掠夺得来的土地，又用奴隶在种种享乐的场所（如演技场、浴场之类）服役。罗马统治者对外战争的目的，就在于俘虏敌人为奴隶，所以罗马人的文明，比较希腊更是直接的奴隶文明。奴隶阶级的人数，既然占据绝对的大多数，奴隶所有者阶级为要强制社会的绝对的大多数为自己阶级作组织的劳动，如果没有一定的常设的强力装置，那是绝对不可能的。这种最初的常设的强力装置，就是奴隶所有者的国家。就那个时代说，“社会和国家，比较现在，都是很小，在那里存在过的联络装置，和现在的比较，也是贫弱的。这是因为当时还没有像现在这样的交通手段。因此，山林河海在当时是很大的障碍物（现在却不算一回事）。所以国家的形成，是在偏狭的地理的境界中显现的。技术上贫弱的国家的装置，对于具有较狭的境界与有限的机能的国家，是够用的”。换句话说，奴隶所有者的国家的强力装置，和现在的比较起来，虽是很幼稚很贫弱的东西，但在强制奴隶做有组织的劳动这一点上，却是充分合用的。

奴隶所有者的“国家的形态，异常复杂。在奴隶制时代，当时最进步最文化的文明国的许多国家中，例如在古代的希腊与罗马（这两者完全建立在奴隶制度基础之上），我们已经看到种种的国家形态。当时已经发生了君主制与共和制，贵族主义与民主主义的差异。当作一个人的支配看的君主制，与不依据选举、不存有任何权力的共和制；当作比较很少的少数者的支配看的贵族主义，与当作人民支配看的民主主义（民主主义，由希腊语直译起来，是人民支配的意思）；——这种差异，在奴隶制时代已经发生了。但是，虽然有这些差异，而奴隶制时代的国家，仍是奴隶所有者的国家；不论它是君主制，或是贵族主义，或是民主主义的共和制，都完全是相同的”。

我们就希腊和罗马的历史来看，固然也有君主国与民主国之间的斗争。例如，希腊时代，一方面有贵族主义国家的同盟，即伯罗奔尼撒同盟，以拥护贵族的主权为任务，其领袖是斯巴达。另一方面，有民主主义国家的同盟，以拥护民主主义为任务，其领袖是雅典。这两者之间，曾经演过多年的战争。但这种斗争，只是踏在奴隶身上的支配者集团中相互间的斗争。所谓民主主义，也是与奴隶阶级无缘的。“基本的事情，就是奴隶不当作人看待，不但是不当作市民看待，并且还不当作人看待。罗马法把奴隶当作物看待。不要说起保护人身的其他法律，就是关于杀人的法律，对于奴隶也不适用，那专是保护认为有完全权利的市民的奴隶所有者的东西，就是造出的君主制，那也是奴隶所有者的君主制。共和制虽然发生，那也是奴隶所有者的共和制。在那种共和制之中，奴隶所有者虽享受一切权利，而奴隶在法律上仍是物。因此，对于奴隶所施的一切暴行，固不消说，就是杀掉奴隶，也不算犯罪。”

“奴隶所有者的共和制，从其内部组织说，有贵族的共和制与民主主义的共和制。在贵族的共和制一方面，只少数特权者参与于选举，在民主主义与共和制一方面，一切人都参加。但这里所说的一切人，都只是一切奴隶所有者，是奴隶以外的一切人。我们必要从这种基本的状态着眼。因为，这种状态，使我们最深刻地理解国家的问题，明白地显示国家的本质。”

所以，“国家是一阶级压迫另一阶级的机关，是一阶级使其余被压迫阶级服从的机关。机关的形态，能有种种。即如，在奴隶所有者的国家，有贵族的共和制与民主主义的共和制。事实上，政府的形态虽极其复杂，而事物的本质却完全相同。即，奴隶没有什么权利，只成为被压迫阶级，不被当作人类看待”。

（二）封建国家

当奴隶制的经济构造崩溃，封建的经济构造起而代替之时，奴隶所有者的国家就转变封建领主的国家。封建国家，是封建领主阶级压迫农民阶级的机关。封建的农民，是半解放的奴隶。“在奴隶制度的社会中，奴隶们一般地完全没有权利，奴隶不被当作人类看待，但在封建社会中，农民一般地被束缚于土地。”农民之被束缚于土地之上，这是农奴制或隶属制的主要特征。领主把所属的农民束缚于土地之上，使农民们耕种土地，强制他们缴纳种种封建的地租。封建地租，是领主对于农民的赤裸裸的榨取形态，领主所以能够对农民实行这样的赤裸裸的榨取，是需要某种超经济的补助的强制。这种超经济的强制，就是农民对于领主的政治的=法律的服从。所以，“在封建制度之下，农民被夺去了自由，在某种形态上成为土地的附属品而被束缚于土地。地主或领主，是土地之法律上的所有者，因而在某种程度上，又是被束缚于土地上的农民之法律上的所有者”。

封建社会，在其最初的时代，农民占据大多数。至于“都市人口的发展，却是很贫弱的”。都市人口，原来也和农村人口一样，同是农奴的身份。往后因为从事于工商业，经济势力渐渐增高，才渐渐地用财力向领主赎取封建的农奴的义务，取得了种种的特许权，成为封建国家的市民（即现代布尔乔亚的前身），但他们仍然是被压迫的身份

（即所谓第三身份）。

“领主为要维持其支配，维持权力，就必须有一个把庞大的人们总括于他的统御之下的、使他们服从于一定的法律和规则的装置。这一切法律，即是在农奴之上维持地主权力的东西。”所以封建领主们，利用自身独占的地位，造出了便于实行封建的榨取的国家权力，即封建国家。在封建国家中，“阶级支配的本质仍旧继续存在，因为社会依然是建筑在阶级对立之上的。领主享有完全的权利，农民完全没有权利”。封建国家的权力，和领主们所实行的直接的经济强制，是一致的。领主是土地所有者，同时又是政治上的权力者。

封建领主们之中，等级非常复杂。领主们等级的高下，与他们的土地所有的大小相适应。一般地说来，小领主服从于大领主，大领主服从于更大的领主（如中国封建时代的天子以及公侯伯子男卿等间的隶属关系之类）。各个大小的领主，所有着他的土地及附属于其土地上的人民（即中国人所说的“私土子民”）。他设置一定的强力装置，如一定数目的家臣、武士、扈从、法庭、牢狱之类，对于领内的人民，完全操有生杀予夺之权。许多领主们共戴一个大领主为国王，国王设置一个中央集权的公权力的机关，形成为封建的国家的机构。国王是最大的领主，对于他所辖的各领主之间，有一定的支配与服从的关系。封建国家对于各个人民的支配与服从的关系，是间接的，不是直接的。国家对于各个人民所实行的统治，要通过领主所辖的机关才能实现。因为封建社会中的人们的生活，都分别地被封锁于封建的区域经济之中（在都市方面，被封锁于特许团体如同业公会之中），所以封建国家中的人民，不是当作个人而与国家相结合的，而是通过他所出生的经济地位而与国家相结合的，即是通过所隶属的领主的区域经济（在都市中是同业公会）而与国家相结合的。一个区域中的个人和另一区城中的个人，不能有自由的交通。个人是处在与其他社会的构成部分相分离的封锁的关系之中的。所以封建时代的人民经济生活的要素（如财产与劳动方法等），采取身份和特许团体的形式，被提高为国家生活的要素。这是封建国家的一个特殊性。

封建社会的最主要的特征，是农奴制或隶属制，因而建筑在封建社会之上的封建国家，常是封建领主的国家。基于各种特殊的封建关系，封建国家的形态也能有各种差异。“那种区别的特征，虽然不怎样显著，却也有君主制，也有民主制。”属于君主制的封建国家，是封建的中央集权的专制主义。属于共和制的封建国家，是由许多领主共同推戴一个强大的领主做国王，在一些特定的条件之下，组成一个国家，也可说是地方分权的封建国家。但无论有这样的差别，“而被看做支配者的人们，常只是封建领主。农奴是从一切政治的权利除外的”。

由于封建社会发展的特殊性上的差异，在历史上出现了变相的封建社会。变相的封建社会的诸特征，在第三篇之中已经说明过了。所以建筑在变相的封建社会之上的国家，和纯粹典型的封建国家，也有稍微不同的特征。例如所谓亚细亚的专制主义的封建国家，就属于这一种范畴。在亚细亚的封建国家中，国王是最大的土地所有者（即所谓“普天之下，莫非王土”之意），他集中了土地的统治权，人民向国王租种土地，缴纳种种封建的地租或租税。人民的经济生活，直接受国家所干涉（人民所有的财物，领主们可以任意征取）。这样的国家，是土地所有者独裁的国家。国王的权力最高无上，由他设官分职，派遣于国内各地，执掌着所谓“兵、刑、钱、谷”等任务，对人民实行统治与剥削。被统治被剥削的人民，仍旧是农奴的身份，完全没有权利。例如中国自秦汉以迄清朝的国家，就属于这种变相的封建国家（我把周代的社会称为封建社会，把由秦迄清之间的社会称为变相的封建社会）。

农奴是半解放的奴隶，在农奴制之下，“农奴能够把自己的时间的一部分，用在自己的土地之上。即，那种土地，在某种程度上属于他们自身”。他们除了向领主缴纳各种地租以外，其余的时间，自己可利用来为自己生产，农业之暇还可以从事于手工业，发展自己的生产。所以，“在交换和商业关系的发展的可能性增大的场合，农奴制越发地崩溃下去，农奴解放的范围也越发地发展起来，封建社会，比较奴隶制社会，总是复杂些”。封建社会中，存有商工业发展的诸要素。由于商工业的发展，就必然地趋向于资本主义的途径，引起布尔乔亚的抬头，因而酝酿着布尔乔亚的革命。

封建社会中的阶级的对立与冲突，主要的是在农民与地主之间显现的。当农民阶级受了地主阶级过度的压迫和剥削之时，必然地蜂拥起来实行大规模的暴动。所以历史上各种封建的国家中，农民暴动和农民战争，不时地勃发起来。但封建时代的农民们，由于封建的生产方法，都是四面八方分散地隔离着，所以农民的暴动，多带有地方的性质。一个地方的农民暴动发生，往往不能得到他地方的农民支持。正因各地方的农民缺乏了联络，支配阶级很容易地把这种地方性的农民暴动镇压下去。还有，农民在封建社会之下，不能创造出新的生产方法，所以农民的运动也不能有新的政治的目的。他们只希望能够取得土地耕种，他们的运动原是为了过度的封建的压迫和剥削而起的。他们只要能够得到土地，能够减轻各种封建的负担，就算达到了目的。所以，历史上各种封建国家的农民的运动，常常受地主阶级所利用。如中国历史上封建的新统治者代替旧统治者而起之时，多是利用这种农民运动而起的。封建时代末期的农民运动，又往往受布尔乔亚所利用，这是近代的普遍的现象。

第三节　近代国家

一、由绝对主义国家到近代国家的转变过程

（一）近代国家之先驱——绝对主义国家

历史上代替封建国家而起的国家形态，是近代国家。近代国家，是布尔乔亚国家，是资本主义社会的上层建筑。所以近代国家发生发展的过程，与资本主义发生发展的过程相适应，与布尔乔亚本身的发生发展相适应。所以，“布尔乔亚的发达的各阶段，也伴随了与它相适应的政治的进步”。

布尔乔亚的前身，是封建时代的都市的市民。他们最初还是农奴的身份，是无权利的身份，即所谓第三身份。后来，商品经济逐渐发展，他们的经济势力逐渐增大，就

开始向封建领主要求政治的权力了。他们起初要求都市的自治，向领主买取自治权，自己组织武力，成为自治的组织，不过，他们还不能脱离领主而独立，他们还得担负纳税的义务。

随着商品=货币经济的发展，有许多地方的都市（如十五世纪意大利各都市）的商业布尔乔亚，就利用自己的势力，组成了商人共和国（如威尼斯与蒲劳伦斯两共和国）。他们自己选举代表，组织政府，统治其他一切贫穷的市民。

往后，进到工场手工业的时代，由于货币经济飞快地发展，商品市场急剧地扩大，与资本原始的蓄积，封建的区域经济就迅速崩溃而过渡到国民经济了。随着由封建的区域经济过渡到国民经济，封建的地方分权政治也过渡到封建的中央集权政治。这封建的中央集权政治，是由封建国家到近代国家的过渡期的政治形态。

封建国家，原是僧侣与封建领主统治工商业者与农民的国家，但随着商品经济的发展，布尔乔亚就由被支配阶级中抬头起来，仗着经济的势力，变为王权的支柱，而与封建领主相对抗。于是集中的国家政权，随商业资本的膨胀而加强。因为初期布尔乔亚的利益，大受腐败的封建制度所损伤。第一，一国之中有许多封建领主，彼疆此界，封建的剥削重重，商业交通大感困难；第二，各城市的特许权之存在，妨碍商业资本的势力的自由出入。所以，初期布尔乔亚，为了免除国内封建的剥削和关税的障壁，为了打破特许城市的特权，为了保护国际贸易，为了掠夺殖民地并攫取边界商业的霸权，就只有拥护国王，统一国土，加强中央政权的力量，才能达到上述诸目的。这样由封建经济到资本主义经济过渡期的中央集权的国家政权，是依靠官僚机关和海陆军队而成立的，所以这时期的政权形式是君主专制的政权或绝对主义的政权。

绝对主义的政权，是王权勾结布尔乔亚以抑制封建领主的政权。王权之所以勾结布尔乔亚，是由于财政的政治的必要。因为巨额的财政的支出，是仰赖于赋税、商税、财政借款及其他国家收入，而这些收入，大部分都靠布尔乔亚去供给。还有王权要抑制封建领主的权势，也不能不维持新兴布尔乔亚，实行有利于商品经济发展的各种政策。

“绝对主义，即离开各支配阶级的国家权力之独立，国家权力直接不是阶级支配的工具反而好像成为超越诸党派诸阶级的独立存在的国家形态——这只有在社会生活中具有权威的各个阶级互相均势，因而谁都无力夺取国家权力之时，才形成起来的。在这种情形之下，国家权力，能够使现存各阶级互相阻挠，并命令他们休战，停止政治斗争，使他们为自己服役。”

（二）绝对主义国家之历史的使命

绝对主义国家形态，以土地贵族与资产阶级的均势为其根本的存立条件，它本身是由一个封建的大地主=国王实行绝对的支配的。所以绝对主义国家，与封建国家，有两个根本的差异：

第一个根本的差异点——布尔乔亚，一般在封建国家之下，是被支配的商人身份，即所谓第三身份，而服从于贵族政权的支配的；及到绝对主义政权之下，他们对于国家权力，才取得与贵族均势的地位。

第二个根本的差异点——就是国家机关之中央集权的统一性。封建制为其生产方法的特性所限制，所以本质上常是地方分权的；因而构成国家机关的本质的官吏和军队，也是地方分权的。至于绝对主义王政，却实现了中央集权的国家。

第一个差异点=贵族与布尔乔亚之政治的均势，建筑在双方的经济的均势之上。这种经济的均势，即是从前支配封建社会的贵族的生产力——小农的生产方法——之逐渐衰减，与布尔乔亚的生产力——最初的工场手工业的生产方法——之急剧的成长。本来，贵族与布尔乔亚的对立，在布尔乔亚的高利贷资本与商业资本之蓄积过程中，早已准备了破坏封建经济的前提，往后随着工场手工业的发生，两个阶级的冲突，就不能不采取一种政治的表现了。

如同中世纪末叶以来的英法等国，国内对于封建领主的斗争，连续了数百年之久。在这个斗争中，商业资产阶级支持国王，国王终于压服了封建领主，成立了中央集权的统一国家。于是与金力相对峙的封建国家，就由受金力所支配的国家来代替了。于是市民就得与贵族僧侣相并立，通过等级会议而参与于王政了。资产阶级，由于绝对君主的保护政策，越发扩大了自己的经济的势力，而贵族对于国家权力也就逐渐失势了。但是资产阶级还没有发展到自行夺取国家权力的地步，所以绝对主义政权独自地发展起来，而达到完成的阶段。

第二个差异点 = 中央集权的国家机关之成立，在其基础上，也表示初期资本主义在经济上统一国内各地方的事实。

中央集权的执行权力，是在封建组织崩溃之后发生的。“土地所有者及都市之支配的特权，转化为国家权力的相当的许多属性；封建的贵人转化为食俸的官吏；相对抗的各种中世的绝对权的杂货账，转化为由一个国家权力所规制的略图。这种国家权力的工作，是工场式的被分工被集中的。”做一句话说，本来是孤立的地方分权的封建的一切东西，都被转化为一个大统一的执行权力而残存着。

但这个统一的执行权力之物质的基础，不在封建的农业之上，而是在资本主义的工商业之上。即是说，绝对主义国家，只有助长资本主义的发展，才能维持自己的权力。所以绝对主义国家之历史的使命，我们可以作如下的概括：

绝对主义国家之历史的使命，在于保育尚未发展到独立夺取政权地步的资产阶级，使发展到更高的阶段。在消极方面，绝对主义为维持强有力的国家机关，不能不助长资本主义的发展，因而就不能不在一定限度内扫除旧封建的障碍物。在积极的方面，为了同一的目的，就是利用强大的国家权力，厉行殖民政策，国债制度，近代的租税制度，以及保护制度等，在温室中助长由封建的生产方法到资本主义生产方法的转化过程。

于是绝对主义政权，不断地破坏自身的生存的条件，以至于不能不转化为它的反对物。

（三）发展了的布尔乔亚的利益与绝对主义国家之矛盾

新兴资产阶级，在绝对主义王政之下，成就了莫大的发展。因为在绝对主义王权的立场说来，“国家越是富强，统治者也越是富强”。国家最重要的任务，是图谋其臣民之物质的福利，这恰如养羊人为要剪取羊毛而图谋羊群的繁殖一样。所以绝对主义的国王，为要在充实国家财政的名义下自肥私囊，就施行了许多便利于工商业发展的政策和制度，而新兴资产阶级也因此增大了自己的利益。

国王图谋资产阶级利益的施设，就其主要点来说，第一是以武力为资产阶级后盾，尽量争夺海外殖民地，使资产阶级从殖民地掠夺了大宗的金银财物和奴隶。第二是实行奖励对于贸易和援助航海业发展的政策，使资产阶级取得许多国际贸易上的特殊利益。第三是实行独占制度和公债制度，使资产阶级从国王承受商品专卖权和供给政府借款权，因而得到不少的利益。第四是援助工场手工业的发展，使资产阶级得以免除行会制的限制而自由地榨取工人。第五是帮助资产阶级性的贵族，打破封建的土地关系，掠夺农民的土地。在这些新政策新制度之下，新兴资产阶级的经济势力，就不断地膨胀起来了。

然而绝对主义的王权，却沿着另一方向发展，而达到登峰造极的地位，遂至于和发展了的资产阶级相冲突了。绝对主义国家，原是半封建的国家。它虽然在相当的范围内扫除了妨害工商业发展的封建的障碍物，而它的本身仍然带有浓厚的封建的形式和内容。在国王之下，有庞大的中央和地方官僚机构与常备军。官僚机构中执掌大权的大臣，大都是封建残余的贵族及僧侣。王权越是绝对的，一切立法行政就完全操诸国王及贵族僧侣之手，而资产阶级的要求就可以完全不顾，因此，那有资产阶级参加的国会（如英国），和三级会议（如法国），也停止召集了。绝对主义发展到这种地步，资产阶级就完全被剥夺了参与政权的机会。

再就国王与贵族的经济的势力来说，国王本身原是最大的封建的所有者，其收入的主要源泉，是无数的王领的财产；国内多数的贵族及僧侣也由于封建的权利，私有其土地。国王和贵族及僧侣利用国家权力，不断地扩张其私人财富的源泉；所实行的独断的经济政策，是为了要增加国库与私库的收入。依这种倾向发展下去，国家就变为国王个人的财产了。所以路易十四在他的回忆录中这样写着："国土以内的一切，皆为国王所有；国库的财产，皆为掌管国库的人所独占。"这种事实，当然不是发展了的资产阶级所能忍受的。

王权越是绝对的，资产阶级与王权的冲突也越是绝对的。发展了的资产阶级所以不能不起来反抗绝对王政，是因为封建的残余阻碍了资本主义的发展。这些封建的残余，都统括于绝对主义王权之中，发展了的资产阶级为要促使资本主义的自由发展，不能不廓清封建残余，推倒绝对王权，自己起来掌握政权。所以绝对主义政权，是未经发展到可以夺取政权地步的资产阶级所渴望其实现的。但现在资产阶级羽毛丰满了，他们已经有能力爬上统治阶级地位了，于是绝对主义国家也即于崩溃了。

二、近代国家构成的原理

近代布尔乔亚国家，是由绝对主义国家转变来的。这种转变，通过了布尔乔亚革命。

（一）布尔乔亚革命

布尔乔亚革命，与普罗列达里亚革命，具有不同的特征。在布尔乔亚革命一方面，经济的变革，先行于政治的变革（新阶级夺取政权）。换句话说，不单资本主义的要素已在封建的母胎中孕成，并且资本主义的经济构造也已经生长了。这资本主义的经济构造，在政治的变革实现以前，已经克服了封建的经济构造。那政治的变革，只是把资本主义生产关系所产出的经济的胜利，加以确实的保障，并使它更趋于完成。“这种政治的变革，以封建主义的残余为问题。政治，在这里，是与经济相适应的显现着。”至于普罗列达里亚革命，在政治的变革以前，并不存有社会主义的生产关系；这个革命虽然也必须有某种客观的经济的前提条件，但这种条件，只是产生社会主义生产关系的条件，却不就是社会主义生产关系。这一点，表现了普罗列达里亚革命与布尔乔亚革命的差别。

布尔乔亚革命，不是布尔乔亚一个阶级单独的实行的。参加这个革命的诸阶级，除了布尔乔亚以外，主要的是与布尔乔亚同时出生的普罗列达里亚，以及因旧制度解体而分化出来的农民（还有手工业者）。布尔乔亚的目的，是推翻封建残余，爬上统治阶级的地位，顺利地发展资本主义。普罗列达里亚和农民的目的，是脱离封建的农奴制，取得生产手段及生活条件，并得以参加于政权。这三个阶级企图革命的对象，都是封建制度，所以当布尔乔亚以革命相号召的时候，他们就自然而然地成立了革命的联合战线。于是布尔乔亚就在这联合战线中，利用自己的优势，僭取了领导者的地位，对封建的残余势力，作顽强的有效的阶级战争。

就上述革命的联合战线分析起来，其中革命性最坚强的是普罗列达里亚与农民，最退缩的是布尔乔亚，这是最近数百年间各种布尔乔亚革命之历史的事实。在布尔乔亚革命的一切革命势力之中，最动摇、最怯懦而又容易妥协的，是布尔乔亚。“甚至在典型的布尔乔亚革命——法国大革命——中，布尔乔亚最初就不曾采取决定的态度。反而是妥协的，并且不久就放弃了革命。甲可宾党员的小布尔乔亚独裁，反而更深入地把革命推进了。”至于勤劳大众，一开始就是很勇敢的，打破“巴士梯”监狱[①]的是他们，在巴黎演巷战而热烈牺牲的也是他们。布尔乔亚不但不援助这种勇敢的革命势力，反而和封建势力相妥协，不惜出卖革命而毒杀革命民众了。其次，布尔乔亚革命的不彻底性，是不曾完全清算农奴制的生产关系。这是因为封建的土地关系已经逐渐地转变为资本主义的土地关系，所以布尔乔亚不愿对土地领有做革命的清算，预防农民侵犯他们的土地所有权。基于上述各种理由，布尔乔亚在革命的进行中，只注意于障碍资本主义生产方法发展的封建残余之铲除，只注意于把自己升为支配阶级的政权之夺取，至于普罗列达里亚与农民之政治的要求，他们是一概不能容纳，并且认为是敌视自己而断然利用权力去实行压迫的。所以布尔乔亚，在革命爆发的瞬间，就开始转变到革命的方向了。

一切布尔乔亚革命的胜利，都归属于布尔乔亚。就法国大革命的经过来说，当一七八九年七月十四日的革命爆发以后，布尔乔亚的国民会议，就准备好了新的社会原则，

① “巴士梯”监狱，今译巴士底狱。——编者注

宣布《人权及公民的宣言》，实行改造国家制度；后来又制定宪法，依据所谓“自动的市民与受动的市民”的差别，实行以财产划分等级的选举制，建立了近代布尔乔亚国家的雏形。于是布尔乔亚自居于“自动的市民”之列，爬上了支配阶级的地位，他们的革命已经成功了。但是工农群众，仍旧得不到土地和生活条件，仍旧得不到政治权利，他们是完全被布尔乔亚所出卖了。工农群众革命的目的未能达到，他们不能不继续进行，所以演出了一七九二年的第二期革命。布尔乔亚与工农群众的革命联合战线，起了分化，布尔乔亚开始反革命了。布尔乔亚利用自己阶级的势力，勾结封建的势力，压服了革命的群众，再三地宣布了“私有财产神圣不可侵犯”的原则，赤裸裸表明了国家是布尔乔亚的国家了。于是从来布尔乔亚及其代辩者（启蒙学派）所梦想的理性的王国出现了。个人的支配欲与剥削欲，变成了布尔乔亚全体的原则和理论，变成了布尔乔亚国家的法律及制度；革命的观念充满了国民的精神，现实的货币充满了布尔乔亚的腰袋。

布尔乔亚的革命，可以借用下面几句话，作一概括。

“一六四八年与一七八九年的革命，不是英国与法国的革命，而是欧洲式的革命。它不是对于旧来政治制度的一定社会阶级的胜利，它是欧洲新社会的（即新生活关系的）

政治制度的宣言。布尔乔亚在这些革命中，得到了胜利，而布尔乔亚的胜利，在当时是新社会制度的胜利，是布尔乔亚的所有对于封建的所有的胜利，国民主义对于地方主义的胜利，地主的土地支配对于土地的地主支配的胜利，启蒙对于迷信的胜利，家族对于家臣的胜利，产业对于英雄的愚行的胜利，布尔乔亚法律对于中世法律的胜利。”

（二）布尔乔亚的民主主义

近代国家，是根据所谓民主主义创立起来的。而民主主义的根本原则，即是所谓“自由”与“平等”。这“自由”与“平等”两原则，在近代国家宪法中当作人民的基本权利具体规定了的东西，就是所谓法律上的平等，与言论、著作、出版、集会、结社、信仰、身体、居住、迁徙等的自由，以及参与政治的各种权利之类。

布尔乔亚依据这些形式上的平等和自由的原则，实行社会的改造，“一切市民都立在平等的地位，废除了奴隶所有者与奴隶的从前的分裂，在法律面前，一切人都平等；不论个人有怎样的资本——或者有土地那种私有财产，或者除自己的筋力以外一无所有，全无关系，一切人在法律面前都平等。法律用同一方法保护一切人们，保护财产”。这就是说，法律对于无所有者保护财产所有者。这就是平等的形式中的内容。布尔乔亚根据这种意义上的平等，宣称资本主义社会已不是阶级的社会。实际上，布尔乔亚国家，只是撤废了从来的奴隶制社会与封建社会中的身份上的差别。在奴隶制与封建制的社会中，诸阶级的差别，固定于身份的差别之中，国家为这些阶级设定了特别的法律上的地位。所以这两种社会中的诸阶级，出现为各种特别的身份。奴隶所有者的国家与封建国家，所以把阶级的差别规定为法律上的身份的差别的理由，是由于实行超经济的剥削。但是进到资本主义社会，这种超经济的剥削已转变为经济的剥削，因而用法律设定身份的差别的必然性也消失了。于是阶级便不采取身份的差别了。“社会之阶级的差别——不论在奴隶社会，在封建社会，在布尔乔亚社会，都是共通的。不过在最初两种社会中，阶级——身份存在着；而在后一种社会中，无身份的诸阶级存在着。”所以法律面前的平等，决不能掩蔽布尔乔亚社会的阶级的差别。

其次，布尔乔亚国家所揭举的自由，原是布尔乔亚国家对封建制度斗争的标语。在布尔乔亚说来，自由即是废除封建制度的意思。布尔乔亚国家所提出的自由，比较过去人民在封建国家之下毫无自由，这确是一个大进步。但就实际上说，“自由这东西，是所有着某种东西的人们的自由”。这就是以私有财产为基础的自由，即是财产上的自由。布尔乔亚的“国家宣称：保障人们的完全的私有财产，对于这样的私有财产，给以一切的保护和助力。国家许可一切商人，一切工业家，一切工场主，都有这样的财产权。站在私有财产之上的，站在资本权力之上的，站在一切无所有的劳动者与勤劳的农民大众的剥削之上的这种社会，鼓吹以自由为基础的那种支配，实行对农奴制的斗争，宣言财产为自由，并夸称国家已不是阶级国家。但国家在表面上虽好像是自由，却仍然是帮助布尔乔亚压迫贫农与劳动者阶级的一个机关”。

所以布尔乔亚国家所揭举的自由和平等，是在私有财产的基础之上成立的东西。离开了私有财产，便没有自由和平等。因而所谓全体国民的自由，全体人民的平等，就变成布尔乔亚一阶级的自由和平等了。法国大革命当时的无所有者阶级，为了争取自由和平等，曾经支出了很多的牺牲的代价，而得到的结果却只是无裨于实际的好听的名词，所以他们为了要争取实际的自由和平等，就不断地向前奋斗。可是当时他们的斗争，终于被布尔乔亚镇压下去了。布尔乔亚的国会，在所谓《人权及公民宣言》中，早已在自由和平等两个原则之下，添上了财产既得权之确认的原则。往后，一七九一年的宪法，规定了财产的等级的选举制。一七九三年三月，布尔乔亚国会，又议决了私产制神圣不可侵犯的议案，凡是企图颠覆私产制的人都处死刑。同年八月十日，国会又颁布新宪法，从新宣言私产制的神圣不可侵犯。这些事实，就是表明布尔乔亚国家对国民所约定的自由和平等，是以私有财产为基础。凡属侵犯财产的一切自由和平等，国家是用权力去禁止的。事实上，不但侵犯财产的自由与平等的行为要受国家压迫，并且主张这样的自由和平等的言论和著作，也要受国家压迫。

上述意义的自由和平等，是近代民主主义的根本原则，而近代国家就是根据这样的民主主义组织起来的。

三、近代国家机关的构造

（一）近代国家的国家机关与政府形态

布尔乔亚国家的政治原则，是所谓三权分立。这就是把国家权力的作用，分为立法、行政、司法三部门，立法权由议会行使，行政权由中央的及地方的行政机关行使，司法权由各级法庭行使，各机关各自独立，不相侵犯。但国家权力本身是统一的东西，所谓三权分立，只是一种拟制，事实上却是相反。

布尔乔亚国家权力的根本特征，是中央集权。但这所谓中央集权的本质，就是以行政权为中心而把立法权与司法权集中起来的东西。近代国家的权力的发达的历史事实，就表现这一过程。布尔乔亚首先掌握议会权力，再把权力的中心放在行政权之上，借以保障其支配的地位的。

法国布尔乔亚革命以后所建立的国民议会，在与封建势力相斗争之时，固然是有力的武器，但要压服其他的诸阶级而确立自己的政治的支配，那还是不充分的。布尔乔亚在其多年的政治斗争的经验中，知道了要确立自己阶级的支配，就必须掌握中央集权的行政机关。所以布尔乔亚内部互相斗争的各派，总要抢夺这巨大的行政机关，才能取得胜利。所以一旦掌握了行政机关，就等于掌握了国家权力。“国民在议会之中，把自己的一般的意思提高为法律。但这件事，就是意指着国民把支配阶级的法律作为自己的一般的意思。国民在行政权力之前，抛弃其独自的意思，而屈服于外部权威的力量的命令。”这就是说，近代国家权力中的行政权，事实上优越于立法权。

所以布尔乔亚革命，首先破坏封建国家机关，完成议会的权力，达到目的之后，再完成行政权力。这是布尔乔亚国家权力由议会权力推移于行政权力的倾向。布尔乔亚国家机关的特征，就在于中央集权。布尔乔亚集中了人口，集中了生产手段，“其必然的结果，是政治上的中央集权。

于是具有各不相同的利害、法律、政府、税制的独立的诸地方，差不多只是单纯的联合的诸地方，就被团结有具有一个政府、一个法典、一个全国的阶级利益、一个国境和一个税关的一个国民了”。这样集权的国家权力，拥有着“一切的机关——常备军、警察、官僚、僧侣、法官等，即依照一个有组织的阶层的分工的计划而造成的机关”。这些机关，是由现代社会内部的矛盾产生的东西，是布尔乔亚用以镇压别的阶级的强力。

近代“国家权力的集中化，是由资本的集中发生的历史的结果。资本的集中，推进劳动阶级的团结，和这一样，国家权力的集中，对于劳动阶级的政治力的结成，也有很大的效果”。

其次，再说到近代国家的政府形态。政府形态与国家形态不同。“政府形态，由统治的形式所区别。因而在同一布尔乔亚国家，能够有不同的政府形态。在布尔乔亚国家，有立宪君主国与民主共和国两种政府形态。但两者并不是本质上不同的东西，而只是同样的国家形态之下的两种统治形式。不过，民主共和国，是布尔乔亚国家最极限的政府形态。在民主共和国方面，布尔乔亚独裁最彻底的实行着，因而阶级对立也最深刻而鲜明。在这种政府形态之下，法律的政治的平等最强。但法律的政治的平等愈强，社会的不平等的事实也越是明白地为人所认识。在最彻底的民主共和国的美国，布尔乔亚的阶级独裁最是强烈，对于劳动阶级的压迫也最是残酷。”

在近代国家的历史中，“也有互相斗争的阶级均势的场合，国家权力装做站在阶级之外而超越于阶级的那种外观的场合。但在实质上，它却代表着某一个阶级。这是波那巴尔特主义”。欧洲十七与十八世纪的绝对君主国家，带有这样的性质。这种国家，是布尔乔亚与封建贵族均势的国家，是封建贵族已失其统治国民的能力而布尔乔亚还没有取得那种能力的场合的唯一政治形态。其次，拿破仑一世与二世的统治形态，俾士麦的统治形态，以及克伦斯基的政治，都是波那巴尔特主义的。这种统治形态，“是布尔乔亚已失其统治国民的能力而普罗列达里亚还没有取得那种能力的场合的唯一政治形态”。但这种政治形态，只是暂时的，是有条件的。

（二）议会制与普通选举

近代布尔乔亚国家，在宪法之下，采取以议会为中心的政治形式，而站立在所谓反映国民的总意的拟制之上。布尔乔亚民主主义，宣称国民有主权，议会就是它的代表。实际上，议会是各阶级的领导者所组成的诸政党（最初是布尔乔亚内部的各党派，往后是布尔乔亚政党与普罗列达里亚政党）的斗争场所，是政治的阶级斗争的重要的战场。但是，布尔乔亚国家的主权，并不在议会方面，议会也不是代表国民的总意的机关。

如前面所述，布尔乔亚国家权力的重心，在布尔乔亚革命的过程中，已经由议会移到行政机关。“就那些以议会主义统治的任何一国家来看——从美国到瑞士——本来的‘国家的政府的’工作，都是在各部、内阁、参谋本部的衙门中实行的。议会只是饶舌的场所。”所以，行政机关的大官们，不管议会的议员们如何的唇枪舌战，议出了什么议案，而他们却是另一样的行使其统治的权力。

布尔乔亚国家权力的重心，虽然早已由立法机关移到了行政机关，而在近代国家的初期发展时代，布尔乔亚却是牢牢地把持着议会，对勤劳大众采取闭关主义。布尔乔亚厉行着以财产划分等级的选举制，大多数无财产的得不到选举的资格，不能踏入议会的门内。所以，一般勤劳大众，利用民主主义的原则，实行争取参政权的政治斗争。这样的政治斗争，一直经过了数十年之久，布尔乔亚总是千方百计地不肯放松，甚至演过大屠杀的暴举（如英国布尔乔亚在十九世纪初期对于宪章运动的劳动者的大屠杀）。随着普罗列达里亚的势力成长，而布尔乔亚感受了威胁之时，布尔乔亚国家，才逐渐的把议会的大门对勤劳者开放。这还是最近几十年来的事情。所以布尔乔亚国家的普通选举制度，还是普罗列达里亚长期的艰苦的斗争所得到的结果。

“民主主义的共和制及普通选举权，比较封建的秩序，是很大的进步。”在从前的奴隶制和封建的秩序之下，除了特权阶级以外，奴隶与农民绝对没有参加政治的权利，他们也不能组织代表自己利益的政党，也不能明白理解他们自己应向着什么目标去努力。他们只是直觉地举行暴动或内乱，而结果终于被支配阶级所玩弄所压服。但在近代国家的秩序之下，普罗列达里亚多年奋斗的结果，得到了普通选举权。他们也有参与于布尔乔亚国家政权的机会，也能选派自己的代表到议会，宣布自己阶级的政见，与布尔乔亚代表相拮抗了。在他们还没有成熟到自己解放的程度以前，他们也曾认定现存社会秩序是唯一可能的东西，在政治上，是布尔乔亚的尾巴，是极左翼。但是议会主义，对于普罗列达里亚，在政治上启发他们，教育他们，直到他们成熟到自己解放的程度时，就知道组成独立的自己的政党，选出自己的代表，到议会中实行政治的斗争了。所以议会主义，能够成为普罗列达里亚自谋解放的政治斗争的工具。因而“普通选举权，是劳动阶级的成熟的测度器”。

“布尔乔亚共和国，议会，普通选举权——这一切，从社会之世界的发展的观点来说，是一个巨大的进步。人类已经到达于资本主义了。资本主义，由于都市文化的庇荫，使得被压抑的普罗列达里亚自觉，使得国际的劳动运动发生，使得在有意识的指导大众斗争的社会主义诸政党中团结的数百万劳动者发生。如果没有议会主义，没有普通选举权，劳动者阶级的这种发展，将是不可能的。”

普罗列达里亚解放的问题，不是可以靠投票去解决的，而是要靠一切形态的斗争去解决的。议会行动，就是斗争手段的一种。不过全部议会行动，都是无条件地隶属于劳动运动的一般利益。即是说，议会行动的目的，是在于通过选举战争及议会中诸政党间的斗争，启发大众，以期实现飞跃的变化。所以，处在议会制之下的普罗列达里亚，常是参加议会，从事于政治的斗争。而处在封建势力依然存在的秩序之下的普罗列达里亚，往往为取得民主主义的秩序而斗争。但议会行动，只是普罗列达里亚解放的一个手段，而不是目的，所以排斥议会行动的主张，固然犯了极左翼的幼稚病，就是以议会主义为目的的社会民主主义的主张，也是机会主义的。

议会制和普通选举制，在上述的意义上固然是巨大的进步，而国家之阶级的支配的本质，依然是不变的。布尔乔亚学者们，宣称实行议会制和普通选举制的国家已是自由的国家，已是代表一切人民的利益的国家（即全民的国家）了。这种话完全是布尔乔亚的自由的偏见或欺骗。实际上，布尔乔亚国家权力的重心，早已由议会移到了行政机关，议会的大开放只是形式上的所谓政治的平等，对于布尔乔亚的独裁，没有多大的影响。在资本制存在着的范围内，无论是怎样的民主主义的国家，仍是布尔乔亚支配普罗列达里亚的机关。

四、布尔乔亚国家的法西斯化

（一）布尔乔亚国家与法西斯主义

布尔乔亚国家，进到了帝国主义时代，发生了特征的变化，这就是它的法西斯化。我们已经知道，帝国主义是垂死的资本主义，是资本主义的最后阶段，是世界革命的前夜。在这个最后的阶段上，产业资本与银行资本相融合，形成为金融资本，引起了金融寡头政治的支配。金融资本家，不断的把信用授给国家机关，把自己的部下送到国家机关去，他们收买议员和大官，操纵一国的舆论，又所有着国家所必要的军事工业和交通工业。他们操纵着一国的政权，变成了一国的事实上的主人。所以这个时代的金融寡头政治的支配，越发是变成难堪的东西。帝国主义的国家权力，变成金融资本主义的寡头政治之集中化的力量的表现，变成这个寡头政治的独裁之表现。

布尔乔亚国家之转变为金融寡头政治的支配机关，从十九世纪末叶起，已经明白地具体地表现了出来，可是到一九一四——一九一八的第一次世界大战以后，这种倾向越发地向前演进，而表现为法西斯主义了。

第一次世界战争以后，世界的普罗列达里亚革命运动与被压迫民族的革命运动，到处勃发起来，并且苏维埃俄罗斯建立了与资本主义相反的新体制。于是整个世界，划分为社会主义战线与资本主义战线相对立的舞台了。资本主义的体制，在资本主义的一般的危机之下，就不能不为自己的活路而斗争。资本主义为了另寻活路，不能不适应于资本主义的一般危机，探求新的政治手段。资本主义为要克服危机的新政治手段，在国内政策的领域中，是法西斯主义，在对外政策（当作最集中的政治手段看的）的领域，是准备战争重分殖民地。

所以我们分析法西斯主义时，必须指出两个规定近代国家的法西斯化的客观的因素。

第一，世界革命，在金融资本的统治之下成熟了。帝国主义者想用战争解决帝国主义诸矛盾的尝试也失败了。战争的结果，引起了资本主义的一切的矛盾、对立及不均衡的异常激化，引起世界重要部分的领土的穷困化，引起资本一般的社会基础的崩颓。

大战以后的资本主义经济中，只显现了量的变化。急速的技术的发展，一方面引起劳动生产性的增大，他方面引起资本主义独占之急速的成长，因此使得资本主义的生产方法之经济的矛盾不断地激化了。这种量的变化，以急剧的速度而显现，战后资本主义虽然有过部分的稳定，可是不久这种稳定又迅速地消失了。由于资本主义独占的成长，就引起了资本主义社会的上层建筑之迅速的变化。社会的诸对立，随着生产力与生产关系的冲突，而大见发展，这是在劳动者、农民、小市民以及殖民地人民大众的空前的贫困之中，在垂死的帝国主义间的激化的竞争中，具体地表现出来的。于是资本主义经济之量的发展，由于经济的矛盾与社会的对立之相互作用，把资本主义社会的对立，提高到新的阶段。社会的对立，首先是阶级对立，是把经济之量的变化转变为质的变化之动力，是促进社会转变的杠杆。

帝国主义在战后期所经历的过程，是资本主义之一般的危机的过程。资本主义的这一般的危机，同时是资本主义的政治的上层建筑的危机的客观因素之一。所以为自己的生存而战争的资本主义，为自己的活路而拼命的布尔乔亚，企图把民主主义国家变成法西斯主义国家，并推行法西斯运动，对革命者阶级，组织防御的阵线。

第二，独占的发展，虽然在政治的上层建筑中直接地引起了变化，但这种变化，是由布尔乔亚内部的改组的过程发生的。独占的发展，在世界战争以后，愈益加强了金融资本的霸权。金融资本与国家机构，形成更紧密的融合，改变了布尔乔亚内部各集团间的从前的相互关系，变更了布尔乔亚国家之政治的外貌。这种紧密的融合，就是说明：独占资本依据高度的集中性与经济的命令权，使国家机构直接地独占地隶属于自己，驱逐了未组织的资本集团对于国家机构的影响。独占的大布尔乔亚，由于增大的资本的独占，实行国家机构的独占，实行对国家机构的一切命令权的独占。所以金融资本与国家机构的紧密的融合，促进独占的大布尔乔亚的独裁，引起了资本主义的政治的上层建筑的移动。

独占资本与国家机构的融合，使国家的经济（即战时形成的国家资本主义）商业化，使私人资本主义经济政治化。因而国家的全部经济政策，比较以前得到更为统一的特征，而这种特征，是由金融资本的完全的霸权所授与的。

在从前，布尔乔亚的未组织的大部分，常以国家为媒介，利用卡迭尔禁止法或托拉斯禁止法案，对金融资本的势力作有效的斗争，但到现在，国家对于独占的发展已经公认了。现在，国家所实行的资本集中政策、金融政策、租税政策、价格政策及一切对外政策，都完全由独占资本所厘定了。

独占资本与国家机构之紧密的融合，对于战后时代资本主义的独占的发展的一切形象，虽已成为共通的特征，但其根本的意义，就是说明阶级对立的激化与帝国主义竞争的激化。这种客观的因素，使得资本主义的政治的上层建筑发生重要的变化——法西斯化。在法西斯的统治之下，金融资本与国家机构的融合，提升到更高的阶段。

（二）法西斯主义形态的两个方面

法西斯主义，是在帝国主义的战后阶段陷入于一般危机的资本主义的政治的上层建筑。法西斯主义，是为对抗日益成长的普罗列达里亚革命而实行预防的组织，并为确保其统治的社会基础，想借以克服一般危机的资本主义的政治上层建筑之最近的形态。

法西斯主义的发展虽然是不均衡（由于资本主义发展的不均衡而起），但法西斯主义，却是在种种形态、种种速度上成长着的资本主义国家的一般现象。法西斯主义的发生，第一是受资本主义的一般危机所规定，第二是与金融资本及国家机构的融合相联系，并且与这个融合的内部的、经济的、社会的前提条件相联系。所以我们要更进一步，在下述两种形态上去认识法西斯主义。

第一种是压迫普罗列达里亚的法西斯状态。独占的布尔乔亚，由于独占着国家机构的一切支配地位，使布尔乔亚国家法西斯化了。国家的法西斯化过程，第一步用法西斯的统治形态去补足布尔乔亚民主主义的形态；第二步是树立法西斯的独裁。这种法西斯的独裁，完全是对普罗列达里亚实行的。独占的布尔乔亚，不但利用国家权力，并且利用法西斯的各种组织，企图破坏普罗列达里亚的团结。在法西斯主义国家中，劳动者的运动，是被认为不合法而要绝对加以摧毁的。另一方面，提出“阶级协力”的标语，使劳动者的组织隶属于法西斯的国家机构，宣称国家是代表劳动阶级的利益的。所以法西斯主义国家，一方面是金融资本与国家机构的融合的完成，是金融资本对于全社会经济生活之完全的支配；他方面，又是法西斯运动的指导的干部及党与国家机构的融合。

第二种是建立金融资本独裁的社会基础之法西斯的形态，这就是法西斯主义运动。金融资本独裁的社会基础，主要的是小布尔乔亚大众，以及劳动贵族和社会法西斯主义者。小布尔乔亚大众，在资本主义的一般危机之下，陷入于没落的命运。他们或者感受了某种假装反资本主义而其实拥护资本主义的恶宣传，或者迷信了社会的帝国主义的幻想，自以为借助于所谓“强力的、超阶级的公正的国家”，把自己阶级从没落的穷困化的状态中挽救出来。他们以为在这样的国家，金融资本的独裁能够保护他们，并且在阶级协力之下，经过他们的斡旋，可以促进帝国主义的繁荣，使他们取得特别的地位。小布尔乔亚这种意德沃罗基的迷妄及其反动的空想的幻想，在他们的阶级的急剧没落的情势之下，使得他们容易受独占的布尔乔亚所利用，而变为国家法西斯化的社会基础，变为法西斯国家的台柱。这便是法西斯主义运动的作用及其社会的意义。法西斯主义运动，虽然是由金融资本授与了特权的小布尔乔亚所直接指导的，但这些小布尔乔亚的指导者，在自己集团利益一点上，是与布尔乔亚密切地结合着，所以他们能够变成法西斯主义国家的台柱。

实际上，小布尔乔亚的法西斯主义运动，虽是为金融资本独裁确保其社会基础的一种形态，但小布尔乔亚大众与金融资本之间的对立，仍是深刻的矛盾。

此外，社会民主主义者的法西斯化，与金融资本独裁之法西斯形态的发展相适应，因为他们原是在布尔乔亚民主主义之下培养出来的，所以与布尔乔亚民主主义国家的法西斯化有密切的联系。他们代表着劳动贵族，想借助改良主义的劳动组合的机构，管理普罗列达里亚，实行所谓阶级协力的社会法西斯的方法，用民主主义的宣传或“左党的”权谋，分散普罗列达里亚，使与布尔乔亚的法西斯的方法相调和，与布尔乔亚相妥协。

社会法西斯主义之阶级的根据，是劳动贵族的官僚层。他们的目的，是要维持自己的特权的形态，所以他们不能不拥护资本主义。

（三）从民主主义到法西斯主义独裁

布尔乔亚民主主义，在其最古典的形态上，适合于产业资本时代布尔乔亚的利益，在其后的衰微形态上，却只适合于金融寡头的布尔乔亚上层的利益了。布尔乔亚民主主义，是在自由主义的布尔乔亚与封建制度、绝对君主制的斗争过程中发生出来的，所以它在历史上，最初是进步的。这时的布尔乔亚民主主义的议会，是布尔乔亚对封建阶级的战场，是布尔乔亚诸分派的利害对立的调解处。但是随着资本主义的发展，布尔乔亚民主主义，便逐渐丧失其进步的特征而转变为它的反对物了。当资本主义的帝国主义阶段，由于帝国主义战争转化为资本主义的一般危机时，而和这相适应的民主主义的危机也发生了。这不仅是民主主义的部分的危机，而是全部的穷极的危机，结局是资本主义一般的政治的危机。这种政治的上层建筑的危机，是在布尔乔亚国家的法西斯化的过程中显现的。这种特征的政治的上层建筑的危机，即布尔乔亚民主主义的危机，是在资本主义一般的危机的基础上生长起来的资本主义之政治的危机。

资本主义一般的危机，引起资本主义的政治上层建筑的新形态（即法西斯形态）。政治的上层建筑的新形态，主要的是资本主义一般的危机的产物，是金融资本的普遍增大的独占的榨取方法的产物，也是金融资本与国家机构的融合的产物。

对于经济的诸矛盾之纯政治的克服手段之优越，在资本主义的场合，是当世界战争时才开始得到决定地权威的。这种政治的优越，原来是意味着经济与政治的相互作用之促进的，如今是决定地扩张于经济的社会的诸矛盾的领域了。政治的克服手段之全面的优越，正是表示着矛盾的正当解决的方法之缺乏，表明着生产力与生产关系的冲突的激化，表明着资本主义的生产关系要专靠纯政治手段去维持。布尔乔亚要借助纯政治的方法，想在资本主义的倾向上去克服资本主义的一般的危机。

在资本主义一般的危机之下，布尔乔亚要想照从前那样用自由主义的压抑的方法去对付普罗列达里亚，已经是很不充分，如今不能不利用强力的及欺骗的政治的方法了。布尔乔亚民主主义的议会，现在已经成为金融资本掩护独裁的工具，成为其他布尔乔亚诸分派的交易所了。金融资本，利用议会的机构做掩护，实行其可能的布尔乔亚的改良，实行一些在表面上好像是让步的政策，并且利用种种收买的方法，在政治生活的表面上，把阶级对立的激化做种种歪曲的反映。那些改良政策，很能够感动小布尔乔亚上层及劳动贵族，使得他们接受金融资本的指导，而想在那些政策中寻求自身的出路。那些改良政策，并且还能够诱惑那些在改良主义者领导之下的许多勤劳大众，影响到他们的政治的行动。小布尔乔亚及劳动贵族的政党（在狭义上，社会民主党也是这样政党），就根据大布尔乔亚的这种方针，依靠改良主义的方法，想在客观上完成其所谓克服阶级对立的激化的任务。在这种场合，小布尔乔亚的民主主义，对于大布尔乔亚实行议会主义的斗争，而大布尔乔亚，对于小布尔乔亚民主主义拥护者，为议会主义的外貌的斗争，保持自由主义的态度。对于普罗列达里亚的斗争，却利用收买的方法，代替改良的方法，而在表面上却装出改良方法的外貌。

所以布尔乔亚民主主义，在帝国主义阶段上，在提高了榨取的金融资本的独裁之下，是像上述那样起作用的。而保障金融资本的独裁的基础，是大布尔乔亚与小布尔乔亚特权阶级及少数劳动贵族之法西斯同盟。这种法西斯的同盟，是补充议会制度的不足的东西。因为布尔乔亚国家的政治生活的重心，早已移到了议会之外，决定的产业部门（制铁、电气及化学等产业）的大独占集团，以及和他们融合着的银行集团，由于他们与国家机构的融合，把国家行政权的全机构（财政、警察、军事、外交）集中在自己的手中，在议会之外直接的实现自己的目的。他们通过所谓经济会议，通过由他们所派充政府大员，通过一般的国家机构的各部门，实现他们自己的目的。他们为了达成这种目的，还有成为国家的一部分的大党阀与大组织的全机构。此外，还有他们与其他法西斯团体所组成的法西斯的同盟。大布尔乔亚借助这种议会以外的所谓“阶级的协力”，实行其帝国主义的政策。这所谓阶级的协力的组织，就是所谓职业或身份之代表制的组织，所以法西斯主义者宣称他们的国家是“阶级协力”的新国家形态（如德国法西斯主义者所宣传的）。

总结起来说，法西斯主义是帝国主义阶段上的资本主义的政治的上层建筑，这是布尔乔亚统治普罗列达里亚的新的政治形态。法西斯主义，对内是用强力的欺骗的方法，压迫革命的普罗列达里亚，用改良的收买的方法，网罗小布尔乔亚及劳动贵族做金融资本独裁的台柱；对外是准备帝国主义战争，重新分割世界的殖民地，以求资本主义的出路。这是布尔乔亚想要在资本主义的立场克服资本主义的一般危机的政治的方法。可是法西斯主义，不但不能克服资本主义的一般危机，反而促进危机的成长，不但不能缓和经济的社会的诸矛盾，反而使这些矛盾更趋于激化。在法西斯统治之下的普罗列达里亚，不但不被压服，反而因他们的日益加甚的贫穷化，而再接再厉地为自身解放运动而迈进，为促进社会的飞跃而斗争。并且动摇不定的小布尔乔亚大众，由于大布尔乔亚的改良政策的诱惑与民主主义的幻想，虽然暂时地做着金融资本独裁的台柱，可是他们自身没落的命运，决不能因法西斯主义运动而得救，直到他们从现实中觉醒过来时，就会转向到普罗列达里亚的领导之下的。法西斯主义能够在事实上使小布尔乔亚不没落么？金融资本为取得殖民地而爆发的战争，能够为资本主义求得出路么？不是适得其反么？

资本主义危机之资本主义的克服的途径，必然引导到资本主义之唯一的政治的活路，——在国内政策的领域，向到法西斯主义，在对外政策的领域，向到帝国主义战争。这样的活路，无疑地正是资本主义本身的死路。

第四节　过渡期的国家

一、过渡期国家的本质——普罗列达里亚专政

（一）过渡期国家的特征

本节的研究，完全根据苏俄共产党人的著作作客观的说明，我自己并不夹杂主观的见解。

所谓过渡期国家，是俄国社会革命以后所建立的苏维埃的国家。大家知道，苏俄的国家是普罗列达里亚专政的国家。如俄国共产党所说，“所谓普罗列达里亚革命的专政，是普罗列达里亚用强力获得以镇压布尔乔亚而不受任何法律拘束的权力”。

所以普罗列达里亚专政的概念，就是国家的概念。这种专政的意义，就是为镇压布尔乔亚的反抗而组织的不能同任何人分权的普罗列达里亚的政治的支配。

普罗列达里亚专政之主要的根本的标帜，就是共产党的指导。如果没有党的指导，普罗列达里亚就不能解决自己负担的任何任务，并且普罗列达里亚专政本身，便不能

保全，不能巩固。所以在普罗列达里亚专政时代，党扮演了普罗列达里亚国家的指导者的角色，它指导普罗列达里亚专政之下的大众组织的活动，去解决普罗列达里亚革命所负担的复杂的任务。

但是，党在普罗列达里亚专政的体制内所实现的指导，并不是党的专政。普罗列达里亚专政，决不是党的专政；党的指导，是完全基于普罗列达里亚与其前卫之间的相互信赖，是通过普罗列达里亚专政下的大众组织的全体制的媒介而实现的。

根据上面的说明，我们知道，过渡期国家，是勤劳大众在它的指导之下去镇压布尔乔亚的反抗及建设社会主义经济的普罗列达里亚的统治。所以这个国家，要镇压旧榨取者的反抗。“但是，在这里，统治机关，已经是人口的多数者，而不是像在奴隶制、农奴制及资本主义制之下的少数者了。当人民的多数者自己去统治自己的压迫者时，为统治而组织的‘特别力量’，已经不必要了。在这种意义上，国家的消灭便开始了。多数者本身，直接管理国事，以代替握有特权的少数者的特殊制度。并且国家政权的机能之执行，愈变成全人民的事业，而这种权力的必要，就越发减少。”

所以，普罗列达里亚专政下的过渡期的国家，是最后的一种国家形态，在它的发展过程中，造出了消灭榨取、消灭阶级一般因而消灭自己本身的条件。因此，过渡期的国家，已经不是旧意义的国家，即不是当作阶级榨取的工具与少数者压迫多数者的手段的意义上的旧国家了，它是国家的新形态，是“由国家到无国家的过渡形态”。过渡期国家最深刻的本质，就在这里。在这种意义上，过渡期国家，又叫做“半国家”。

照这样看来，普罗列达里亚专政，实际上就是普罗列达里亚的民主主义。这是社会上勤劳的多数者的民主主义，是对于少数者的专政，是对于旧榨取者的专政。这是普罗列达里亚民主主义与布尔乔亚民主主义根本不同的地方，也就是过渡期国家的主要特征。

（二）苏维埃政权的民主性

在普罗列达里亚专政之下，立于大众之上而与大众分离的特别的统治机关，已经不必要了，国家的统治，由勤劳大众本身通过普罗列达里亚专政的体制而实现了。所以普罗列达里亚专政，本质上是与勤劳大众紧密结合的一种统治。普罗列达里亚政权的发展，就是吸引勤劳大众广泛地完全地参加国家权力机能之执行的过程，就是勤劳大众多方面的再教育与政治的、经济的、文化的向上的过程。

在普罗列达里亚专政之下，普罗列达里亚能指导“以前完全立于政治生活之外的”勤劳阶级去参加政治生活。在这种意义上的专政，就是保证勤劳大众集会出版及人格等自由的普罗列达里亚的民主主义。

但是，普罗列达里亚民主主义的自由或平等，如共产党所说，决不是形式的 = 抽象的东西，实际上含有具体的阶级的内容。过渡期国家的阶级斗争，是为消灭阶级而实行的斗争，即为实现实际平等而实行的斗争。只要阶级与阶级斗争存在着，就不能有平等，要想实现真正的平等，就必须消灭阶级。在过渡期国家中，普罗列达里亚与农民，出现为异质的阶级，所以“在由资本主义到社会主义的过渡时代，两者之间，不能有平等”。这种阶级的区别，到现在还存在，只有随着阶级一般的消灭才被清算。一九三五年苏联宪法的改革，表示这种不平等已在消灭过程中，表示普罗列达里亚民主主义的一大进展。

近年来苏联社会主义建设之全面的大胜利，资本主义分子最后的肃清，以及小生产的农民之转变为社会主义的积极建设者，所有这些变动，就促成了一九三五年宪法的改革。

例如关于选举权与被选举权方面的改革，主要地可分为两点：第一是以前工人和农民在选举权和被选举权上的差别的消灭，即是实行工农平等选举制；第二是扩大选举权和被选举权到更广大的民众，即恢复了大部分过去被褫夺公权的异己分子的选举权。就这一点看来，足以表示普罗列达里亚民主主义的向前发展了。

普罗列达里亚专政，在它的发展的一定时期中，具有一定的特殊性，这种特殊性，要求在这专政的体制内，向着一定的一般的方向，去变更自己阵营的编制及种种组织的活动的形态和方法。

譬如在保证普罗列达里亚专政的直接斗争时期，即在内战时期，专政的强力方面的意义特别增大。因为“事态一涉及战争，一切事情必须从属于战争的利害，国内生活的各方面，都要从属于战争”。

所以，这时战斗上的任务，远过于建设的及教育的任务。因而一切普罗列达里亚的组织，是集中主力去保证战争上的胜利，是要求各种活动部门的军队式的敏速的行动、战斗上的命令之积极的执行、活动方法的军队化、民主主义方法的缩小及一定的组织的中央集权等。

（三）社会主义建设期的苏维埃政权

但是，到了社会主义的建设时期，这些组织形态和活动方法，已经不适当了。这时普罗列达里亚专政之最本质的方面，是经济建设，是为解决普罗列达里亚革命所提出的经济任务的斗争。不过在这个时期，专政之强力方面，仍然是必要的。

广泛的社会主义建设的实行，产出了加强普罗列达里亚的积极性组织性及训练性的新方法、对于都市及农村的布尔乔亚斗争的新形态、普罗列达里亚联合中农的新形态、对于官僚主义斗争的新形态以及联合资本主义世界的勤劳大众的新形态。勤劳大众之物质的文化的水准的向上、普罗列达里亚的强化及党的指导的强化，引起了大众组织之活动性的强化、普罗列达里亚民主主义的成长及社会主义建设事业上大众积极性的增大。

到了社会主义的改造时期，在普罗列达里亚面前，提出了新的任务、新的活动方法及新的生产活动的形态——社会主义的竞赛、突击队活动、经济计算等等。

在这个时期，广泛的勤劳农民大众，一步一步地由合作社的最低阶段进入较高的阶段，进入建设中的社会主义的体制之中。社会主义工业的强化、国营农场的增大、普罗列达里亚指导作用的增大、合作社社会性的发展、对于资本主义分子的活泼的斗争与攻击，所有这些事实，吸引着广泛的农民大众去参加农村社会主义之直接的建设。

普罗列达里亚专政、普罗列达里亚民主主义，是这样发展起来强大起来的。但是，普罗列达里亚专政愈强化，普罗列达里亚愈发展，将来——社会主义最后的胜利与完全的社会主义社会建设之后——的国家消灭的条件，也就越发准备好了。

二、普罗列达里亚专政的任务

（一）镇压布尔乔亚的反抗

依据苏俄共产党人的见解，普罗列达里亚专政的任务，大概可以归纳为下列三点。第一个任务，是镇压布尔乔亚的反抗。

如苏俄共产党所说，由资本主义社会到社会主义社会的推移，是被压迫阶级长期奋斗的历史过程，决不是一刹那就可以突然实现的事情。首先需要普罗列达里亚国家，尤其需要普罗列达里亚专政，去镇压布尔乔亚的反抗，因为布尔乔亚即使在丧失政权之后，也决不会和和平平地受着统治，所以普罗列达里亚专政的第一个历史的任务，就是要“击破布尔乔亚的反抗，恐吓反动家，用武装的民众权力，镇压布尔乔亚和敌人的阴谋”。

布尔乔亚虽然失去了政治上的支配权，而受人统治，但是，在过渡期中，他们并没有被完全消灭，所以仍然是基本的阶级，是普罗列达里亚的主要敌人。普罗列达里亚的胜利，同时加强了榨取者的抵抗，而且社会主义的建设愈成功，他们的抵抗也愈加猛烈。

旧榨取者，虽然失掉了自己的统治地位，但仍然具有许多实际的特权，如属于布尔乔亚的货币、“昨天榨取来的残余物”、绝大的组织经验、政治经验、布尔乔亚文明的力量以及布尔乔亚知识分子对于旧榨取者的拥护等等。旧知识分子，在普罗列达里亚为保证专政而斗争的时代，尤其在布尔乔亚企图再起的时代，常常拥护布尔乔亚，他们或者采取公开斗争的形式，或者实行怠工，或者参加阴谋和反革命的活动，以企图推翻普罗列达里亚专政。如一九三〇年的“产业党”和“劳动农民党”事件、一九三四年的基洛夫案以及最近西伯利亚铁路的间谍案等等，都是旧知识分子反革命的阴谋的表现。

在资本主义的潜势力之中最有重要意义的，是小生产者的习惯。因为“制度是可以一举破坏的，而习惯决不是一举可以破坏的”。所以，要消灭布尔乔亚，必须要“消灭产生资本主义的小生产”。

布尔乔亚不但依据于内部的各种力量，而且有国际的结合，即依据于世界布尔乔亚的势力。如国际帝国主义的武力、布尔乔亚的报纸、教会的影响以及国际社会民主主义的煽动等等，都是反对普罗列达里亚专政国家的力量。

普罗列达里亚国家，在这种内外敌人的夹攻之中，一方面要利用国家政权，组织武装的抗敌机关，决定的无容赦的镇压布尔乔亚的抵抗；同时把握住各国普罗列达里亚与被压迫的勤劳大众，以争取社会主义的世界的胜利。

所以，过渡期是“垂死的资本主义与生长的社会主义之间”的斗争时期，是都市与农村的普罗列达里亚与布尔乔亚之间的不能调和的斗争时期。所以“普罗列达里亚专政，就是掌握政权的普罗列达里亚对于被打败而未消灭的不断抵抗的布尔乔亚的阶级斗争”。

（二）领导农民大众走上社会主义的道路

如俄国共产党所说，普罗列达里亚专政的第二个历史的任务，是领导非普罗列达里亚的农民大众建设社会主义。这一点对于农民占人口最多数的俄国更为重要。

“普罗列达里亚专政，是借助于国家政权的普罗列达里亚的阶级斗争。并且基于长期的经验和许多的实例，使非普罗列达里亚的勤劳大众知道拥护普罗列达里亚专政比拥护布尔乔亚专政，对于自己更为有利，知道没有第三条路可走，这件事就是这阶级斗争的任务之一。”

所以，普罗列达里亚专政，不仅是镇压布尔乔亚的反抗的手段，而且是领导非普罗列达里亚的农民大众参加社会主义建设之工作的手段。但是，普罗列达里亚专政的这两个方向、两个任务，是不能严格区别而是互相依存的。假若普罗列达里亚对于布尔乔亚不实行断然的斗争和镇压，就不能吸引住多数的勤劳的被榨取者，牺牲榨取者以实现他们经济的必要，同他们去建设社会主义。他方面，假若普罗列达里亚不能和农民大众结成同盟，不能指导他们，就不能解决克服布尔乔亚的反抗的任务和积极的建设社会主义的任务。

但是，普罗列达里亚与农民联盟的形式和内容，并不是一成不变的。随着建设社会主义的斗争的种种发展阶段，而在普罗列达里亚与农民间的状态和相互关系上，引起重大的变化。并且因而在普罗列达里亚对于农民的领导方法上以及对于农民种种集团的态度上，也不能不发生变化。

在种种农民集团中，贫农和农村半普罗列达里亚的阶级地位，使他们和普罗列达里亚紧密地结合着，使他们转变为社会主义革命的普罗列达里亚之忠实的同盟者、农村的最巩固的支柱。中农，从他们的阶级地位看来，必然的动摇于布尔乔亚与普罗列达里亚之间，他们在过渡期中，是站在中间的地位。所以普罗列达里亚对于中农的指导方法和态度，就不能不有相当的变化。富农，是普罗列达里亚革命和专政的不可和解的敌人，所以普罗列达里亚必须坚决的和富农斗争，去肃清富农，才能取得社会主义最后的胜利。

在社会主义革命的最初期的时代，普罗列达里亚认为在对于布尔乔亚的斗争中，中农不是自己的同盟者，但是，决不许富农去支配中农，而使中农中立化。这就是说虽然中农不能积极的援助普罗列达里亚革命，至少要做到使他们不会妨碍革命的工作。

固然，在普罗列达里亚与中农这两个阶级之间，存在着矛盾，因此在某一点上存在着斗争，然而这是一种可以克服的矛盾。所以在新的条件之下，普罗列达里亚与中农的相互关系，就发生了变化。中农中立化的政策，在一九一八年以后被废弃，而于一九一九年提出了巩固中农同盟的口号。普罗列达里亚，在社会主义之成功的建设过程中，克服了存在于普罗列达里亚与中农之间的矛盾和分裂的可能性。普罗列达里亚对于都市和农村的布尔乔亚的斗争，就是为了领导广泛的农民大众参加社会主义建设事业的斗争。在这个斗争过程中，农民的基本大众，已经从破灭与落后的状态，转到物质的文化的水准向上的途径。普罗列达里亚将中农引导到建设中的社会主义的体制之内了。

随着农业集体化的成功，普罗列达里亚的党，对于农民的种种集团，提出新的口号——即在集体化的基础上肃清富农的口号与将集体农场场员转化为农村中普罗列达里亚之主要的最巩固的支柱。

普罗列达里亚，必须和农民的基本大众共同建设社会主义，指导他们的社会主义的改造，使他们转化为社会主义建设的最巩固的支柱。

（三）消灭榨取与阶级差别以建设社会主义

如俄国共产党所说，普罗列达里亚专政的第三个历史的任务，也是最基本的任务，就是经过专政来造成消灭阶级及消灭国家的一切必要的条件，以建设完全的社会主义社会。这个任务是要经过激烈的阶级斗争来完成的。

第一个五年计划成功后，苏联已经完成了社会主义经济基础的建设，进入社会主义时代，然而决不能说各阶级已被肃清，普罗列达里亚的阶级斗争已经停止了。在第二个五年计划成功后，“最后的清算资本主义要素与阶级一般、完全消灭生出阶级差别与榨取的一切原因”。

“要想完全地消灭阶级，就不仅要消灭榨取者——地主和资本家，不仅要废除榨取者的私有财产，而且必须废除对于生产手段的一切私有，消灭都市和农村的差别，消灭肉体劳动与精神劳动的人们之间的差别。这是一种需要长久岁月的事业。要想完成这种事业，必须促进生产力巨大的发展，克服小生产残余的抵抗，克服与小生产残余相结合的习惯及可怕的传统的力量。”

所以当苏联进入社会主义时代，当前的最重要的任务就是：第一，农民之社会主义的改造、富农的清算与都市和农村的差别之消灭；第二，普罗列达里亚的生产的 = 技术的人才之养成及因此准备肉体劳动与精神劳动的对立之消灭；第三，普罗列达里亚的社会主义新规律之养成。

第二个五年计划实施以来，苏联当局努力斗争的结果，到现在建设社会主义的任务，已有相当的成就。据最近关于苏联新宪法的斯大林报告，第一，工业的发展，“已超过战前七倍有余”，“资本主义已完全由工业领域内驱逐净尽”。第二，“农业中之富农已肃清，使用落伍的中世纪技术的小农经营，仅占一无足轻重之地位”，现在供给集体农场使用的曳引机已达三一六，〇〇〇架，共有五，七〇〇，〇〇〇匹马力，连国营农场合计在内，共有曳引机四〇〇，〇〇〇架，马力达五八〇，〇〇〇，〇〇〇匹。第三，“商业中的商人及投机者已完全扫除，全部贸易，现在已入于国家合作社及集体农场之手，新的苏维埃商业已经形成，并且发育为一无投机者与资本家的商业”。第四，在各民族之间，由于剥削阶级的废除、普罗列达里亚之掌握政权以及各苏维埃民族文化之高度发展，使苏联各民族间互相猜疑之情绪，业已消尽，而形成现在有组织真正平等的多数民族的社会主义国家。

这样，“工业领域中，资本阶层已不存在，农业领域中，富农阶层业经扫除，商业领域中，商人及投机者亦已绝迹。于是一切剥削阶级均已清算干净，仅普罗列达里亚、农民阶层与知识分子仍然存在”。

但是，普罗列达里亚，因生产工具之公有及剥削者的消灭，已称为“全新的工人阶级”。农民阶层，因地主高利贷者的消灭，已成为全新的农民、成为“人类历史上前所未有的农民了”。最后，知识分子，不再为地主资产阶级服役，而且百分之八十至九十，都是勤劳大众的子弟，他们“与工农同心协力去建设新的无阶级的社会主义社会了”。

三、过渡期国家制度的特征

（一）苏联宪法的特征

如俄国共产党所说，苏联宪法，是推翻资本主义走入社会主义的标志，它具有不同于各资本主义国家宪法的特质。关于它的特质，可以概括为下列几个重要之点。

第一，普罗列达里亚专政。苏俄宪法规定：“俄罗斯社会主义苏维埃联邦共和国宪法，在此过渡期之主要目的，为完全废止资本制度与人类相互间之榨取及由阶级对立之结果所形成之国家制度，以达到社会主义的确立之故，特别加强工人及贫农之权力，创建普罗列达里亚专政的苏维埃政权形式。”这显然与布尔乔亚民主主义，即实际上的布尔乔亚专政，是完全相反的。

第二，私有制度的废除。在资本主义国家的宪法中，最重要的一条便是宣布任何人的私有财产权的神圣不可侵犯。而苏联宪法，首先就宣布“废除个人的私有权，一切土地、森林、矿产、银行、铁路、水道、农具模范农场以及工厂、制造所等，完全收为国有”。苏联的一切重要经济政策，其目的就在彻底铲除私有制度，借此以消灭一切的阶级差别而建立一完全无阶级的社会主义社会。

第三，选举制度的民主化。如前面所述，苏联的民主主义，是对于最大多数人的民主主义，关于这一点，在选举制度上明白地表现出来。苏联宪法规定：除劳工阶级的敌人，一概剥夺选举权外，“凡属下列俄罗斯社会主义苏维埃联邦共和国的公民，至选举日年满十八岁者，不分性别、宗教信仰、种族、民族、住址等等，均享有苏维埃的选举权和被选举权：第一，凡从事生产劳动或公益事业以谋生者，及担任家务以保证前者得以从事生产劳动者；第二，红军兵士和官长；第三，属于上述两类之公民而丧失劳动能力者”。

由此可见，苏联的选举，对于工农劳苦群众是毫无限制的选举，并且自一九三五年二月宪法改革以后，大部分过去被剥夺公权的阶级异己分子的选举权，已经恢复了。

第四，外国人的权利。苏联宪法规定：“为促进万国劳动者的团结，对生活于俄国领土内的外国劳动者农民，给以与俄罗斯共和国公民相等的一切政治上的权利。”所以在苏俄境内的外国人，得享有选举权与被选举权。这种和资本主义国家宪法绝不相同的规定，更是代表苏联宪法的最大特色之一。

随着苏联社会主义建设事业的成功，以及经济政治社会各方面的生活情况的变动，不能不反映到苏联的宪法上，而赋予新的特点。据最近（一九三六年十一月）第八届苏维埃联邦大会开幕时，关于制定苏联新宪法的斯大林报告、新宪法具有下列各种特点：第一，新宪法是总结已行之路，即总结已获之收获的记录与立法；第二，新宪法之主要基础，系由下列社会主义原则所构成，即土地、森林、工场、生产手段的社会公有，榨取及榨取阶级的废除，失业之废除等；第三，社会为两个友好阶级即工人与农民所组成，而宪法则在使勤劳大众所需要的有利于他们的社会秩序更加巩固；第四，新宪法的出发之前提，为一切国家民族均有同等之权利，即一切国家民族，不论其现在或已往之地位，不论强弱，在社会经济政治文化各种生活领域中，必须享有同等权利；第五，在新宪法的民主主义之下，决定每一公民在社会中之地位的，既非资产或种族，亦非性别或官位，而是个人的能力与劳动。最后，新宪法尚有一其他特点。即布尔乔亚国家的宪法，通常只将形式上的权利给予国民，而不顾及行使权利的条件或方法。新宪法不仅宣布国民权利平等，而更以法律保障之。所以新宪法中的民主主义，绝非“普遍的”与“常人所承认的”一般的民主主义，而是社会主义的民主主义。

（二）过渡期国家机构的特征

如俄国共产党所说，普罗列达里亚革命后，必须破坏布尔乔亚的旧国家与国家机关，而代之以新的能够完成普罗列达里亚的历史任务的国家机关，这样的国家机关，就是苏维埃。

苏维埃的第一个特点，就是立法与行政两种机能的统一。如上所述，布尔乔亚国家的政治原则，是所谓三权分立。但是布尔乔亚国家权力的重心，在布尔乔亚革命的过程中，已经由议会移到行政机关，而议会只变成一个饶舌的场所了。所以，无论议会的议员们如何唇枪舌战，议出了什么议题，而行政机关的人们，却是另一样行使其统治的权力。

苏维埃的政权机构，却完全不然。它不是“加于社会之上而与社会脱离的一种力量”，而是真正代表劳动者社会全体利益而与社会相符合的权力机构。它和布尔乔亚国家的议会主要不同之点，即在于它是统一立法与行政两种机能的劳动者自治的大众的组织。它随时遇到问题，随时就提出讨论而予以决定，决定之后就立即执行。

苏维埃的第二个特点，是官僚主义的消灭。如上所述，布尔乔亚国家机构，是超乎社会之上而与社会脱离的少数人把持的压迫力量，所以在那种国家里，必然形成与民众脱离甚至与民众对立的官僚体系。而苏维埃是普罗列达里亚国家组织之最合目的的最完全的形态，它本身中具有克服官僚主义的一切前提条件和可能性。苏维埃的代表，是由人民直接选出，并且可以任意罢免，他们与大众紧密地结合着，代表大众真实的根本的利益，他们对于自己的行动，完全向自己的选举者负责。所有勤劳大众，都要参加管理国家的事业，基于自己的经验，变成立法者、执行者及武装自卫的国民。所以“苏维埃权力，是使大众急速学习管理国家及组织全国规模的生产的机关”。这样的普罗列达里亚民主主义的组织，彻底破坏了官僚主义的基础。

苏维埃的第三个特点，是废除常备军制而代之以全体人民的武装。在布尔乔亚国家中，常备军是统治阶级用以镇压被压迫大众的一种特殊的武装力量，也就是与整个劳动者社会相对抗的特殊力量。普罗列达里亚革命，必须要毁灭这种武装力量，而创设人民的武装组织，即工农红军。这是按照阶级原则而组成的，它是代表着普罗列达里亚的武装力量——即与勤劳大众紧密团结的力量、抵抗国际资本主义干涉的力量、镇压布尔乔亚反抗的力量及防卫社会主义建设的力量。

四、国家死灭的过程

（一）过渡期国家死灭的前提条件

前面已经说过，国家是一定发展阶段上的社会的产物，是阶级矛盾之不能调和的产物。换句话说，它是社会分裂为阶级以后才发生的。阶级分裂，是国家成立的根本条件。所以它发生以后，绝不是万古不朽的金身，失了社会的根据，它就要死灭的。

“当经济发展到了某个阶段时，当经济的发展自然使社会分裂为阶级时，国家就因为这个分裂而成为必要了。现在，正在快步地走近一个生产发展的新阶段，在这个新阶段上，那种阶级不仅没有再存在的必要，而且成为生产的直接障碍了。阶级在将来之必归消灭，正和它在过去之发生一样是不可避免的事情。阶级一经消灭，国家也必然地随之而消亡了。在一切生产者自由平等的结合的基础之上来重新组织生产的时候，社会便要把整个的国家机关掷到最适宜于它的地方去——就是要把它抛到古物陈列馆中去，与那纺车、黄铜斧一类的古董一块儿陈列起来。”

“普罗列达里亚取得政权之后，首先就把生产工具收归国有。但是，因为这一个动作，它便消灭了普罗列达里亚本身，消灭了一切阶级的差别和阶级间的矛盾，同时连国家也消灭了。”

“等到国家真正变成社会的代表的时候，它本身就成为废物了。一旦社会上没有压迫阶级，一旦阶级的统治和由现代无政府的生产所造成的个人的生存竞争，以及由这种竞争所产生的冲突和极端的矛盾，完全消灭之时，从那时起便没有压迫，便不需要一种特殊的压迫力量——国家了。当国家真正代表全体社会的时候，它以社会的名义取得生产工具的所有权，便是它的第一个行动，同时也便是它本身最后的一个独立行动。国家权力对于社会关系的干涉，完全不需要了，而国家权力本身也将自行永眠了。这时，物品的管理机关和生产过程的指导机关，便代替了治人的政府，国家并不是被‘废除’，而是自行‘死灭’的。”

这里要特别注意的一点，就是这个自己死灭的国家，是所谓过渡期的国家。

总之，国家的死灭，是一种历史发展的必然，但是要在下列几个前提具备时，它才能自趋于死灭。第一，社会主义劳动习惯的创造；第二，强制机关的废除；第三，世界革命胜利后海陆军的消灭。

（二）国家死灭过程的两个阶段

如上所述，普罗列达里亚专政的过渡期国家，在它的发展过程中，造出了自己本身消灭的条件。因为在过渡期国家中，生产机关的国有，既然实现，那么私有生产机关者与没有生产机关者的区别，也就要随之消灭，即阶级区别随之消灭。阶级区别既然消灭，无产阶级本身也就当然没有了。国家既然是阶级社会的产物，社会没有阶级，必然就没有国家了。不过国家并不是突然死灭，它是由渐变到飞跃，而趋于死灭的。

在社会主义低级形态的社会中，生产机关虽然国有，私有生产机关和没有生产机关的阶级区别虽然消灭，但在分配上却只能实行“各尽所能，各取所值”的原则。在这种“不作工不得食”和“等量劳动获得等量生产品”的原则之下，仍然存在着许多不平等的事情。并且当这个新社会刚从资本主义社会脱化出来之后，事实上决不能脱尽旧社会的熏习，人们也决不会知道去为社会劳动而不需要任何法规的督责。所以在这个阶段中，一种国家的形式，还是必需的，但是它已经在转变的途中了。

在社会主义高级形态的社会中，人们经过了过渡期国家的长期训练之后，已经惯于遵守社会秩序，即社会生活的基本原则，同时他们的生产力又发展甚大，而劳动本身变成了第一个生活要求，于是，这时便可以实行“各尽所能，各取所需”的原则了。

因此，在社会主义低级阶段，国家的形式，还是必要的，不过这个国家的形式，不是官僚的政府，由特殊武装队伍来执行国家的政权，而是民众的政府，由民众自己的武装来执行国家权力的。到了社会主义的高级阶段，便实现了“各尽所能，各取所需”的原则，就完全没有何等强制权力的必要，没有任何形式的国家权力之必要，这时国家就变成了物品的管理机关和生产过程的指导机关了。

第四篇 | 社会的意识形态

第一章 意识形态的一般概念

第一节 当作上部构造看的意识形态

一、意识形态的形成

（一）个人意识与社会意识

“人类在其生活之社会的生产上，加入于一定的、必然的、离其意志而独立的诸关系，即适应于物质生产力的一定发展阶段的生产诸关系。这些生产关系的总体，形成社会之经济的构造，是法律的政治的上部构造在它上面树立与一定社会的意识形态和它相适应的现实基础。”这就是说，人们在社会之中，必须向自然界作能动的斗争，才能取得生活资料，以维持自身的生存。而在对自然作能动的斗争之时，人们相互间必须结成种种关系，才能取得生活资料。而社会意识，就是这些相互关系即社会关系的产物。所以，社会意识，并不是由于各自独立的有意识的个人开始了独立的意识作用才发生的，而是由于人们在其物质的生产过程中结成了经常的社会关系才发生的。人与人的关系，只在人类社会中才有可能；这种关系，是把人们的意识当作他们的社会意识产生的。

社会意识，没有任何独立的形而上学的本体，它只存在于各个人的头脑之中，并不是存在于集合心理的特殊领域的东西。然而社会意识也不是个人意识之简单的集合。一方面，社会意识通过个人意识而存在；他方面，个人意识常常只有当作社会意识才能显现。各人的感情和表象，虽然带着个人的色彩，具有个人的力量，但他们所感觉所意识的事实本身，却常常是社会的，只是在社会上才有可能。所以，“人类的本质，不是各个人所固有的抽象物。实际上，人类的本质，是社会关系的总体”。

然则社会意识与个人意识，是不是同一现象呢？这两个是同一又不是同一。个人意识的内容，常常是社会的，在这种意义上，两者的概念是同一的。但社会意识是非常复杂非常多样的。首先它可以分化为各种社会阶级的观念、表象和情绪。“在不同的发展阶段，在不同的国民阶层里，即使有一种同样的知觉，也可以引起完全不同的思想过程。”其次，即使是同一阶级的代表，在一个阶级意识的界限内，对于现实的某一方面，也可以有种种不同的体验或知觉。譬如在法国大革命时代，政治家罗伯斯比尔①与艺术家达渥特，虽是生活在同一时代，都是布尔乔亚阶级利害的表现者，但是他们的表象或感情，却各有其独特的方向，而互不相同。这就是普遍与个别的关联、社会意识与个人意识的相互关系之辩证法的理解。

（二）社会心理与社会意识

我们通常所说社会意识或意识形态，是具有特殊的形态的东西。而普列哈诺夫却以为意识形态是以一定的“社会心理”作基础而形成的。在他看来，社会心理不外是支配着当时代的人们的情绪或表象，在这种情绪和表象之上，就形成了特定的意识形态。普列哈诺夫首先是把社会心理的概念相当的生物学化了，并且是自然主义的去思维；第二，他非辩证法的理解心理与意识形态的交互关系。因此，在两者之间，划定深的隔关，而不能理解两者的相互推移和发展。

布哈林认为由社会心理到意识形态的推移，纯粹是机械的、量的推移。他说：“社会心理，是某种社会、阶级、职业等集团所有的无系统的或系统不完全的感情、思想或

① 罗伯斯比尔，今译罗伯斯庇尔。——编者注

情绪。”“社会心理，是意识形态的泉源。我们可以把社会心理比作一杯盐水，而意识形态就是这杯盐水的结晶。”“意识形态的特点，在于它的要素即思想、感情、感觉和影像等等，具有比较充分的系统性。……意识形态就拿那些无系统或系统不完全的东西来系统化。意识形态，是社会心理的结晶体。”于是两者的差异，就在于系统化的程度如何了。

布哈林的构想，把一切问题都机械的单纯化，即把意识形态转化为有组织的社会心理的结晶体。而不理解社会心理与意识形态的统一，即理念在意识形态的各种领域中之支配的指导的作用。

根据上述的理论，布哈林以为普罗列达里亚在斗争的初期，只有“社会心理”，后来才达到“意识形态”的水准。这是错误的。实际上，当普罗列达里亚在经济的和政治的奋斗中尚未明确认知自己的阶级观念时，他们漠然的希望和感情以及对于现存压迫的反抗，已经孕育着新意识形态的萌芽。在普罗列达里亚运动的自然成长性之中，包含着意识性的形态。

在普罗列达里亚作成自己独特的意识形态即世界观以前，首先存在着一定的心理状态，即存在着普罗列达里亚意识形态的低级发展阶段。然而这种普罗列达里亚的心理，并不是不具任何形态的心理，只不过这个阶段的普罗列达里亚的阶级意识是矛盾的，易受布尔乔亚意识形态的影响而已。所以，在普罗列达里亚由“自在阶级”转化为“自为阶级”的过程中，必然充满了支配的布尔乔亚意识形态与新生的普罗列达里亚意识形态之内在的矛盾。

总之，所谓意识形态，是社会意识的形式，形式与内容有着辩证法的相互关联，即不具形式的任何社会心理是没有的，同样，没有内容的社会心理的形式即意识形态，也是不存在的。换句话说，社会心理，不是像布哈林所说，当作一种混沌的不具形式的“心理状态”而与其结晶体或“系统化”的意识形态并立存在的东西。形式对于内容并不是外在的东西，也不是当作结晶体而从内容榨取出来的，它组成内容本身之内在的构造，而与内容是不能分离的。

二、社会意识与社会的存在

（一）社会的存在离社会意识而独立

“社会的存在规定社会意识”，这是历史唯物论的根本论纲。这句话的意思，就是说：人类生活在社会之中，第一件重要的事情，是取得物质的生活资料来维持自身的存在。所以人们在从事政治生活及其他各种精神生活之前，必须先满足衣食住等项的需要。这些生活资料的生产，以及一个时代的经济发展的阶段，就形成了社会的基础。其他国家机关、法律见解、艺术及宗教表象等，都是在这个基础之上发展起来的上层建筑。这些上层建筑物，都是要受那个基础所规定、所说明。即是“物质生活的生产方法，规定政治的、社会的及精神的一般生活过程。不是人类的意识规定他们的存在，反之，他们社会的存在规定他们的意识。……随着经济基础的变动，而庞大的上层建筑全体，也或慢或急地发生变革”。

现在为了便于了解起见，对于以上这个根本论纲，在下面加以比较详细的说明，以探求社会意识与社会的存在之相互关联。

当我们说明这个根本论纲时，首先要说明离社会意识独立的社会的存在。

人本是一个意识体，社会本是由意识体的个人结合而成的，在这一点上，表示了社会的发达史与自然的发达史不同的所在。“在自然界一方面，若把人类对于自然界的反作用撇开不说，凡是互相发生作用的东西，总是无意识的纯盲目的原因，在这些原因的交互作用之中，显现着一般的法则。在自然界里发生出来的一切事变之中，无论是出现于表面上的无数外观的偶然事情，无论是证明那种偶然事情的内在的法则性之终极结果，总没有成为一个被意想到的意识的目的显现出来的。反之，在社会的历史中，行动者都是具有意识的人类，他用反省或热情去行动，并向着一定目的去活动。凡是未经意识到的意图和未经意想到的目标的事情，总是没有的。不过，像这样的差别，对于历史的研究，尤其对于各个时代和事变之历史的研究，虽是重要的东西，但历史过程为内在的一般法则所支配的一件事实，却一点也不生变化。因为这种情形，常违反各个人在意识上所想到的目标，而在表面上，大致是由偶然支配着。人们所意想到的东西，很少实现，在大多数的情形，如不是意想到的多数目的互相交错和反拨，便是那些目的本来就不能实现，或者实现的手段不充分。照这样，社会领域中无数的个人意志和个人行为的冲突，便显出一个和支配无意识的自然界的状态完全类似的状态。行为的目的虽是曾经意想到的东西，而那种行为在实际上发生的结果，却是未经意想到的东西，或者起初好像与意料的目的一致，而结局却与意料的结果完全不同。照这样，历史上的事变，大体上好像常由偶然支配着。然而就是在表面上起作用的时候，而这种偶然仍受它内部隐藏着的法则所支配。所以归结起来，仍在于发现这个法则。”

例如现代的社会中，人们在生产上和交换上的一切活动，都是有意识的。假定这里有一个纺纱业的企业家，为了要收得比其他同业者更多的利益起见，他就首先采用最新发明的纺纱机器。在这种时候，他早就意识到采用这种新机器时，可以提高劳动的生产力，可以节省棉纱的生产费，可以引起纺纱技术上的变化，可以收到经济上的特殊的利益。可是他一经采用这种新机器之后，就立即刺激别的同业者也同样的采用这种新机器。于是纱价低落下来，就引起了产业上的大变化。于是，小企业的崩溃、资本的集中、资本的有机构成的变化、劳动者的失业、工资的低落、利润率的降低，——这一系列的事变，就陆续实现出来，构成了“事变的一种客观的必然的连锁”。因此，企业家与企业家、企业家与劳动者之间的诸关系，即人人相互结合的社会关系——社会的存在，就逐渐地必然地通过一切的交错和反拨而发生变化。这些变化，可说是最初利用新机器的人们所不曾意识到的，而且也不能意识到。这便是说，社会的存在是离开社会意识而独立存在的。人们在社会中虽然有意识地作种种生产的事实，而这些事实，却成立了事变的一个客观的必然的连锁，一个发展的连锁，因而隐藏着一定的社会的法则。

（二）社会意识依存于社会的存在

所谓社会意识依存于社会的存在，就是说社会的存在是根本的东西，社会意识是派生的东西。因为意识是存在的反映，没有存在就没有意识；同样，社会意识是社会存在的反映，没有社会的存在，就没有社会意识。

人们在社会之中，必须从事社会的劳动，在这种社会劳动的基础之上，言语才发达起来。由于言语的发达，人们才能作概念的思维和抽象的思维，即人们才具有抽象思维的能力、诸概念构成的能力，因而才能认识事物之间的相互关联。这就是说人们因社会劳动所结成的经常的社会关系，产出了言语和意识的那种在社会生活上不可缺乏的属性。言语和意识，同是很古的。“言语是对于别的人们而存在的实践的东西。”“言语和意识相等，都是由于与他人相交际的欲求而发生的。”“我对于我的环境的关系，是我的意识。在某种关系存在的地方，这关系是为我而存在的。动物不与别物生关系。在动物一方面，它与周围的东西的关系，是不当作关系而存在的。”从周围的环境分出自己的这种能力，也就是“意识的人们”与“本能的人们”即野蛮人之间的根本差异。

所以，意识是在人类社会实践的劳动活动的过程中发生的。由本能到社会意识的那种人类心理的发达，与由动物的本能的形态到社会生产的那种劳动的发达是相适应的。

“观念的、表象的、意识的生产，首先直接织入于人们的物质活动与物质交通之中。人们的表象、思维和精神的交通，在这里当作他们物质的实践之直接的流出而显现。”这就是社会意识与社会存在的统一。

由此可知社会存在实是根本的东西，而社会意识是反映社会存在的东西，是从社会存在派生出来的东西。即所谓“观念的东西，不过是被移植被翻译于人类头脑之中的物质”。

现在，我们可以就科学举例，以证明社会意识对于社会存在的依存性。譬如天文学的发生，是由于旅行时需要判别方向，农事耕作上需要确定时日，以及精确地划分时间等。物理学直接与物质生产技术和军事技术有联系。化学的发生，是由于工业生产、特别是矿山的发达。矿物学是由于生产中要利用矿物并因生产的需要而来考究这些矿物才发生的。数学好像是与实际相距最远的科学，然而它也是由于量地、量容积、计数以及精确地划分时间等等必要而发生和发展的。甚至艺术，也同样是社会生活的产物，也和科学一样，是在劳动生产力的一定程度之下发展起来的。社会科学，也完全与自然科学一样，同是由于实际生活的必要产生出来的，我们可以不必多说了。

所谓社会意识依存于社会存在，还有一层意思，这就是说，社会的存在是第一次的东西，社会意识是第二次的东西。即是说，先有社会的存在，后有社会意识。社会意识，是由于自然环境（即人与物的关系）与社会环境（即人与人的关系）发生出来的。在最原始的时代，人类完全受自然力所支配，所以这时人类对于周围环境的意识，如万物有灵论、原始的宗教的意识等，就是人类关于“一般地生活于一个社会中的事实的意识的端绪”，单从这一点说来，我们也可以知道是先有社会存在而后有社会意识的了。

再就现代社会举例来说，譬如资本主义的社会关系，自从十六世纪以来即已逐渐发展，但是生活于现代社会中的人们，仍多不能意识到这种社会关系。如同十九世纪初期的空想主义者们，虽然开始意识到这种社会关系，可是还不能理解它。又如十九世纪初期的劳动大众，虽然意识到这种社会关系于自身不利，却也还未能取得集团的社会意识。可知一定社会关系必在成熟以后，然后才能发生出与它相适应的社会意识，然后人们才能理解它。

（三）社会意识是社会存在的反映

如上所述，既然社会的存在是根本的第一次的东西，而社会意识是派生的第二次的东西，我们就必须从根本的第一次的东西去说明其派生的第二次的东西，而不能从派生的第二次的东西去说明根本的第一次的东西。即是说，必须从社会的存在说明社会意识，而不能从社会意识去说明社会的存在，这是自明的道理。

可是社会的存在是离开社会意识而独立的东西，我们的社会意识何由认识社会的存在呢？即是说，社会的存在，何由转变为我们的社会意识的内容呢？

我们认识外界事物是凭借感觉的。我们生活于社会之中，一切社会的事实，随时随地都通过我们的感官，而反映于我们的社会意识，转变为经验的事实。我们就把这经验的事实作为思维的材料，以认识社会的存在。在这种处所，表现着社会的存在与社会意识的统一。不过社会意识之反映社会的存在，是一个过程。因为社会的存在，是比较它所显现的那样更为丰富、更为生动、更为复杂，我们的社会意识，决不能无条件地、完全地、正确地、一次地把社会的存在都摄取出来。所以社会意识虽能反映出社会的存在，而这种反映，至多也只是近似于正确的反映。

社会的存在与社会意识是不断地发展的。在人类的历史上，社会的存在，经历了原始的、古代的、封建的、现代的各个顺次的发展阶段，因而与之相适应的，就有原始的社会意识、古代的社会意识、封建的社会意识、现代的社会意识。社会意识的发展，依存于社会的存在的发展。所以社会的存在是一个发展的过程，因而反映前者的社会意识，也是一个发展的过程，“是历史的、一时的、无常的产物”。“我们是在生产力的增大、社会关系的推移、概念的形成等不断的运动过程中生活着。”

（四）社会意识对于社会的存在之作用

如上所述，社会意识依存于社会的存在，也就是说，上层建筑依存于经济基础，但是，社会意识或上层建筑，也可以影响于社会的存在即经济基础。换句话说，社会的存在规定社会意识，而社会意识，也影响于社会的存在，这就是两者辩证法的统一。

“上层建筑的各种契机，影响于历史斗争的进行，并且常常规定着斗争的形态，即……政治诸形态……法律诸形态，以及这些现实的斗争在各个参加者头脑中的反映，即政治的、法律的、哲学的理论和宗教的见解。”

“政治、法律、哲学、宗教、文学、艺术的发展，基于经济的发展，但它们是互相影响，并且影响于经济基础。”这就是社会意识的上层建筑之能动的作用。

我们知道，人类之社会的存在，是他们的现实的生活过程，而这种现实的生活过程，是由于他们的实践的活动构成的。所以“社会生活，在其本质上是实践的”。

社会的存在，是一个变动的过程，而社会的存在之变动，也由于人类的实践的活动所引起，即是说，社会的存在不断地由人类的实践所变化。随着社会生活的形成，便产生出反映社会生活的意识，而这种意识，也随着人类的实践的活动而变化。因为人类在劳动过程中，为要用“能够适于自身生活的形态去占有自然的材料，他就把那些属于自身肉体的种种自然力，如腕、脚、头、手等，放在运动状态中。他由于这种运动，作用于在他外部的自然，并且变化它；同时又变化自己的本性”。所以社会意识，是社会的存在的产物，随着实践的社会生活的变化而变化，并不是固定的东西。因而人们就不用固定的社会意识去说明社会的存在之进化。

社会的存在到人类意识上的反映，也是实践的。因为被反映的对象，不是抽象的、静止的、生物学上的人类，而是现实的活动的人类，即是“在社会中生产着的诸个人”。因而人类不但是感性的对象，并且是感性的活动即实践。人们生活于社会之中，为生活而斗争，同时又认识了社会生活的真相。所以反映社会的存在的那种意识，也是实践的。所以说，“人类的思维是否容受对象的真理的问题，不是理论上的问题，而是实践上的问题”。

人类的意识，如果近似地正确地反映了离开意识而独立的自然过程和自然法则，人类便能脱离自然力的支配而转向于自由；同样，人类集团的社会意识，如果近似地正确地反映了离开意识而独立的社会过程和社会法则，人类便能脱离社会力的支配而转向于自由。“在人类的实践中所显现的对于自然的支配，是自然现象和过程在人类头脑中的客观的正确的反映的结果”；同样，在人类的实践中所显现的对于社会的改造，是社会现象和过程在人类头脑中的客观的正确的反映的结果。在这种意义上，近似的正确的反映了社会的存在的那种社会意识，就给社会的存在以反作用，而变革社会的存在。发展中的社会的存在，不断地作用于社会意识，而这种发展中的社会意识，也不断地影响于社会的存在。两者之间的作用与反作用，也是促进社会发展的动力。然而社会的存在，仍是根本的第一次的东西。

第二节 意识形态的一般特性

一、意识形态的相对的独立性

（一）意识形态的相对的独立性

我们上面说过，在人类的历史上，社会经济形态，经历了原始的、古代的、封建的、现代的各个顺次的发展阶段，因而就有与之相适应的各发展阶段的意识形态。但是，我们在历史上，一方面看到社会经济的发展史，而另一方面又看到意识形态的发展史。这两者在表面上，好像各自有其独立发展的过程，意识形态的发展，好像并不依存于社会经济之发展似的。然而我们如果依据科学的方法，深入地考察两者的实质关系，就知道意识形态的发展，仍是依存于社会的存在之发展。所谓意识形态的发展之独立性，也只是相对的东西。

意识形态之相对的独立的发展，起源于精神劳动与物质劳动的分工。“分工从物质劳动与精神劳动之分割开始的瞬间起，才开始现实的成为分割。从这一瞬间起，意识就能够现实的思维，并且即不思维现实的东西，也能现实地思维某种事情。从这一瞬间起，意识开始从世界解放自己，有转而形成纯粹理学、神学、哲学、道德等等的可能。”这就是说，意识形态之相对的独立的发展，是从精神劳动与物质劳动之分离的时候开始的。

所谓意识形态的相对的独立性，还有一层意思。例如哲学体系或哲学上流派的变化和发展，最后由经济基础的发达水准所规定，同时，又为哲学本身发展所到达的水准以及该国该时代政治上和其他意识形态的特殊性所规定。一切意识形态一旦发生以后，便获得一定的相对的独立性，而这种独立性，穷其究竟也是由经济的发达才能说明的。

所以，这里所说的相对的独立发展的意思，就是说，意识形态虽适应于社会的经济构造，但一定的社会经济构造发展到另一种较高的阶段时，那从前与它相适应的意识形态，不能即时随而改变。就是说，社会经济虽然更新了，而旧的意识形态仍是残留着，同时又有新意识形态起来和它相对立。从这一点说，意识形态显现得是不与社会经济同时变革，而是独立的发展的。但是这种意识形态，到了与现存的社会经济发生冲突时，结局仍由新意识形态所克服，从前的旧意识形态就转变为遗物了。所以说“随着经济基础的改更，而全部无数的上层建筑，也要或迟或速地变革了”。

（二）阶级社会中意识形态的歪曲性

如上所述，在阶级社会中，由于精神劳动与肉体劳动的分离，意识形态便取得相对的独立性，这一事实，必至引起这样的结果，即：阶级社会的意识形态，在这社会的思想家的意识之中，转化为完全独立的本体。

譬如布尔乔亚为民主主义胜利而行的斗争，是由于布尔乔亚本身经济发达的利害之要求，但这种斗争，在被布尔乔亚所利用的劳动大众的意识中，却当作为政治道德等最高“理想”的斗争而反映出来。这种意识形态的独立的幻想，是因为人们为某种政治理想而斗争的真正的动力被隐蔽的原故而发生的。

在阶级社会中，尤其在资本主义社会中，精神劳动与肉体劳动的分离，扩大到最大范围。一方面造出了数百万的从事肉体劳动的普罗列达里亚，另一方面又造出意识劳动的许多部门，并且使它们渐渐分化，而形成“纯粹”思想家或所谓知识阶级。在资本主义社会之下，这种思想的劳动，形式上渐渐从它的物质基础分离了。于是，思想家们就以为自身的理念和意识形态的思想过程，不依存于任何阶级势力或任何社会生活现象，反之，社会生活却从属于自己，因而把阶级的观念，归之于人类一般的性质。而事实上，支配阶级的意识形态的阶级任务，也就在于歪曲这种思想发生的真正意义，而把阶级的东西看做人类共通的东西。

但是，所谓意识形态的思维的歪曲之性质本身，在某种意义上，正是反映着阶级的现实性之矛盾的性质。阶级的现实性，在资本主义社会，特别复杂特别矛盾，这矛盾性的必然的属性，是歪曲的意识。其最明显的实例，就是商品拜物教。

“在宗教世界的幻境中，人类头脑的产物，好像是一个和人类相互结着关系而其本身具有生命的独立的本体。在商品世界中，人类手造的生产物，其情形也是一样。我们把这叫做拜物教。这种拜物教，当劳动生产物一当作商品而被生产时，便成为劳动生产物固有的东西，因而它和一切商品生产是不能分离的。”

这样看来，商品拜物教，一方面和宗教的幻想一样，是人类意识中实在的诸关系之歪曲；另一方面，这种歪曲，又是和商品生产不能分离的属性。所以，意识的拜物教的形态，是不能和资本主义生产的性质相分离的。

总之，在精神劳动与肉体劳动的分离的基础之上，发生了思维的独立性的表象，即发生了和人类物质社会的劳动活动无关的观念的独立发展之表象。但是，社会的意识形态，是在人类劳动过程中发生的，所以，这种表象，是虚伪的、歪曲的表象。

二、意识形态的阶级性

（一）意识形态的阶级性是阶级社会的反映

如上所述，既然社会的存在规定社会意识，所以在阶级社会中，一切意识形态，便都带有阶级的性质。“在各种所有形态之上，在社会的存在条件之上，树立着种种特殊的感情、幻想、概念、世界观等全体上层建筑。各种阶级，都是基于自己的物质条件，并适应着社会关系，去创造和形成这些东西。”

阶级社会——古代的、封建的、现代的——的意识形态的分析，可以证明各种社会形态的世界观之根本特征，是支配阶级之阶级的产物。“一定时代的支配的思想，常常是支配阶级的思想。”“在贵族的支配时代，是名誉或忠义等等概念在支配着；在布尔乔亚的支配时代，是自由平等的概念在支配着。”

现在，我们可以举道德为例来说明。“人们自觉地或不自觉地，从自身阶级地位所处的实际条件中，即是说，从他们的物品生产和交换的经济条件中，取得自己的道德观念。”

“任何道德理论，直到现在，归根到底总是当时社会经济状况的产物。因为直到现在，社会总是发展于阶级对立之中，所以道德也总是阶级的道德。它或是为支配阶级的统治及利益辩护，或是当被压迫阶级充分有力，它就表现对于支配阶级的反抗，而拥护被压迫者的将来的利益。……可是，就在现在，我们还没有超出阶级道德之外。只在不仅消灭阶级对立，而且在实际生活中消灭一切关于阶级对立的回忆的社会发展阶段上，超越一切阶级矛盾及矛盾的回忆之上的、真正人类的道德，方才成为可能。”

（二）意识形态的斗争性

在阶级矛盾的过程中，支配阶级，不仅在经济上和政治上去压迫被支配阶级，而且在意识上去压迫被支配阶级。

譬如古代印度的宗教，是采取一种“世袭等级”的形式，即分为婆罗门教徒（僧侣、学者、贵族的作家）、刹帝利人（贵族的骑士）、威舍①人（农民、高利贷者、小商人等）、苏得拉②（奴隶、手工业者等）的四个等级。婆罗门教徒和刹帝利人可以统制一切。在这种基础之上，便发生出“轮回说”和“报应说”的宗教观念。即是说，人的一举一动都被记录下来，他的善行或恶行都会有一次总结，他死后，就按照他一生行为的总结，他可以在来世变为婆罗门教徒或国王，也可以变为“狗肠中的蠕虫”。而所谓最重要的善行，便是要“严守等级制度”。如果你是个奴隶，是个不洁之人，那么，你就要安分守已。你若能终生如此，不忘“你是一个不洁之人”时，那么，也许在你死后，将来会变为一个贵族。统治阶级利用宗教这种意识形态的武器来支配和欺骗被统治阶级，在这里已是再明显没有的了。

---

① 威舍，今译吠舍。——编者注

② 苏得拉，今译首陀罗。——编者注

被压迫阶级，在对于支配阶级的拮抗过程中，产出自己阶级的新意识形态；同时，他们又借助这新的意识形态，反抗压迫自己的阶级。譬如普罗列达里亚就是在对于布尔乔亚的斗争上，才形成了自己的阶级的意识形态。

同样，布尔乔亚在对于普罗列达里亚的斗争中，也使用意识形态这种武器。在他们手中，握有大量的新闻杂志，有无数的著作家给他们效力，他们可以自由使用学术上的各种设施，如学校、剧场、博物馆以及教会等等。但是，劳动运动越发展，布尔乔亚对于劳动大众的直接的意识形态的压迫，也就愈加困难，因而不能不采取更狡猾的行动。所以，布尔乔亚在意识形态的斗争领域中，常常使用他们在经济斗争方面所使用的武器。即他们想在普罗列达里亚中间，寻求自己的同志，散布小布尔乔亚的情绪，以歪曲普罗列达里亚的理论。

所以，“人们如果不在各种道德的、宗教的、政治的、社会的形态或陈述和誓约的背后，去探求某个阶级的利害，他们就常常要变为政治欺骗或自己欺骗的愚笨的牺牲”。

第二章　意识形态的发展

第一节　先资本主义社会的意识形态

一、原始社会的意识形态

（一）言语的发生

人类最初的意识形态，可以说是言语。言语在统一人类为紧密结合的集团一事上，是强有力的手段。言语不仅是意识形态的交换手段，并且调节劳动过程，组成人类经济行为上必要的连锁；但同时，它本身也是社会的产物，是人类劳动行为的产物。

劳动是人类存在之最初的基本条件。劳动创造了人类。劳动的发达，必然地助长社会成员之更紧密地结合及思维的发展。如果没有外的表现的思维，同一社会集团的人们就不能了解。思维及其外部的表现的言语，是极紧密地相互结合着的。“言语不能和思维分离，言语只能和思维共同存在，言语不存在于思维之外。”所以，随着劳动行为的发达，人类的思维和言语，也必然要发达起来了。

言语发生的过程，与人们从人猿转变为人类的过程，有密切的联系。发音的能力，是由人类咽喉上特殊的构造发生的。而咽喉是因为人类能够直立步行的结果，才发达起来的。所以，声音会话，是在劳动工具的使用与制造的长期过程之后，才能发达。

声音会话，是已经发达了的社会的产物，人类言语，决不是从声音会话开始的。在劳动发展的最初阶段，社会的生产是非常原始的，言语和思维，也都在于原始的状态之中，这样，种类很少的劳动行为，只要有少数思想的外的记号就够了。所以当时就使用姿势的交换手段，以代替声音言语。这种姿势的言语，包含着象形、姿势和叫声，它可以满足原始人传达思维的要求。

往后，随着劳动活动的进步，人类根本上改变了世界观的基础，生出以前分散的思维的分节，同时使周围的世界也具象化了。在这新的社会＝经济的条件之下，便产生了新的思维形态。姿势言语，已经不能满足目前的需要，于是声音言语就随之发生了。据考古学的研究，内安得达尔人的狩猎者，具有可以主要地利用发声器官的一切前提，在内安得达尔人之中仍占支配地位的姿势言语，已经是分节的了。由此可见，声音言语的萌芽，大约是在内安得达尔人的时代了。不过姿势言语，并不因声音言语的发生而消灭，反而与声音言语并存的，且给予声音言语的机构以相当影响。这是因为姿势言语有它的长处，即是它的记号的现实性容易使人理解。譬如有属于两个不同种族的印第安人，各人对于别人的声音言语一句也不理解，但借手足之助，彼此便能够自由会话。不消说，这些民族距离原始民族已经很远，已经有了发达的声音言语，可是在他们中间，姿势言语还不至因其他更完全的交通方法而最后地消灭。

声音言语，并不是只在某一地方发生，而是在人类散居的多数地点一时出现的。而且最初，言语也不只是一种，言语的种数，与种族的种数相当。但也有共通的一种言语，是适应于种族的差异而表现种种概念的。民族的言语之形成，是一种族与他种族的语言相配合的结果。即是在这种配合之时，意义不同的两种言语就被统一而成为一种言语了。

现代的历史的文字，是数千年长期发达的结果。各民族、各种族以至各民族的统一，使得最初的简单的人类的会话，复杂起来，发达起来，由此，造出了科学、文学、艺术等等发达的机会，造出了人类相互间更加密切的交际的机会。

（二）原始的思维

人类不是从最初就能思维的。人类是在人类化的过程中，自己创造了思维，并且使之发展起来。劳动使人猿变为人类，劳动也创造了思维。思维是在人类的会话，尤其是在声音会话的过程中显现出来的。因为思维必须依存于概念，假如没有言语，概念是不能形成的，因而思维也就不可能了。

任何的思维都是为社会环境所创造，因而它的发展必然为社会的发展所规定。思维在各种时代，采取非常不同的形态，所以它是具有各种内容的历史的产物。

原始人的思维的第一个特性，是他们把周围自然与自然现象，看做是与自己同样生动的存在。在原始人的表象中，环绕着自己的一切东西，不仅是动物，就是草木、石头、自然力等，都营着和人类同样的生活。据原始人的表象，石头之从山上滚下，一动物之猎取他动物，以及有弹力的小树枝之直伸等等，都是生动的存在物之有责任的行动。甚至“装入袋里的皮毛，夜里也会说话。砌在死人墓上的鹿角，也可以排成行列，回旋于墓的周围，到天亮时，再回到原处去”。从这种思维中，我们可以看到，原始人不能把自己从周围自然区别出来，而是完全同自然相融合的。

原始人思维的第二个特性，是关于一个对象转化为另一对象的表象，以及关于动物本性能够传达于人的表象。譬如说，吃了鹿脚会跑路，喝了动物的血就得到那个动物的力量。在这种表象的基础之上，就产生出原始的魔术。原始人相信，由于魔术这种神秘行为，就能给外界或人类以影响。譬如描画用枪刺入腹部的野牛，就是说在狩猎时可以杀死它的意思，或是以为要用魔术把鹿引到自己的地方，只要在图上画出鹿角就够了。这就是所谓“以类似物代替类似物”和“部分能补充全体”的原始魔术的公式。

原始魔术的特征，是在于人们确信由于人类的能动性，即由于人类为了实际目的而能作用于自然。这种魔术，在原始人看来，在为了得到较多的生活手段而对于自然的斗争上，是尽着补充的工具的任务。

原始思维的体系，是万物有灵论。原始人认为一切世界都充满了灵魂。不仅是人类和动物，就是植物矿物以及其他东西，也都认为有灵魂存在。并且灵魂也是具有物质的外貌，与活人一样有饮食的能力。但是那些灵魂做好事和坏事的能力却大大地超过活人；人的肉眼虽不能看见它们，而它们却能转化为种种物体和现象。

万物有灵论，已经是人类思维发展上的较高阶段。以前，原始人是把自身与外界自然混合考察的，现在却分离考察了。人类在其经济关系上，使自身与自然对立起来了。他们采用了土著的生活方法，出现了剩余生产物。技术的改良，增大了人类对于自然的支配。对于自然的观察及想要理解各种现象的因果关系的努力，使得原始人到达了万物有灵论的思想。在这种思想的表象中，存有人类认识自然的端绪，存有人类想要规定诸现象的因果关系的最初尝试。

（三）宗教的起源及其形态

宗教是社会诸关系在人类意识中被颠倒的、被歪曲的、幻想的反映。换句话说，宗教是采取自然界、神、恶魔、灵魂、天国、地狱等等信仰形式的社会诸关系在人类意识中的幻想的反映。上述的万物有灵论，就是一切宗教的共通的标志。宗教因其万物有灵论的内容，而尽着统治的麻醉的任务。不过在一切宗教之中，除了万物有灵论的表象以外，还有情绪及仪式的存在，这是我们必须要牢记的。

据考古学和民俗学的研究，宗教是发生于原始社会。在原始社会中，劳动生产力的发达停在低级阶段，因而物质生产过程内部的人类关系，即人与人和人与自然之间的关系受着相当的限制。这种现实的局限性，在观念上，就反映于原始的宗教中。

人类社会的最初时期，是没有宗教的；在原始人群中，任何宗教都不知道。宗教是在性别和年龄别的共同体中产生的。在性别和年龄别的共同体中，一切性别和年龄别的群都有一定的活动领域，谁也不能超过它。原始人不是自由的社会化的人类。宗教就当作在性别和年龄别的共同体中发生的人与人或人与自然（原始人对于自然是无力的）的一切关系的“现实局限性”之幻想的反映而出现。“野蛮人对于自然的无力，产生了神、恶魔、奇迹等信仰。”这就是原始宗教之社会经济的根源。

宗教的原始的形态，是万物有灵论和魔术。宗教的观念和神话，是在灵魂信仰和万物有灵论的基础之上形成的，宗教的仪式和各种行为，属于魔术的领域。

在原始人群时代，宗教的痕迹完全不存在。根据考古学的发现，万物有灵论的信仰之存在，可以说是从投割石器时代开始的。这种采取灵魂信仰的形态的现实关系之幻想的反映，更由于梦、死、气绝的误解以及对于受伤的动物的死之观察等而巩固起来。不过这些现象，即睡眠、失神、死、梦等，只有在一定条件之下，才能达到灵魂的思想。

在生产力贫弱的状态之下，劳动的复杂化，产生出生产过程中人类关系的狭隘性以及一切关系的狭隘性。这种“现实的狭隘性”，在野蛮人的意识中，就生出了灵魂信仰之幻想的反映。他们认为灵魂可以保护共同体，帮助狩猎，要求严格遵守自己制定的习惯。他们相信除了自己的灵魂和同族者的灵魂之外，还有很多的恶灵魂，这都是别群的人的灵魂。这种对于恶灵魂存在的信仰，是对于自然无力的反映，也就是原始的氏族关系及闭锁的自然经济的反映。

原始的魔术，和万物有灵论一样，也是社会经济诸关系在野蛮人意识中之幻想的反映。从最初起，原始的魔术就同万物有灵论混合着。

“现实的狭隘性”和保守性，产生了原始的魔术。它支持着一切关系的现实狭隘性，并加以意识形态上的说明而使之正当化。

这样看来，万物有灵论与魔术结合的原始宗教，是在野蛮人头脑中对于自然的无力之幻想的反映，是在生产力贫弱状态之下的生产关系的反映。它是“被虐待的生物的安息”，它同时又是野蛮人从黑暗而严酷的现实中期求慰藉的鸦片，在这一点上，原始的宗教含有重大的反动的意义。

关于原始宗教的构成部分的万物有灵论和魔术，我们在上面已经说过了，现在来说明原始宗教的次一个阶段的图腾主义。

所谓图腾主义，是相信图腾群与某种动植物有近似关系的动植物的崇拜。图腾的信仰，也是对于自然的无力及“现实的狭隘性”在野蛮人意识中之幻想的反映。它发生的基础，一方面是由于狩猎者之间的分工的发展，他方面是由于群与群间联系的发生。

图腾主义，是被虐待的野蛮人的鸦片。它把现存的制度、对于女子和青年狩猎者之食物的限制以及赠给别群食物的义务等都正当化和神圣化了。这时，宗教的加工，比较过去时代更加强了。

图腾主义，和一切宗教同样，是尽着麻醉的作用。野蛮人感到自己对于自然的无力，而寻求自己图腾 = 灵魂的援助，举行魔术的仪式。但是，所有这些仪式，不仅没有把他们从自然的压迫之下解放出来，反而加强了这种压迫。

原始宗教的最后的形态，是崇拜祖先。

如上所述，万物有灵论、魔术及图腾主义的萌芽，是发生于性别和年龄别的共同体中；但到了氏族社会，这些宗教的表象，就有了更进的发展，氏族的老人，获得特别显著的意义。于是，以前图腾主义世界观的特征是动物的祖先的崇拜，而在氏族社会，就出现了采取人类姿态的祖先。

在氏族社会中，祖先的崇拜，有实用的性质。通常祖先的灵魂，是保护某一氏族的灵魂，它可以抵制敌人的灵魂或恶的灵魂。随着氏族分化为家族，就出现了保护家族和家族经济的灵魂——“家族灵魂”。随着种族的形成，就发生了种族神。随着农业和牧畜的发达，宗教的表象，更趋于复杂。于是祖先的神，就转化为自然现象的神了。不久，在各种神之中，又分出一个主要神，而认为宇宙万物的创造者。随着神的数目的增加及主要神的显现，宗教信仰的体系，就被固定了。

人们为了使自己和神相接近，就造出了神像，于是神就被物化了。由人手制造的神的偶像，渐渐在人的眼中变成一种万能的不可思议的东西，这就叫做拜物教。

总之，原始宗教和一切宗教一样，是支配人类的力量在人类意识中之幻想的反映，是人类对于自然和社会的各种关系之无力的表现。原始宗教事实上尽着麻醉的作用，加强自然和社会关系对于人类的压迫。

原始宗教的许多荒唐无稽之事，到现在还存在于所谓文明民族的宗教之中，执行着统治阶级麻醉的任务。

（四）原始社会的艺术

人类绘画的最古的纪念物，是旧石器时代后期的东西。

最初绘画、雕刻和塑像这种美术，是同时存在的。当时的作品，多数是动物的像，至于人类的像，无论男女都只有少数。这些东西，都是用完全的写实主义来描绘的，不过同时也有图式主义的绘画。

关于原始艺术起源的问题，我们不能把它归之于完全的审美目的。因为原始时代的人们，没有因满足自己的审美欲望而从事艺术的余暇和可能性。当时的艺术，只是从实际生活的要求成长起来的。促使艺术出现的东西，是增加生产物的数量以及更容易地取得产物的欲求，是以为可用魔术作用于外界自然的幼稚思想。“以类呼类”，这正是原始人所以用自然主义描绘动物的原因。原始时代的绘画中动物之占据多数，及其自然主义的描写，只有原始时代的魔术才能说明出来。到了“以类呼类”的最初思维形态为“以部分表现全体”的后来的思维形态代替时，绘画的特征也变化了。于是不描写动物全体而描写一部分，即描写头或角，或者只描写动物的轮廓了。于是艺术就从自然主义变迁到图式主义或象征主义了。

歌谣，在人类发达的最初阶段上，已经出现。它适应着人们的种种行动而表示了种种特征。在狩猎时，歌谣带有战斗和威吓的性质；在共同劳动时，歌谣就变成调整劳动速度的东西了。

舞蹈和音乐，也是在共同劳动的过程中产生出来的。通常舞蹈和音乐并不是各自分立，而是互相融合的。舞蹈和音乐，常常反映着种种事情，例如反映狩猎、收获、战争等等。在战争或大狩猎以前，举行“会议舞蹈”或“战争舞蹈”之类，充满了严肃、庆祝的内容和暴风雨般的节奏。这种事实，表示着舞蹈和绘画一样，也带有魔术的特征。并且这种事象，不仅见之于原始人之间，就在文化较高的种族之间，也还可以看到它的发展的形态。

二、奴隶制社会的意识形态

（一）古代宗教的特征及基督教的起源

在古代社会，尤其在东方古代社会的意识形态中，占第一位的，便是宗教。执行宗教礼拜的僧侣，同时又是“学者”、“医师”或“圣人”。一切政治权力，差不多都集中在僧侣之手。

在奴隶制社会中，农业是主要的经济部门，因而这种社会的宗教，也只是农业的宗教。这种宗教，是要说明农夫所关心的气候及自然现象对于人类社会的关系。农业上的收获与日光作用的关联，驱使人们去观察天体现象，探求现象的因果关系；因而人们就把自然力神格化了。所以，奴隶制社会的神，主要的就是神格化了的自然力。当时对于这些神的礼拜，非常普及。

譬如在埃及，由于尊崇尼罗河的原故，便发生了奥西里斯神（太阳神）的礼拜，认为奥西里斯是死过几次而又复活的神。这种现象，完全是尼罗河每年泛滥的事实的反映。在亚述和巴比伦的许多神中，同样有基于农业生活而来的神。在住于亚细亚诸大河流域的其他农业民族的宗教中，也可以看出同样的特征。

最初东方一切的宗教，大都是一种多神教。但是，后来就由多神教转变为一神教了。这种由多神教向一神教转化的过程，反映了政治上经济上的统一，即在地上产生了中央集权的专制君王，在天上便同样出现了强有力的单一的神。

在奴隶制社会中，神和人的关系，恰似主人和奴隶的关系。等级社会的构造，同样反映于宗教体系之中。譬如就印度婆罗门教的教义说，人类是从婆罗门的口、手、臀、足等部产生出来的。由于出生部位的不同，就得到等级的差别。从神的口中生出来的僧侣，是受人尊敬的最高等的人，其他的等级，都处于僧侣之下。

在奴隶制社会发展的初期，僧侣在物质的生产上，曾经尽了显著的任务；但是，经过相当时间，他们便渐渐从经济活动的领域分化出来了。于是奴隶制社会的宗教，就变成对于劳动大众的精神的麻醉品和榨取工具了。

在古代社会的末期，诸民族之间，种种迷信和传说的接触，引起了一种宗教上的混沌。后来从混沌之中，终于凝结成了一个新宗教。不久它就征服了驱逐了其他宗教，而成为世界宗教，这就是所谓基督教。

基督教的出现，反映着奴隶制社会发展中经济上政治上的进步。这种反映，比较社会的变革稍迟。因为它不是在罗马的繁荣时期产生的，而是在它的崩溃时期产生的，是在支配阶级的没落时期即在奴隶经济崩溃的情势之下产生的。

奴隶制度，在它的发展过程中，由于本身的矛盾，必然变成经济发展的桎梏。随着庞大的财富之集中于少数门阀之手以及农民和手工业者的衰落，引起了尖锐的阶级斗争，因而促进奴隶经济的崩溃。经济没落的过程，引起了观念上信仰上的同样的过程，即引起了精神和道德的不安，引起了一般的惶惑。这种情形，便准备了新宗教胜利的基础。

基督教原来是出现在巴力斯坦[①]的犹太人之间的一个小

---

① 巴力斯坦，今译巴勒斯坦。——编者注

宗派。当时的巴力斯坦，因为所谓世界没落的一般原因，尤其因为罗马官吏无限制的榨取的结果，经济上趋于衰落了。于是因精神的烦闷，一切没落的民众，都变成了基督教徒。基督教的新教义，即否定自己、否定地上的建设、宣言苦恼与贫穷为最高理想的教义，由巴力斯坦传布到古代世界的各处，而吸引了寄生的浮浪无产者大众，尤其吸引了奴隶大众。因为寄生的浮浪无产者和奴隶，并不是一种有组织的阶级和势力，他们不能造出阶级的意识形态，只有期待“救世主”的降临。所以宣言树立天国的基督教，很容易接近于这个社会群，于是它就渐渐包摄了古代世界的全部，成为当时一切被压迫阶级的宗教了。

主张解放奴隶和贫民的基督教，在罗马帝国，常被认为否定旧社会形态的教义，而受着迫害和驱逐。可是它虽受了种种迫害，却仍是继续发展了。

在基督教的意识形态中，可以看出商业 = 货币经济的影响。我们可以说基督教是从宗教精神去理解交换经济的发展法则的一神教。所以有人说，基督教是商业的一神教。基督教的这种商业性质，在初期基督教会的指导权属于富人团体的事实上可以证明。

往后，基督教停止了对于奴隶制的反抗，抛弃了所谓天堂快要到来的期望，于是商人和高利贷者，也都自由加入教会了。这种温和主义，促使基督教变为现代国家制度的支柱。后来，基督教的寺院，就变为最大的土地所有者，蓄积大量的货币财产，而成为一个支配和榨取的强力的机构了。

（二）古代的哲学思潮及科学的发达

古代社会的哲学与科学，可以说是发生在希腊。希腊哲学的故乡，是在小亚细亚的希腊商业殖民地伊奥尼亚。伊奥尼亚位于希腊国家的东方边界，联络希腊和东方各国的交通，而为伊兰、印度等开化国家到欧洲去所必经的商业道路之枢纽。同时对埃及的贸易往来十分兴盛，因而受了埃及文化之显著的影响。随着经济生活的发达，便唤起了一种新企图，即要从宗教传统的权威中解放出来，抛弃对于世界现象之神学的解释，而代之以科学的解释。这样便形成了所谓伊奥尼亚学派的哲学。所以，“哲学产生的瞬间，就是人类思想不愿用神话中幻想的神来解释自然界而开始用永久的力、永久的理性或根本的原质和原因来解释一切事物的瞬间”。

伊奥尼亚哲学家的观点，都用某种有机的物质，作为构成整个世界基础的一种基本物体。“他们所要寻求的基本物质，不仅是简单的流动的和容易变化的物质，而且是能够作为解释有机的和心理的生命之原则的物质。”他们有的认为这个基本物质是水，有的认为是空气，有人又认为是火。

伊奥尼亚的自然哲学，虽能形成了一些个别的部分的理论，但未形成哲学体系。古代唯物论的哲学体系，到纪元前五世纪才出现，其创立者为德谟克里特。

德谟克里特的唯物论哲学，反映了奴隶制社会的商业的利益。他创立了原子论，以为在自然界中，什么东西都不是从无而生的，而且一切存在的东西也决不会绝灭。一切的变化，只是分子的结合或分离。一切变化，都不是偶然发生的，都有其必然的原因。世界是由配置于真空的原子所构成的。原子一面造成物的各种形态，同时又在不断地运动中。人类的精神，也同样由原子构成。原子浸透于全身，引起生命的现象。这就是德谟克里特创立的原子论的唯物论的要点。

在这个理论中，自然有很多薄弱的论点，但它的历史的意义，还是很伟大的。这个意义即在于德谟克里特用唯物论的原子论体系去对抗原始的观念论一点上。

希腊哲学，在理论斗争的过程中，最初是唯物论占着胜利。后来，随着观念论倾向的抬头，哲学便离开对于自然的研究，而集中注意于人类内在的经验的分析了。于是希腊哲学，就离开自然哲学的方向，放弃关于自然界的规律性的研究，而到达于观念论了。

观念论的始祖是柏拉图，据他的见解，我们肉眼所看到的世界，不过是取型于我们肉眼所看不见的观念世界而造成的。他认为客观的存在，只是物的观念；至于物的本身，他认为是物的观念之苍白的阴影。凡是肉眼所见到的存在物，都是由世界创造者所创造。柏拉图的哲学，和德谟克里特的原子论比较，显然是退后了一步。

德谟克里特的唯物论与柏拉图的观念论两个哲学思潮，常在激烈的斗争中。这是反映着希腊两个经济制度的斗争，即在商业 = 货币的基础上成长起来的新制度与等级的 = 农业的制度的斗争。

此外，在古代社会中，还有一个站在唯物论和观念论之间的大哲学家，这就是亚里士多德。他树立了论理学、自然科学、伦理学、诗学、政治学等系统的研究的基础。

在奴隶制社会中，科学知识的发达，是从经济上的要求即农业上和商业上的要求而来的。譬如由于在农业经济上有决定一年的季节和一日的时间的必要，便引起了天文学的发展。由于测量土地的必要，数学知识便发达起来。随着都市的成长，而作为造船技术之必要基础的力学，也开始发达了。稍后，化学和物理学也出现了。随着商业和航海的发达、亚历山大的远征以及罗马帝国的扩大，地理学也发达起来了。所有这些科学的出现，都是依靠奴隶劳动供给着剩余的生产物。

（三）古代的艺术和文学

古代艺术，尤其是建筑术发展的基础，是建筑在奴隶劳动之上的。譬如希腊的寺院以及罗马的水道等建筑物，到现在还是伟大的东西。然而这些东西，却都是奴隶劳动的产物。

希腊罗马的艺术，是采取着接近现实的艺术形态，所以创造了现实主义的作风。因而希腊罗马的艺术，是探讨的、变动的、进步的艺术。这无论从其题旨或形式上说，都是如此。在希腊罗马的作风上演着决定作用的，是商工业阶级的要求。

希腊人创造了深刻的工艺文化，这文化的强烈影响，后来在文艺复兴期的欧洲工艺上，在十七、十八世纪的贵族工艺上，甚至在法国大革命的工艺上，都反映了出来。此外，希腊人在雕刻术上，也成就了特别的发展。

希腊文学最初的大著作，是颂扬国王和大地主的军事功绩的叙事诗。在这些诗中，只描写了军事的贵族的生活，却不曾描写希腊社会各劳动阶级的生活。随着雅典政治的经济的发达，希腊文学尤其是戏剧也达到最大的繁荣。最初，希腊的演剧，是在宗教的祝祭时举行的，后来便产生了悲剧。这些悲剧的表演，已失掉了原来宗教的性质。希腊的悲剧，是和都市社会生活的全部过程紧密地联系着。譬如幼里披底的许多悲剧，显然都是用作政治的宣传事业的。

除了悲剧以外，同时希腊喜剧，也发达起来了。这喜剧的最大代表，是雅典的亚理斯多芬①。亚里斯多芬是代表着保守的土地贵族的利益，所以他的喜剧，多是用滑稽的表演，去非难民主派的指导者，援助反抗民主主义的反对派。

罗马文字，比较希腊是落后的。它是反映着奴隶制社会在其发展过程中经济已趋崩溃而贵族却过着有闲生活的这个阶段。在罗马作家中，也出现了许多的大诗人。

三、封建社会的意识形态

（一）封建时代的哲学、科学与基督教

基督教自出现以来，因罗马崩溃后所发生的种种事变，使它得到伟大的胜利。这就是说，基督教在崩溃期的罗马

① 亚理斯多芬，今译阿里斯托芬。——编者注

找到了非常良好的发展条件，因为它拿着不可思议的天国幸福来麻醉被压迫者和一切感觉没有出路的民众，所以处在社会崩溃中而无路可走的人们，就希望在这个宗教里面吸取一种新生的力量。于是基督教就成为封建时代最强大的社会组织，宗教意识形态，在一切社会意识形态中，显现其绝对的权力。因而，宗教的信条与教义，就支配了哲学的研究，甚至科学也屈服于宗教的教条之下了。

隶属于神学之下的哲学，是“经院哲学”。经院哲学所研究的问题的范围，只限于基督教的宗教思想，不研究任何自然，排斥经验和观察。这种哲学思想，纯粹为形式主义所渗透。它的任务，不外是要来巩固基督教的教义和僧侣的统治地位。

经院哲学为了完成这种任务，就竭力采取古代观念论哲学的各派学说。在起初几个世纪（十三世纪以前），经院哲学带着柏拉图学说的色彩，后来又在亚里士多德的影响之下。我们已经说过，柏拉图学说是观念论的，是崇拜纯粹精神世界，认这个世界为真实，以与感官所感觉的物质世界相对立。亚里士多德的学说，也是轻视物质，认为物质是隶属于精神的东西。他以为总体永远是先个体而存在，是决定个体的。无论是柏拉图的体系或是亚里士多德的体系，都是古代所留给中古诸哲学中最反唯物论的学说。我们可以说，柏拉图的精神和亚里士多德的玄学支配了整个封建社会。

但是，等到社会条件开始动摇以后，向来一致的经院哲学就发生裂痕了。这种裂痕，就是唯名论和唯实论的斗争。

唯实论是认为总体概念超出个体概念之上的一种教条。唯名论根本推翻唯实论的总体先于个体的理论，而树立总体后于个体的理论，即认为概念只是真实存在的事物之抽象的表现，只是实体的抽象化，是论理的抽象。从教会内部发生出来的唯名论和唯实论的斗争，是当时封建组织解体之最初出现的思想上的征兆。

在十三至十四世纪的二百年间，随着封建制度解体过程之迅速发展，而反对经院哲学的精神，也增长起来了。于是出现了许多神学的异端派，他们打破一切柔顺和冷淡，高呼“灵魂救济”的口号，与教皇和公认的教会斗争。我们可以说，这些异端派，是最初的反封建主义的运动。异端派起于都市布尔乔亚与手工业者之间，后来，其形态屡变，而深入于农民大众之中。

教会看到自己的威权在无数异端派出现以来，有即刻倾倒的危险，于是便采用恐怖手段，严禁异端派的学说，并且在这激烈的反异端派斗争中，更有异端裁判所的出现，以作为搜索和处罚异端派的宗教裁判机关，异端派竟因此而常常被处以死刑，或活活被用火烧死。

但是，教会的恐怖手段，并不能扑灭异端派，因为这是由于在国民经济组织上开始广大发展而发生出来的。生产力的发达、商业的进步、都市权力的增高，所有这些事实，都是表示封建制度的破产，同时也就是表示那生长在封建制度基础之上的经院哲学思想的破产。伟大的新发现和文艺复兴，摧毁了中古神学思想的残余，把哲学从“宗教的婢仆”中解放出来。

（二）封建时代的文学和艺术

如上所述，在封建时代，宗教的意识形态，支配着一切的社会意识形态，使一切哲学、科学、政治、法律、文学、艺术等，都从属于神学。不过当时的文学，虽然受了宗教的很大影响，但不能认为只有宗教文学。那时除了保持宗教的权威及辩护自己对于农民手工业者的物质的精神的榨取而为僧侣所写的《圣者传记》以外，还有颂扬支配阶级代表者的英雄勋功的骑士诗。在骑士诗中，有古代寓言和基督教的传说，还有许多的抒情诗。骑士抒情诗，取材于骑士对于妇女的尊崇态度，盛称英雄的理想感情及对于少女的爱恋。到了十五世纪，骑士诗才消灭。

封建时代西欧最大的文学著作，是但丁的诗。但丁的《神曲》，一方面从题材说来，是封建的、是宗教的，从形式说来，是象征主义的；同时还带着都市的新文化的特征及个人主义、合理主义、现实主义的特征。所以说："但丁是中世纪的最后的诗人，同时也是新时代的最初的诗人。"

除了骑士文学和宗教文学以外，在都市中还有讽刺和小说。在这两者中，都含着对于封建制度的批评。譬如法国的《狐狸寓言》，借动物的姿态——狡猾的狐、懒惰的熊、愚钝的狼——嘲笑骑士、僧侣和廷臣，便是显明的例子。

封建时代的艺术，也和其他社会意识形态一样，是在教会的影响与保护之下发达起来的。但是，到了封建时代末期，支配艺术的宗教的影响，就被都市公社的势力驱逐出去了。

封建时代，在西欧艺术上，发生了两种样式，即罗马样式与高卢样式。这两种样式的交替，就形成了封建时代艺术发展过程的特征。

罗马样式，支配了十至十二世纪的欧洲的建筑术。罗马样式的教会，是从封建威力和体制之庄重理想中生出来的，虽有高塔耸立，但很钝重，而且房脊很低，其装饰是几何学的。这种样式的教会，遍立于英、法、德、意诸国。

自十二世纪中叶以来，在西欧的建筑术中，出现了新的样式。这是当时都市公社出现时从封建社会新生的变化中发生的。高卢样式，不仅适于封建领主与僧侣支配下的农业集团的必要，而且合于组织行会的手工业集团的要求。

高卢样式，是所谓天上王国地上空虚的封建宗教观之完全的反映。

这种样式，把封建时代人类社会心理之基本特征及由地望天的宗教的憧憬再现出来。在这种建筑中表现出支配封建社会的神秘的禁欲主义的气味。

第二节　资本主义社会的意识形态

一、资本主义社会意识形态的一般特征

（一）布尔乔亚的个人主义

资本主义社会，是产业革命的产物，这个社会的精神化，在质和量两方面，与过去的社会是有极大区别的。意识形态的多样性，就是现代社会的特征。这种多样性，第一是反映着保存在资本主义之下的以前支配阶级意识形态之保守的影响；第二是反映着布尔乔亚本身内部各种阶级集团（大中小产业资本家和金融资本家等）的斗争；第三

是反映着资本主义经济的极端可变性及其经济形态的多样性。

首先我们可以说，资本主义社会中支配的意识形态，是个人主义。这种个人主义，是布尔乔亚种种集团的各种矛盾的利害之独特的反映形式。它在资本主义社会的领域内达到了顶点。因为在这个时代，资本主义的商品社会驱逐了封建的自然经济，自由的市场竞争，发展到最高限度，因此，在意识形态上，便反映出个人主义。

关于这种个人主义的例证，我们可以从布尔乔亚的经济主义和政治思想两方面，加以说明。

布尔乔亚经济的个人主义，始于重农学派。这一思想，是资本主义初期生产关系的反映。重农主义以为有由最高的存在即神所创造的自然秩序与由主权者所创造的人为秩序，后者必须依存于前者。在自然秩序之中，有关于个人所有的权利，这就是一切所有的自由处分权。从这个权利中，便生出经济上的自立追求权。从这个根本观念出发，必然可以得出以下的结论：就是个人可以离开一切人，完全依他的利己心而自由行动。“任其自为自行，世界自然会进步。”这样的自由放任主义，主张排斥国家的一切干涉和监督，而完全放任个人的自由。

这种经济的个人主义，在亚丹斯密①的《原富》中，更露骨地表现出来。他说："各个人如得自由和安全而行动，那么，想改善他自身状态的自然的努力，是非常有力的原理；它不仅能够不借任何力量，只用自己的力量，引导社会趋于富裕和繁荣，而且能够克服因人类的愚蠢而妨害这努力的作用的许多障碍。"

后来，到了马尔萨斯和李加图②，更使这种自由放任的个人主义原理向前发展了。

其次，关于布尔乔亚的政治思想，是可以经由霍布士、洛克、孟德斯鸠等以至卢梭的"社会契约"的理论来代表的。十八世纪"社会契约"的理论，是民主主义的理论。民主主义，是布尔乔亚反封建制度的革命思想。为民主主义的斗争，即为政治的"自由平等"的斗争，是反封建制度的布尔乔亚的特征。这种布尔乔亚的民主主义，最典型地表现于新兴的法国布尔乔亚的意识形态之中。

"在法国，注意社会上一般革命心理的大人物们，他们本身就是极端的革命家。他们否定任何外来的权威，一切宗教、自然科学、社会政治制度等，都受到彻底的批判。

---

① 亚丹斯密，今译亚当·斯密。——编者注

② 李加图，今译李嘉图。——编者注

一切要在理性的审判之前审问究竟有没有自己存在的理由，如果没有这个理由，那就完全不能存在。理性成为一切事物的唯一尺度。……从来的一切社会形态和国家形态，一切传统的旧思想，因为都是不合理的，所以要完全抛弃。在以前，世界是被偏见所指导的。过去的一切事物，只值得怜悯和侮蔑。太阳的光亮，理性的王国，现在出现了。迷信、谬误、特权、压迫等，被基于永远真理、永远正义和自然平等而与人类不能分离的权利所代替了。”

这里所说，“基于自然的平等而和人类不能分离的权利”，就是布尔乔亚民主主义的根本概念。当然，“这个理性的王国，不过是肯定布尔乔亚的王国，这个永久的正义，是仅成为布尔乔亚的正义而实现的，这个平等，是归着于布尔乔亚在法律之前的平等”，这是不消说了。

到了布尔乔亚政权的稳定期，适应这个政权的需要，就产生了黑格尔的政治思想。依黑格尔说来，国家是伦理的观念之具体的显现，是理性的映象及其具体的显现。他这种理想的观念论的国家观，实是布尔乔亚政权稳定后的产物，为保持布尔乔亚政权于永久之支柱。

上述这种政治的“自由”和个性一般的“自由”，不仅显现于政治经济的领域，而且同样明了地显现于所谓精神文化的领域。而这种“自由”，实际上是表现资本主义社会法则的不可抗力。使个人和社会对立，不理解两者的统一，乃是布尔乔亚的哲学、艺术、文学的主调。

（二）布尔乔亚意识形态的拜物教

布尔乔亚意识形态的第二个特征，就是它的拜物教。商品的拜物教，是布尔乔亚意识形态的拜物教之基础。在布尔乔亚看来，资本主义社会的法则，是一个不可解的谜子和灵物。

在商品社会中，人与人的生产关系，隐藏于物的关系的背后，不是肉眼所能看见的东西。这种生产关系在交换上显现出来的现象，采取物（即商品）的关系的形式。即物与物的关系，隐蔽着人与人本身的关系。于是在商品交换的现象上，人们直观地只能看到物的关系，不能看到物的关系的背后所隐藏着的商品生产者间的关系，因而认定物的本身中具有某种不可解的“能力”，具有某种神秘性。于是人们就把自己手造的物，当作偶像来崇拜，这就叫做商品拜物教。布尔乔亚一切意识形态的拜物教，都是基于商品拜物教而发生的。

譬如布尔乔亚的科学上绝对真理的观念，艺术上纯粹艺术或绝对美的观念，道德法律上所谓离人类独立存在的绝对正义和纯粹秩序或绝对义务等等观念，都是布尔乔亚意识形态的拜物教之表现。

二、资本主义社会的诸意识形态

（一）布尔乔亚的科学

在资本主义的发展期，技术与科学，尤其自然科学，达到极端的繁荣。

科学的认识，是在人类物质生产活动的发展上才得到的。所以正确的科学的理论，决不能和人类社会之物质生产活动的实践相分离，它本身必然包含着实践。

科学，尤其是自然科学，是在对于技术的密切关系和交互作用之下发展起来的。技术上经济上的发达，急激地促进科学的发达；但同时，如果没有自然科学的发达，产业革命和机器生产也是不可能的。在这种意义上，自然科学，尤其化学、力学和物理学，是构成产业革命的一部分，和技术的进步一同发展起来的。

譬如蒸汽力，在古代经过人们实际的观察，便已发现了。但这种发现，既不能加入于技术之内，也没有保存在科学之中。因为这种发现，在当时不曾应用在实际之上，就和古代世界一般地崩溃而消失了。

后来，随着大生产的发生，就需要大机械力，因而技术的思维便趋向于蒸汽力的研究。最初的机器，是劳动者在矿坑里用以抽出矿水和击碎矿石的，以后陆续应用，陆续改良。到了瓦特，便统一了这些成就，附加上若干新的东西。于是机器便具备了技术上便利的形态，可以应用于其他种种生产部门了。对于这样机器的需要，因为当时英国纤维工业的发达，感觉得特别强烈。

到了产业革命之后，蒸汽机的重要性，引起人们努力就一般形态去研究它的作用。于是就由噶尔诺创设了热力学，从这个热力学，发展成能力不灭的法则，改造了全物理学及其他自然科学。能力不灭的法则，是指导一切技术的科学的计划之根本法则。但这个法则本身，却是过去生产发展的产物。由以上所述，我们可以说：科学的进展，依技术的进展所决定；同时，科学又是技术进步的最有力的工具。

由此可见，科学显然带有历史的性质，但是布尔乔亚学者却主张科学是超阶级的人类共通的意识形态。他们说许多科学的发现和成果，例如电灯电话等，不是不仅布尔乔亚可以使用，连普罗列达里亚也同样可以使用？自然，科学的发现和革命，不仅是支配阶级可以利用，但是我们要知道，从这些发现所得的利益和便利的大部分，却是入于布尔乔亚之手。固然我们说科学是客观的东西，但不能认为科学是超阶级的东西。所谓布尔乔亚科学的阶级性，在于科学的发达，例如化学、力学、物理学的发达，是由于布尔乔亚产业发达的必要所引起的。换句话说，布尔乔亚阶级的利害，决定了自然科学发达的必然性。

（二）布尔乔亚的法律和道德

在资本主义社会，法律和道德的规范，充分表现出它的布尔乔亚的阶级性。支配阶级，适应着自己的概念和利害，造出了适于维持自己的统治的所谓“最高善”的规范。支配阶级具有强制社会奉行自己的规范的可能性，他们可以经由裁判或自己制造的“舆论”去实行。他们宣言自己特有的道德原理和法律为万人应守的、理想的、永久不变的行为规范。他们实际上实行阶级道德和阶级法律，即追求自己的利害，同时却给予它们以普遍的性质和绝对的性质。

布尔乔亚当和封建势力斗争时，不仅创造出自己的哲学、科学和艺术，并且创造了自己的社会规范——道德和法律。然而在那时他们并不能在实际上实现它，它还没有现实的拘束力，只不过是“概念”或原则。

到了布尔乔亚获得政权之后，他们所创造的法律和道德的体系就广泛地移入强制社会实践的领域，具体的化为新的立法和行政，更显现为布尔乔亚所指导的新舆论。于是适应于布尔乔亚阶级利害的法律规范和道德原理，就被认为绝对的东西，而强制全社会遵守了。

布尔乔亚道德的阶级性之最明显的表现，在于道德理想与现实的分离。即布尔乔亚越是公然地残酷地实行阶级的压迫和榨取，越是用华美的言辞来粉饰所谓永久的道德、永久的真理和义务的主张。换句话说，布尔乔亚道德的阶级性的本质，在于它彻头彻尾是个伪善的东西。

“文明越进步，越发需要用爱衣来隐蔽来粉饰由这文明必然生出的变态的可忌的现象。做一句话说，即实际上不能不实行的伪善。”

总之，道德和法律的规范，按其内容说，是以当时存在着的社会制度和社会生活状态来决定的。由于时代不同，社会不同，阶级不同，这些规范的内容也各不相同。而这种规范，主要地是依存于阶级利害。任何永久不变的道德规范和法律，也不存在，并且也不能存在。

（三）布尔乔亚的艺术和文学

为了理解布尔乔亚艺术和文学的特性尤其是阶级性，就需要先说明艺术的特性。简单地说，在形象中去反映去认识世界的，就是艺术，艺术表现的形象和形式的性质，是非常多方面的：它可以用绘画、雕刻、舞蹈、音乐、言语等等形式去表现。换句话说，艺术是把现实的种种现象，独特地普遍化于形象之中，而表出这些现象的本质、矛盾及其发展倾向。因此，我们可以说，艺术不仅是情绪感染的手段，而且必须具有一定的思想内容。譬如我们读一篇有名的小说或戏剧，在我们心里便要引起一定的感情，这就是因为作品本身在形象之中表现着一定的感情。但同时，这个作品，必然是浸透着意识形态的作品，其中必然表现着一定的哲学上或政治上的见解，表现着作者对于社会生活的独特的认识。

布尔乔亚的艺术和文学的阶级性，在于艺术和生活的分离，他们高唱“为艺术而艺术”的口号，把艺术提高到纯粹情绪的领域。布尔乔亚艺术领域中的这种倾向，正是布尔乔亚的伪善的表现。

布尔乔亚艺术及文学的发达，正可以表示出艺术是形象中的独特的思维。新兴的布尔乔亚的艺术和文学，彻底为思想所渗透，没有和现实或政治思想相分离，用艺术的手笔或言辞去表现它们。布尔乔亚文学的这种现实的思想的性质，表现于所谓文艺上的“古典主义”时代，表现于十七世纪的戏曲文学之中。这时布尔乔亚的意识形态，虽然没有造成自身的形式，但在内容上，已经开始征服了封建的意识形态。

从十八世纪到十九世纪前半期，出现了布尔乔亚罗曼主义，稍后又出现了文学上的写实主义，代替了古典主义和拟古典主义。随着布尔乔亚权力的增进，而这个社会的矛盾和平凡性以及实证论和爬行经验论的思潮，在这写实主义中，看出极有生彩的全面的表现。但是，布尔乔亚的写实主义者，虽然带有唯物论的倾向，而关于对现实的思维和观察，仍然限于传统的形而上学的方法的领域，限于对人生之直观的唯物论的态度。并且他们有时虽然可以利用自己艺术的天才超出这种对人生的态度之界限以上，可是，因此反而自陷于矛盾。所以越是布尔乔亚文学的最有天才的代表者的作品，越是包含着内在的矛盾。这就是因为大艺术家比任何人都能更尖刻地、深入地看出布尔乔亚制度的榨取和丑恶，但同时，他本身是这个制度的产物，是支配阶级思想的表现者，所以他不能正确地理解榨取的弊害，不能正确地找到消灭榨取的途径。

在资本主义社会文化的没落的现在，布尔乔亚已经不能再造出客观的积极的革命的思想，使自己的艺术丰富起来了。布尔乔亚的艺术，和它的一切制度一样，也要腐败而趋于灭亡了。这一点可以从布尔乔亚艺术回避现实的事实上很明显地表现出来。“为艺术而艺术”的口号、唯美主义、表现派、无内容的艺术样式等的发达，以及颓废派、象征派、未来派、神秘主义等等布尔乔亚艺术的各主义的繁荣，所有这一切的各种颓废的文学流派，都是表现着想要隐蔽现实或回避现实的布尔乔亚的企图。陶醉于无内容无思想的形式，是现代颓废的布尔乔亚艺术及文学的主调。这种无内容的布尔乔亚的艺术的形式，很显然而具体地表示着布尔乔亚的颓废，表示着布尔乔亚意识形态的颓废。

（四）近代哲学思潮的发展

前面已经说过，封建时代，是宗教的权威支配的时代，那时，哲学是神学的婢仆。但是，随着生产关系的变革，唯物论哲学便开始抬起头来。首先在英国出现了新的思想形式，出现了新的哲学思想。这一新哲学思想的第一个代表人物，便是培根。据他的意见，我们必须认识自然，才能支配自然。因此，就必须抛弃所有旧的烦琐哲学的妄谈以及亚里士多德的学说。现在“一切旧的东西已成过去，理性得到胜利了”。这样，培根便离开了中古的烦琐的经院哲学，而达到实证哲学。

在培根之后，当时代表唯物论思想最著名的，便是霍布士。霍布士使哲学与神学断绝一切关系，使哲学脱离一切超越的玄学的性质。他以为哲学的任务在于认识和分析真正的实在。他比培根向前进了一步。

十七世纪英国唯物论思想发展之次一阶段的代表者是洛克。洛克是培根和霍布士所创始的经验哲学倾向之继承者。洛克之主要功绩，在于他是哲学复兴以后以唯物论的见解去发挥并提出认识论上的诸问题。

此外，还有一个代表唯物论哲学思潮的人类历史上最伟大的思想家，这就是斯宾诺莎。唯物论者费尔巴哈说他是“近代自由思想家和唯物论者的摩西”，这可以看出他的影响之大了。

关于十八世纪法国唯物论的思想，我们首先就要注意到拉梅特里的学说。他是一个粗傲的唯物论的前驱战士，他反对一切神说传统所尊崇的旧思想。拉梅特里根本是一个笛卡儿主义者，他爽直而严肃的从笛卡儿体系作出结论，但未在唯物论思想的发展上形成一个阶段。法国唯物论世界观发展的新阶段，是经由狄德罗、霍尔巴赫等唯物论哲学家才形成的。

十八世纪的法国唯物论者，在他们的学说上，染上了战斗的革命的色彩，但他们总是时时刻刻站在布尔乔亚的阵线里面。他们带着二重的性质，即他们严厉地攻击封建的私产制，但认为布尔乔亚的私产制是神圣不可侵犯。他们宣传一般的平等，但主张财产上的不平等。他们要求自由，但以为对于一般民众不能给以完全自由。当他们宣布解放的口号，反对封建制度时，这个唯物论是革命的；当他们看见这些口号被“理发匠和女工”接受去时，这个唯物论就迟疑有所顾忌了。

法国唯物论之盛极一时，当然有它的社会条件，这个社会条件，就是法国大革命的火焰。随着大革命之后而来的反动，深入于欧洲政治生活和文化生活的各种领域，这个反动，自然又要引起观念论的复兴。

在大革命后统治欧洲的反动时代，观念论哲学体系就在德国复兴起来。这些体系的中心，就是要恢复“观念”和“精神”的优先权。其主要代表者为康德、菲希特、谢林等，而集其大成的是黑格尔。黑格尔拿他的观念的一元论的辩证法体系，来对抗法国的唯物论体系。

从观念论哲学转变到辩证法唯物论哲学，费尔巴哈是一个过渡桥梁。

黑格尔认为人是“绝对精神”所创造的；费尔巴哈却说“绝对精神”的观念本身就是人所造成的。“实在先思维而存在，当你认识某种性质以前，你先感觉过这种性质。”当他宣布思想是实在之果时，他是坚决的走上了唯物论的道路；但同时，企图在“我”与“你”的关系的基础上建立与他的宗教哲学有密切关系的论理体系，他就又走到了观念论。

费尔巴哈所不能完成的任务，以后就由辩证法唯物论的创始者所完成了（详见本书第一篇）。

（五）宗教在现代社会中的作用

在封建时代，具备圣徒的等级制度的天主教，是封建的等级制度的反映。在劳动生产物获得抽象性质的商品社会，最适宜的宗教形态，是崇拜抽象人类的基督教。在发达的资本主义时代，宗教的最深刻的根据，是“劳动大众的被压迫状态”。“恰如野蛮人对于自然斗争的无力产生神灵、恶魔、奇迹等信仰一样，被榨取阶级对于榨取者斗争的无力，也不可避免地生出对于来世幸福生活的信仰。”宗教就是向劳动大众宣传，要他们忍耐着地上的生活，以求得来世的幸福。“宗教是人民的鸦片，是一种精神上的麻醉剂，它使资本的奴隶把自己对于人类生活的要求溶解在这种麻醉物之中。”所以宗教是阶级压迫的武器。

但是，随着普罗列达里亚与布尔乔亚的阶级对立的尖锐化，近代有意识的劳动者（为大工场的产业和都市生活所教育所启发的），就放弃了宗教的偏见，把天上的东西委之于僧侣和伪善者，而自己争取地上的更好的生活。

这样，布尔乔亚一方面自己向宗教寻求“安慰”，而陷于宗教的意识形态的影响；他方面，越发利用宗教去麻醉被榨取大众的意识，讲求种种手段去加强保存在劳动大众落后阶层中的宗教的情绪。

在普罗列达里亚与布尔乔亚的斗争中，教会尽了极大的反动作用。教会用威胁或软化的手段，去麻醉劳动大众的意识。宣传“阶级和平”，要求劳动者反对社会主义，忍受资本家的榨取，要为企业主忠实的劳动。为了实现自己的任务，教会就创造出许多的劳动者组织，如政党、劳动组合、妇女和青年的组织、文化启蒙团体以及俱乐部等等。其中特别值得注意的，是劳动组合（例如天主教劳动组合、基督教青年同盟等）。这种宗教的劳动组合，常常与布尔乔亚的政治组织直接结合着。“这些潮流，是普罗列达里亚若干阶层中意识形态的幼稚性的产物，它们多带有浪漫的＝封建的色彩。这些组织的指导者，想用宗教的圣水去洗清资本主义制度的一切污秽，借死后刑罚的幻影，去威胁自己的羊群；所以他们是普罗列达里亚阵营中最反动的部队。”

宗教不仅在国内尽了伟大的反动任务，而且在殖民地还尽了帝国主义掠夺者的前锋的任务。帝国主义者在征服殖民地民族的政策上，广泛地利用殖民地的传教师制度。在殖民地国家中，传教师表面上是从事于基督教的宣传，而实际上多从事于侦探或工商业等活动。关于这一点，中国就是一个最明显的例子，我们可以不必多说了。

第三节　社会主义社会的意识形态

一、文化革命

（一）文化革命的意义

我们已经说过，在普罗列达里亚获得政权之后，旧社会的遗产，并未完全肃清，新社会在长时期中，在一切关系中，即在经济的、政治的、道德的、意识的种种关系中，仍然没有脱去旧社会的熏染。所以在过渡期中，即在社会主义的建设过程中，就需要人类大量的改造，需要人们对于劳动的态度、道德观、世界观以及生活等等的改造，换句话说，就是文化的根本的改造。“当世界上最伟大的政治变革的任务解决之后，提高文化的任务，就是当前最紧要的任务之一。”要想向人民大众表示完成政治的诸任务，就必须提高大众的文化水准。

所以，劳动大众的大量的改造、他们文化的提高以及社会主义意识的养成，就是普罗列达里亚的文化革命。

我们知道，普罗列达里亚革命与布尔乔亚革命不同：由封建主义到资本主义的推移，是由阶级社会的一形态向他形态的推移，而由资本主义到社会主义的推移，是由阶级社会到无阶级社会的推移。在前者场合中，布尔乔亚的经济关系，在封建社会内部就已经形成了，而在后者，向到社会主义生产方法的推移，只在普罗列达里亚获得政权之后才有可能。所以，布尔乔亚的革命，因为在封建社会胎内已经造成了资本主义发展的条件，所以只要破坏封建主义的残余就够了；反之，普罗列达里亚革命的任务，不仅要破坏旧社会，而且要建设新社会。社会主义建设，是在普罗列达里亚获得政权之后开始的，它与大众的再教育即文化革命紧密地结合着。因为如果不提高劳动生产性，社会主义建设就不可能，而劳动生产性的提高，又要求相当的工业的技术的基础，这同时就需要提高劳动大众的文化水准。因为社会主义建设，要求国家机构活动的正确与敏捷，要求官僚主义的克服，这样，自然要提高一般的文化水准了。

（二）文化革命与社会主义建设

社会主义的建设，要求大众的创造性。劳动大众在社会主义建设过程中的独立的活动性与创造性，在提高大众的文化水准上，尽着决定的任务。五年计划的实现，可以说就是依存于劳动的伟大的昂扬与表现在新社会主义劳动组织形态（社会主义竞赛与突击队）之中的普罗列达里亚的创造性和热心。

一般文化水准的提高，是劳动大众在社会主义建设过程中，学习得来的。换句话说，苏联的文化革命，是新的斗争的形态之一。社会主义意识的教育，在革命过程中才有可能。只有在革命过程中，普罗列达里亚才能从旧社会的一切泥泞中挣脱出来，才能建设新社会。

这个过程，是为社会主义斗争的过程，这样，社会主义建设的过程，也就是普罗列达里亚本身的再教育的过程。只有在社会主义建设过程中，才能产出人类的新质，即新社会建设者的质。

在革命过程中，只有普罗列达里亚才是新社会的建设者，因此，在社会主义建设过程全体中尽指导作用的普罗列达里亚，同时也就是文化革命的指导者，是文化上的把持者。所以文化革命的过程，也就是普罗列达里亚文化的创造过程。

如上所述，所谓文化革命，首先是阶级的普罗列达里亚的文化革命，即是在普罗列达里亚专政的条件之下，创造出阶级的内容丰富的普罗列达里亚文化。必须经过普罗列达里亚文化，才能达到一般人类的社会主义文化。

但是，普罗列达里亚文化，决不是从天上飞来的，也决不是想象出来的，它是在人类全发展的文化基础上建设起来的。所以，普罗列达里亚文化，是“人类在资本主义社会、地主社会、官吏社会的压迫之下所创造的储蓄的知识之合法则的发展”。

本来，普罗列达里亚文化的诞生，在布尔乔亚社会的条件之下，即当普罗列达里亚获得政权以前，在社会运动过程中，就已经开始了。但在布尔乔亚社会中，普罗列达里亚不仅在经济上是被榨取的阶级，在政治上是被压迫的阶级，就是在文化上，也是被支配的阶级。所以在布尔乔亚社会的条件之下，普罗列达里亚文化的诸要素，只在劳动阶级的前进分子中能够发展，而完全的大众的文化革命，必须在普罗列达里亚获得政权以后才有可能。

由此我们可以说，普罗列达里亚文化，必须改造布尔乔亚的文化，才能建设起来。不过这不是单纯地占有，而是批判地占有，换句话说，即是要加以改造。普罗列达里亚在社会主义建设的过程中，一方面改造布尔乔亚的文化，同时建设了自己的文化——普罗列达里亚的文化，并且因而建设了社会主义的文化即一般人类文化的基础。

二、新文化的创造与反宗教运动

（一）新文化的基本特征

旧文化，是建设在精神劳动与肉体劳动的分离的基础之上。因为在布尔乔亚社会，既然有榨取者与被榨取者各阶级存在，精神劳动自然要成为一方的特权，而肉体劳动就成为他方的义务了。反之，新文化，却是在精神劳动与肉体劳动的差别之克服的基础之上成长起来的。这一点就是新文化的根本特征。在过渡期国家之中，生产力的发展，造成了克服精神劳动与肉体劳动之间的矛盾的一切前提，即造成了学得高度技术以及在这个基础之上结合精神劳动与肉体劳动的一切前提。

在精神劳动与肉体劳动之结合的事业上，一般义务教育与最高技术学校以及一般工艺学校的发达，具有决定的意义。

所谓工艺学校，是和工场、国营农场、集体农场等一同生长起来的学校，是直接参加工业财政计划之执行的学校。换句话说，它是与社会主义建设事业积极结合的学校。在这种学校中，造就出许多新的专门家的部队，即表现精神劳动与肉体劳动之统一的专门家的部队。

在废除精神劳动与肉体劳动间的矛盾的准备过程中，劳动者对于劳动的态度也急激地变化了。“劳动从以前可耻的痛苦的重担，转变为名誉的、光荣的、英勇的事情了。”表现在社会主义竞赛与突击队之中的社会主义的劳动规律与劳动的活动性，是向社会主义劳动的最高形态前进的。

对于劳动的新态度，同时是新道德——普罗列达里亚道德的基础。普罗列达里亚的道德与布尔乔亚的道德，根本不同。布尔乔亚是把道德规范与神的指令相结合，或者把它放在宗教或观念论哲学的基础之上。他们认为道德规律是各时代各民族内在的永久不变的行为规律，否认道德的阶级性。他们宣传无阶级性的道德的口号，以作伪善。反之，普罗列达里亚公然承认自己的道德是阶级的，是从属于普罗列达里亚的利害。“社会主义道德的基础，是为巩固和完成社会主义的斗争。”

其次，再说明普罗列达里亚文化的国际的内容与其民族的形式的问题。普罗列达里亚文化或社会主义文化，决不是没有民族形式的文化。普罗列达里亚文化，在参加社会主义建设的各民族中，采取了各种不同的形式和表现方法。“普罗列达里亚文化，不但没有废除民族文化，反而给它以内容；同时，民族文化，也没有废除普罗列达里亚文化，反而给它以形式。”所以“苏联普罗列达里亚的专政与社会主义建设的时期，是民族文化（从内容上说是社会主义的，从形式上说是民族的）的繁荣期”。只有在各民族文化发展的地盘上，才能产出一般人类的文化。

最后，再说明过渡期的反宗教运动。

（二）社会主义建设与宗教的斗争

我们已经说过，宗教不外是支配人类日常生活的外部力量空想地反映于人们头脑中的东西，它是意识形态的一种，是一定社会关系的产物，它带有暂时的历史的性质。当社会关系本身被歪曲时，这个社会关系也就歪曲地反映于意识形态之中，“当人们日常实际的生活关系显现为人们相互间或人与自然间的透明的合理的关系时，现实界之宗教的反映，也就一般地消失了。社会的生活过程即物质生产过程的形态，当它成为自由的社会化的人们的产物而处于人们意识的计划的统治之下时，才能脱去神秘的假相”。随着新社会主义的关系驱逐旧来的社会形态，而现实界之神秘的宗教的反映，也就渐渐消失了。

但是，宗教的消灭过程，并不是一个和平的过程，而是一个激烈的斗争的过程。

宗教在发达的社会主义之下，在它的社会经济的根源最终地消灭之后，才能完全死灭。在改造期中，宗教尚未消灭，因为这时还存在着激烈的阶级对立。在这时，宗教仍然尽着反动的作用。社会主义的敌人，常利用宗教作反动的工具，讲求种种方法，以挽回宗教的衰微。甚至有许多宗教组织，根本就是反动阴谋的本部。它们散布世界末日到来的谣言，散布恐吓集团农民的预告，以破坏集团农场的建设。

改造期的宗教的根源，在于生产的非社会主义的要素及未变革的旧生活习惯。宗教在落后的劳动者间还当作遗物存留着。普通教育的缺陷以及对于世界和生命的起源不能给以唯物论的解答，这使落后的劳动者变成了僧侣主义的俘虏。

五年计划的成功、社会经济中计划原理的渗入以及社会经济之意识的统制事业的成功，把人们教育成社会主义社会的成员，改变了旧的奴隶的世界观，抛弃了宗教的偏见。这种事实，首先在战斗的无神论者同盟的事业中表现出来。

战斗的唯物论者在资本主义体系本身中，看出现代宗教存在的根本原因，以为对宗教的斗争，不能只限于抽象的意识形态的说教，必须使这个斗争与扫除宗教的社会根源的阶级运动之具体的实践结合起来。所以宗教在过渡期中是逐渐崩溃了。